Axel Tamm
Joint Ventures in der ČSFR
Chancen und Risiken

AF211778

Axel Tamm

Joint Ventures in der ČSFR

Chancen und Risiken

 Springer Fachmedien Wiesbaden GmbH

Die Deutsche Bibliothek — CIP-Einheitsaufnahme

Tamm, Axel:
Joint-ventures in der ČSFR : Chancen und Risiken / Axel
Tamm. — Wiesbaden : DUV, Dt. Univ.-Verl., 1993
(DUV : Wirtschaftswissenschaft)
Zugl.: St. Gallen, Univ., Diss., 1992
ISBN 978-3-8244-0179-6

Bei der vorliegenden Schrift handelt es sich um eine an der Hochschule St. Gallen an-
genommene Dissertation.

© Springer Fachmedien Wiesbaden 1993
Ursprünglich erschienen bei Deutscher Universitäts Verlag GmbH, Wiesbaden 1993

Gedruckt auf chlorarm gebleichtem und säurefreiem Papier

ISBN 978-3-8244-0179-6   ISBN 978-3-663-12184-8 (eBook)
DOI 10.1007/978-3-663-12184-8

Meiner Christine

VORWORT

Die tiefgreifenden weltpolitischen Veränderungen Ende 1989 führten zu einer epochalen wirtschaftlichen Neuorientierung in Osteuropa.

Während eines fast einjährigen Aufenthaltes des Verfassers 1990/91 in der Tschechoslowakei, Polen und Ungarn und nach zahlreichen Gesprächen mit leitenden Mitarbeitern von grösseren und mittleren Unternehmen, wuchs die Erkenntnis, dass die Mehrzahl dieser osteuropäischen Firmen die Lösung ihrer betriebswirtschaftlichen Probleme in einer Kooperation mit westlichen Partnern, vorzugweise in der Form von Joint Ventures (JV), sehen.

Die sich daraus ergebende Schlussfolgerung, dass JV-Unternehmen beim Aufbau der Wirtschaft in den osteuropäischen Staaten zunehmend an Bedeutung gewinnen werden, bildeten den Ausgangspunkt für die Wahl dieses Dissertationsthemas.

Die Idee zur empirischen Analyse von JV-Verbindungen, speziell in der CSFR, entstand bei der Erstellung des Buches "Osteuropa auf dem Weg zur Marktwirtschaft - 10 Fallstudien mit Lösungsansätzen" (Gabler-Verlag, Mai 1992).

Trotz der vielfältigen Chancen, die Joint Ventures speziell seit der Öffnung Osteuropas westlichen wie östlichen Unternehmen bieten, ist diese Unternehmensform wegen ihrer Komplexität und kulturellen Differenzen nicht ohne Risiken.

Um die Chancen und Risiken für Joint Ventures in der Tschechoslowakei herauszuarbeiten, wurden Interviews für die vorliegende Arbeit mit den Joint Venture General Managern vor Ort geführt und *nicht*, wie in vielen anderen empirischen Studien üblich, mit den Managern der Muttergesellschaften.

Weiterhin ist hervorzuheben, dass die vorliegende Arbeit die erste umfassende Analyse von Joint Ventures auf dem Gebiet der CSFR darstellt und sich durch einen hohen Aktualitätsgrad auszeichnet.

Die Ergebnisse behalten trotz der Teilung der Tschechoslowakei in die Tschechische und Slowakische Republik, die sich in jüngster Vergangenheit vollzog, weitestgehend ihre Gültigkeit.

VIII

An dieser Stelle möchte ich mich bei allen Führungskräften der JV-Unternehmen für Ihre Bereitschaft zum Interview bedanken.

Nur mit der dankenswerten Unterstützung der Lehrkräfte und Studenten der ökonomischen Fakultät der Universität Prag, der juristischen Fakultät der Masariyk Universität in Brünn, der Handelsfakultät der Universität in Bratislava, der Schlesischen Hochschule in Karviná sowie den ökonomischen Fakultäten der Hochschulen in Eger und Pilsen, konnte der empirische Teil dieser Arbeit auf der Basis von 150 Interviews in so kurzer Zeit durchgeführt werden.

Mein persönlicher Dank gilt Minister Dyba, den Vize-Ministern Cáp, Prikryl und Tkác, dem Präsidenten der tschechoslowakischen Handelskammer Bucek sowie all den anderen Experten in der Tschechischen und Slowakischen Republik, die mit ihren Diskussionsbeiträgen die Interviewergebnisse abrundeten und die Aktualität meiner Arbeit förderten (siehe Verzeichnis der Auskunftspersonen, Kap. 9.2.).

Mein besonderer Dank gilt Herrn Professor Dr. Emil Brauchlin von der Forschungsstelle für Internationales Management/St. Gallen und Herrn Professor Ing. Emanuel Sustek, Dekan der Schlesischen Universität.

Axel Tamm

Inhaltsverzeichnis

Abbildungsverzeichnis

Tabellenverzeichnis

XVIII

Textboxverzeichnis

1. EINLEITUNG

Die Öffnung Osteuropas stellt ein weltpolitisches Ereignis ersten Ranges dar, das in der Folge östlichen wie westlichen Unternehmen vielfältige wirtschaftliche Möglichkeiten bietet. Am Beispiel der CSFR werden in der vorliegenden Arbeit die Chancen und Risiken von Joint Ventures (JVs) mit Hilfe einer theoretischen und empirischen Analyse aufgezeigt. Im folgenden wird die Bedeutung und Zielsetzung der Themenstellung erläutert und die verwendete Forschungskonzeption beschrieben.

1.1. Problemformulierung

1.1.1. Bedeutung des Themas

"Der Sieg des Sozialismus im ökonomischen Wettstreit wird die historische Stunde näher bringen, in der sich die Völker der ganzen Welt, überzeugt von den Vorzügen der neuen Gesellschaftsordnung, endgültig für den Kommunismus entscheiden, der auf 'Erden Frieden, Arbeit, Freiheit, Gleichheit, Brüderlichkeit und Glück aller Völker' begründet".[1]

Eingebunden in das westliche Bündnissystem beobachtete Westeuropa die Volksaufstände in Deutschland 1953, in Ungarn 1956 und der Tschechoslowakei 1969 sowie deren Niederschlagung durch die Warschauer Pakt-Truppen. Auf der anderen Seite des Eisernen Vorhanges verfolgten die osteuropäischen Staaten 1948 die Berlinblockade, 1954 den Krieg der imperialistischen Kräfte in Korea, 1968 die Bedrohung des kubanischen Bündnispartners durch die U.S.A und in den Jahren danach den Krieg in Vietnam.

Ost- und westeuropäische Staaten sahen in der Ära des Kalten Krieges die sich zwischen den beiden Weltmächten anbahnende Konfrontation mit tiefer Sorge. Wirtschaftliche Zusammenarbeit zwischen östlichen und westlichen Unternehmen war während dieser Zeit aus politischen Gründen nur in Ausnahmefällen möglich.

---

[1]   ZOGOLOW, S. 612.

Im Jahr 1989 haben sich die Menschen in Osteuropa jedoch gegen den Sozialismus entschieden. Mit dem Fall der Mauer, der Auflösung der Sowjetunion in die Gemeinschaft
Unabhängiger Staaten (GUS) sowie der politischen und wirtschaftlichen Verselbständigung
der ehemaligen "Satellitenstaaten" hat sich der über 40 Jahre bestehende und als unverrückbar
geltende status quo in atemberaubender Schnelle aufgelöst.

Erst diese enormen politischen Veränderungen bildeten die Grundlage für eine wirtschaftliche
Neuorientierung in Osteuropa. In deren Folge entstanden eine grosse Zahl von Kooperationen
- häufig in Form von JVs - zwischen östlichen und westlichen Unternehmen.

Die vorliegende empirische Analyse zeichnet sich daher durch grosse Aktualität und Novität
aus. Deren Bedeutung wird zudem durch die jüngsten historischen Ereignisse und die daraus
resultierenden wirtschaftlichen Entwicklungsperspektiven unterstrichen.

Nach jahrzehntelanger Vorherrschaft des kommunistischen Gesellschafts- und Wirtschaftssystems in Osteuropa befindet sich Europa nun in einer epochalen Umbruchphase. "Europa
befreit sich von dem Erbe der Vergangenheit. Durch den Mut von Männern und Frauen, die
Willensstärke der Völker und die Kraft der Ideen der Schlussakte von Helsinki bricht in
Europa ein neues Zeitalter der Demokratie, der Freiheit und der Einheit an (Charta von Paris
für ein neues Europa, KSZE-Schlusserklärung vom 21. Nov. 1990)".[1] Die Auflösung der
alten, als unveränderlich geltenden Strukturen verlangt jedoch von den Völkern in Ost und
West eine Neuorientierung in politischer, wirtschaftlicher und gesellschaftlicher Hinsicht.

Die empirische Untersuchung der aktuellen JV-Situation in der CSFR stellt einen der
wichtigsten Bausteine dieses Prozesses der Neuorientierung auf den Prüfstand und zeigt am
Beispiel der CSFR auf, dass divergierende Interessen der am Prozess Beteiligten kein
Hindernis auf dem Weg von der Plan- zur Marktwirtschaft sind. Bei Gründungen von JVs
sind der tschechoslowakische Staat und die in- und ausländischen Muttergesellschaften
beteiligt. Die verschiedenen Interessenlagen der drei beteiligten Parteien werden kurz
aufgezeigt:

---

[1]   DEUTSCHE BANK, S. 107.

Der *tschechoslowakische Staat* fördert JVs aus sozial-, wirtschafts-, handelspolitischen und absatzwirtschaftlichen Gründen.[1]

Die *inländische Muttergesellschaft* erhofft sich durch das JV mit einem westlichen Unternehmen finanz-, absatz- und produktionswirtschaftliche Vorteile sowie einen Wettbewerbsvorsprung gegenüber anderen inländischen Unternehmen, die bis dato noch kein JV geschlossen haben.[2]

Für *ausländische Muttergesellschaften* sind JVs mit CSFR-Unternehmen interessant, weil dadurch produktions-, absatz-, beschaffungs- und finanzwirtschaftliche Vorteile erzielt werden können. Desweiteren sprechen im allgemeinen personal-, sozial- und handelspolitische Motive sowie Kostensenkungsmotive für eine solche Kooperation.[3]

Die verschiedenartigen Motive, JVs zu gründen, werden von der neuen Marktsituation in der CSFR geprägt. Gemäss Spitz kann die jetzige Marktsituation in Osteuropa, die sich auch auf die CSFR übertragen lässt, durch folgende Indikatoren charakterisiert werden:

- "Die Anzahl der wachsenden Märkte hat stark abgenommen.
- Die Lebenszyklen von Produkten und Technologien werden laufend kürzer.
- Die Struktur der Wirtschaft, besonders bei Produkten und Produktionstechnologien ist einem raschen Wandel ausgesetzt.
- Die technischen Innovationen verlangen hohe fixe Investitionskosten.
- Die Bedürfnisse verschiedener Märkte werden immer ähnlicher.
- Der Dienstleistungsbereich gewinnt zunehmend an Bedeutung".[4]

Im Rahmen dieses wirtschaftlichen Strukturwandels sind "zahlreiche ... KMU [Anm. d. Verf.: kleine und mittlere Unternehmen] dazu übergegangen, in verschiedenartigster Weise Auslandsgeschäfte aufzunehmen; dies meist aufgrund der Notwendigkeit, Einbrüche

---

[1]   Vergl. Kap. 3.2.3., Motive des Gastlandes.

[2]   Vergl. Kap. 3.2.4., Motive der inländischen Investoren.

[3]   Vergl. Kap. 3.2.2., Motive der ausländischen Investoren.

[4]   SPITZ, S. 8.

ausländischer Wettbewerber in den einheimischen Markt durch eigene Erschliessung zusätzlicher Auslandsmärkte, vor allem bei zunehmender Spezialisierung, ... , wieder auszugleichen".[1]

Eine Möglichkeit der Erschliessung zusätzlicher Auslandsmärkte besteht in der Kooperation mit ausländischen Unternehmen. "Die Kooperation war seit Mitte der sechziger Jahre das beherrschende Thema im Ost-West-Bereich; die Joint Ventures galten dabei als eine besonders interessante und intensive Form - fast als eine 'Krönung' - der Kooperation".[2] Allerdings war die [Anm. d. Verf.: Wirtschafts-] Systemverschiedenheit "in der Tat die Hauptursache für die Schwierigkeiten, die sich dieser Art von Gemeinschaftsunternehmen entgegenstellen. Sie erklärt denn auch, warum das Joint Venture ... [Anm. d. Verf.: vor der politischen Wende] in Osteuropa bloss als *Rarität* zu gelten vermag".[3]

Im Zuge der Öffnung Osteuropas ist das Interesse an JVs sowohl bei östlichen als auch bei westlichen Unternehmen sprunghaft gestiegen und wird auch mittelfristig nicht abflauen. Die Bemerkung von Bruno Lamborthini, Direktor von Olivetti: "A company's competitive situation no longer depends on itself alone but on the quality of alliances it's able to form",[4] unterstreicht ein weiteres Mal die Bedeutung von JVs als eine Form der Unternehmenskooperation.

Die vorliegende empirische Analyse bestehender JVs in der CSFR leistet daher einen Beitrag zur Einschätzung der Chancen und Risiken von bestehenden und zukünftigen JVs beim Aufbau der Marktwirtschaft in der CSFR.

---

[1]   DÜLFER, S. 48.

[2]   GABRISCH/STANKOVSKY, S. 51.

[3]   EHRHARDT, S. 50.

[4]   BLEICHER, Weltweite Strategien der Unternehmensakquisition, S. 214.

1.1.2. Zielsetzung

Die Veröffentlichung dieser Arbeit dient dem Ziel, den in- und ausländischen Managern kleiner und mittlerer Unternehmen eine Entscheidungshilfe für Investitionen in Form von JVs in der CSFR an die Hand zu geben.

Ausgangspunkt dieser Überlegung war die Tatsache, dass

(1) diese Thematik behandelnde umfassende Publikationen noch nicht erschienen sind.

(2) bestehende Erfahrungen im JV-Management sich nicht unbedingt völlig auf die Tschechoslowakei übertragen lassen.

(3) z.T. widersprüchliche Informationen zu rechtlichen Rahmenbedingungen und Investitionsfördermassnahmen existieren und damit die Gründung von JVs erschweren.

1.2. Forschungskonzeption

1.2.1. Methodik

Zu Beginn der Arbeit stellte sich die Frage, welche Forschungsmethodik der Sozialwissen-schaften sich zur Erreichung der Ziele am besten eignet. Die klassischen Methodologien des kritischen Rationalismus schieden von vornherein aufgrund des mangelnden Praxisbezuges aus. Schliesslich wurden für die Arbeit vier Informationsquellen herangezogen:

- Publikationen (betriebswirtschaftliche, juristische, allgemeine)
- Persönliche Erfahrungswerte
- Empirische Umfrage (Joint Venture General Manager)
- Interviews (Experten, Politiker)

Die Ergebnisse aus diesen vier Informationsquellen, die sich teilweise ergänzten, führten im Laufe der Forschungstätigkeit zu einem immer klareren Konzept für die Beurteilung und Darstellung von JVs in der CSFR.

Die Mehrzahl der *Publikationen*, speziell für den theoretischen Teil der Arbeit, wurde den Archiven der Deutschen Bücherei/Leipzig und der Deutschen Bibliothek/Frankfurt am Main entnommen. Für Kapitel 4, Joint Ventures in der CSFR, musste auf tschechoslowakische Veröffentlichungen in mehrheitlich tschechischer oder slowakischer Sprache zurückgegriffen werden.

Nachdem die Forschungsrichtung feststand, wurde in der Hochschulbibliothek St. Gallen, der Deutschen Bibliothek/Frankfurt am Main und der Deutschen Bücherei/Leipzig JV-Literatur, wirtschaftswissenschaftliche Texte über osteuropäische Länder, Literatur über die Bereiche Unternehmensstrategie, Internationales Management, Internationales Recht, staatliche Förderinstrumentarien, ausländische Direktinvestitionen sowie wirtschaftssystemvergleichende Literatur studiert. Dem Verfasser wichtig erscheinende Passagen wurden der Dissertations-disposition zugeordnet. Diese aufwendige Arbeitsweise vereinfachte die Theoriebildung und anschliessende Aufstellung der Hypothesen.

Die *persönlichen Erfahrungswerte* die im Laufe der Jahre 1990 und 1991 erworben wurden, erwiesen sich bei der Erstellung der Hypothesen und bei der Interpretation der Ergebnisse als äusserst wertvoll.

Die *empirische Umfrage* stellte zusammen mit den Publikationen ein wichtiges Mittel zur Überprüfung der aufgestellten Hypothesen dar. Sie beinhaltete eine Reihe unabhängiger Variablen (z.B. Fragen zur Erkundung der Motive, die zur Gründung von JVs führen), die z.T. bei anderen Forschern, allerdings mit völlig anderen Erhebungseinheiten, Anwendung fanden. Insgesamt wurden 146 Führungskräfte in strukturierten Interviews befragt. Jedes Interview betrug nur durchschnittlich 45 Minuten, damit die Befragten weder in ihrer Konzentrationsfähigkeit überfordert wurden noch der zeitliche Rahmen gesprengt wurde. Desweiteren limitierten auch finanzielle und zeitliche Gründe die Anzahl der Befragungen.

Die mit *Experten und Politikern* geführten, nur zum Teil strukturierten Interviews konzentrierten sich auf ausgewählte Aspekte der empirischen Umfrage. Sie unterstützten die Auswertung der Antworten der empirischen Umfrage, die nicht immer eindeutige Interpretationen zuliess.

Insgesamt sollen die Ergebnisse der vorliegenden Arbeit als Teil eines iterativen Prozesses[1] verstanden werden, d.h. dessen Ergebnisse können als Grundlage für weiterführende Forschungsvorhaben[2] dienen. Hinzu kommt, dass zukünftige Umweltveränderungen die heutigen Ergebnisse und deren Interpretationen relativieren werden.

---

[1]   Vergl. PÜMPIN, S. 26.

[2]   Vergl. Kap. 6, Bewertung der Chancen und Risiken von Joint Ventures in der CSFR.

1.2.2. Aufbau der Arbeit

Nach der Einleitung in die Thematik und der Vorstellung der Forschungskonzeption in *Kapitel 1*

- wird in *Kapitel 2* die politische und wirtschaftliche Entwicklung der CSFR beschrieben. Nach einer kurzen Einführung in die Landesgeschichte wird im ersten Abschnitt die Entwicklung der CSFR von 1945 bis 1989 dargestellt. Daran schliesst sich ein separater Abschnitt an, der den Ablauf der Revolution in der CSFR im Jahr 1989 beschreibt. Eine Chronik, die eigens für den schnellen Leser zusammengestellt wurde, fasst die entscheidenden politischen und wirtschaftlichen Ereignisse zusammen. Der letzte Abschnitt des Kapitels gewährt einen Überblick über den Primär-, Sekundär- und Tertiärsektor sowie ausgewählte Branchen und stellt gleichzeitig den Einstieg in die Thematik der Chancen und Risiken von JVs in der CSFR dar.

- Das *Kapitel 3* bildet einen ausschliesslich theoretischen Ansatz, der nach einem Überblick über mögliche Kooperationsformen sich mit dem Equity Joint Venture (EJV) als besondere Kooperationsform befasst. Anschliessend wird versucht, die mit der Gründung eines EJVs verknüpften Motive zu klassifizieren und darauf aufbauend die verschiedenen EJV-Formen zu typologisieren. Abschliessend wird auf die zentrale Rolle des Joint Venture General Managers (JVGMs) und mögliche Konflikte eingegangen, sowie die theoretischen Erfolgs- und Konfliktpotentiale eines JVs zusammengefasst.

- Das *Kapitel 4* beschreibt umfassend die wirtschaftlichen und rechtlichen Rahmenbedin-gungen sowie das staatliche Förderkonzept für JVs sowie die JV-Entwicklung in der CSFR.

- Das *Kapitel 5* präsentiert die Methodik und Ergebnisse der empirischen Untersuchung. Zunächst werden die Hypothesen vorgestellt. Desweiteren wurde versucht, die Systematik

> ▸ Hypothese
> ▸ Ergebnis
> ▸ Interpretationen

einzuhalten.

- In *Kapitel 6* wird, basierend auf den theoretischen Ergebnissen des Kapitels 4 sowie den empirischen Ergebnissen des Kapitels 5, eine kritische Bewertung der Chancen und Risiken von JVs in der CSFR vorgenommen und Empfehlungen für das JV-Engagement in der CSFR ausgesprochen.

Das *Kapitel 7* schliesst die Arbeit mit einer kritischen Würdigung und einem Ausblick auf weitere Forschungsvorhaben ab.

Während die Arbeit vorwiegend den wissenschaftlich orientierten Leser anspricht, sind Kapitel 4 und 6 auch für den Praktiker konzipiert. Für diese Gruppe dürfte der *Anhang*, insbesondere die Kontaktadressen der wichtigsten tschechoslowakischen Einrichtungen, z.B. von Ministerien, Industrie- und Handelskammern, etc. (Kap.8.2.), der GmbH-Gesellschafts-vertrag (Kap. 8.3.) sowie die Inhalte eines JV-Vertrages (Kap. 8.4.) von Interesse sein.

2. POLITISCHE UND WIRTSCHAFTLICHE ENTWICKLUNG DER CSSR/CSFR

2.1. Einführung

In diesem Kapitel wird auf die wirtschaftliche und politische Entwicklung der Tschechoslowakei während der Jahre 1945 bis zum heutigen Tag (1992) eingegangen. Eine Trennung
zwischen Politik und Wirtschaft wurde bewusst der besseren Übersichtlichkeit wegen
vermieden. Der Zeitraum von 1945 bis 1989 wird in insgesamt 4 zeitliche Abschnitte
unterteilt. Die sogenannte "Velvet-Revolution" und die wirtschaftlichen Entwicklungen zu
Beginn der 90er Jahre bilden zwei weitere Abschnitte, wobei in letzterem ein Überblick über
die Situation des Primär-, Sekundär- und Tertiär-Sektors sowie ausgewählter Branchen
gegeben wird. Zunächst wird jedoch ein kurzer Überblick[1] über die Geographie und die
Einwohnerstruktur des Landes vorangestellt:

Die Tschechoslowakei grenzt im Westen an die alten Länder der Bundesrepublik Deutschland
(BRD), im Norden an die neuen Länder der BRD sowie an Polen, im Osten an die Ukraine
und im Süden an Österreich und Ungarn an. Mit Ausnahme der Grenze zu Ungarn werden
alle Grenzen durch Gebirgsformationen gebildet. Mit einer Fläche von 127.880 km²
(Tschechische Republik 78.864 km², Slowakische Republik 49.025 km²) ist die Tschechoslowakei etwa eineinhalbmal so gross wie Österreich (83.853 km²) oder dreimal so gross wie
die Schweiz (41.293 km²).

Die CSFR gliedert sich in die tschechische und slowakische Republik mit den Hauptstädten
Prag und Pressburg. Prag (Praha), gleichfalls Hauptstadt der CSFR hat ca. 1.200.000
Einwohner, gefolgt von Pressburg (Bratislava) mit ca. 400.000 Einwohnern, Brünn (Brno ca.
380.000), Ostrau (Ostrava ca. 328.000), Kaschau (Kosice ca. 220.000) und Pilsen (Plzen ca.
172.000). Insgesamt betrug die Einwohnerzahl der CSFR Ende 1989 ca. 15,7 Mio.
Einwohner, wovon zwei Drittel in der tschechischen Republik und ein Drittel (ca. 5,2 Mio.)
in der slowakischen Republik leben. Ungefähr 5,3% der Bevölkerung sind Minoritäten, wobei

---

[1]   Vergl. ALBESEDER/KLIEN/SZUESICH, S. 1.

die Ungarn mit 3,8% an der Spitze stehen, gefolgt von Polen mit 0,5%, Deutschen mit 0,3%, Ukrainern mit 0,3%, Russen mit 0,1% und anderen Minoritäten mit 0,3%.[1] Etwa 52% der Bevölkerung sind weiblichen und ungefähr 48% männlichen Geschlechts, was auch den Verhältnissen in westlichen Staaten entspricht.

2.2. Politische und wirtschaftliche Entwicklungen von 1945 bis 1989

2.2.1. Entwicklung 1945-1948

Unmittelbar nach Beendigung des Zweiten Weltkrieges genoss die Sowjetunion und die sowjetische Armee bei der tschechoslowakischen Bevölkerung ein hohes Ansehen. Zum einen hatte die siegreiche Sowjetarmee den grössten Teil der Tschechoslowakei von seiner nationalsozialistischen Herrschaft[2] befreit und zum anderen belieferte sie die tschechoslowakische Bevölkerung mit Medikamenten und Nahrungsmitteln.[3]

Auch die Kommunisten hatten sich Ansehen in der Bevölkerung erworben, denn sie gehörten zu den wenigen Gruppen, die eine "aktive Rolle ... im Kampf gegen den Hitler-Faschismus"[4] spielten. Ausserdem erhielt die Kommunistische Partei der Tschechoslowakei (KPC) gerade von seiten der jüngeren, intellektuellen Generation grossen Zuspruch. Nach dem "Verkauf" der Tschechoslowakei an Hitler (Münchener Vertrag, 1939) war diese Gruppe der Bevölkerung von den westlichen Demokratien besonders enttäuscht. Sie sahen in der Sowjetunion und in dem Kommunismus eine nicht korrumpierte Alternative.

1946 fanden die ersten Nachkriegswahlen statt. Die KPC wurde erwartungsgemäss mit 40% die stärkste Partei im Parlament und stellte in der Regierungskoalition den Ministerpräsidenten

---

[1]   Vergl. SACK, S. 4.

[2]   Vergl. HARTMANN, S. 81.

[3]   Vergl. TEICHOVA, S. 97.

[4]   KOSTA, Wirtschaftssysteme des realen Sozialismus, S. 139.

sowie den Innenminister. In die dem Innenminister unterstellte Polizei wurden in zunehmendem Masse Kommunisten eingeschleust. Ebenfalls eng mit der Partei verbunden waren die Gewerkschaften, aus deren Reihen Arbeiter rekrutiert wurden, die eine paramilitärische Ausbildung erhielten. Diese sogenannten "Arbeitermilizen"[1] stellten den bewaffneten Arm der Partei dar.

1948 sah die kommunistische Partei den Zeitpunkt gekommen, durch einen Putsch die Macht zu ergreifen. Mit Arbeitermilizen kontrollierten sie die Strassen der Hauptstädte. Dieser bewaffnete Aufstand einer politischen Partei hätte mit Hilfe der überwiegend verfassungsloyalen Armee unterdrückt werden können. Staatspräsident Eduard Bures fürchtete jedoch eine weitere bewaffnete Auseinandersetzung und verzichtete auf Gegengewalt. Wenig später erzwang die KPC den Rücktritt der übrigen bürgerlichen Minister sowie des Staatspräsidenten. Schliesslich fanden 1948 erneut Wahlen statt, bei der die KPC als einzige Partei kandidierte. Die Tschechoslowakei wurde zur Volksrepublik.

Im Vergleich zur politischen Entwicklung verlief die wirtschaftliche Entwicklung weniger spektakulär. Obwohl die Industrieanlagen, speziell in Nord-Böhmen und Nord-Mähren, im Vergleich zum deutschen Nachbarn nur relativ geringe Zerstörungen erlitten, führten eine unausgeglichene Rohstoffversorgung und der Wegfall des wichtigsten Handelpartners (Deutschland) zu einem reduzierten Produktionsausstoss.

Als erste wirtschaftspolitische Massnahme beschloss die Regierung am 1. November 1945 eine Währungsreform und legte einen Wechselkurs von 50:1 für einen US-Dollar fest.[2] Dieser Schritt ermöglichte den Beitritt zum Internationalen Währungsfonds, von dem man Kredite erhoffte, die zur Linderung der allgemeinen Not in der Tschechoslowakei dienen sollten.

Gleichzeitig wurde im Jahr 1945 der erste 2-Jahresplan (2JP) erstellt, dessen primäres Ziel die Erholung der Wirtschaft war. Da Deutschland als Exporteur während der ersten

---

[1]   HARTMANN, S. 82.

[2]   Vergl. TEICHOVA, S. 98.

Nachkriegsjahre völlig ausfiel, übernahm die Tschechoslowakei zumindest beim Export industrieller Güter diese Rolle für die osteuropäischen Märkte. Bereits 1946 wurden wieder ungefähr 80 %[1] der Vorkriegsproduktion erreicht. Basierend auf den positiven wirtschaftlichen Entwicklungen der Jahre 1945 und 1946 wurde der zweite 2JP erstellt, dessen Ziele die Erhöhung des Lebensstandards und die Erreichung des volkswirtschaftlichen Niveaus von 1937 waren.

Arbeitete der zweite 2JP noch nach den Prinzipien des Marktmechanismus und beschränkte sich der Staat auf die Schaffung von Rahmenbedingungen, änderte sich die Wirtschaftspolitik des Landes nach dem Gewinn der Macht durch die KPC drastisch. Entsprechend dem sowjetischen Vorbild und auf Druck der KPdSU betonte das Wirtschaftskonzept der KPC die Schwerindustrie und die Industrialisierung der Slowakei, denn "about three quarters of Czechoslovakia's industrial potential were concentrated on about one quarter of her territory, i.e. in north of Bohemia and north of Moravia and the industrial belt along the German and Polish borders while ... all of Slovakia had unsufficiently developed industrial production and infrastructure".[2] Zwei weitere Gründe waren ausschlaggebend für dieses Wirtschaftskonzept. Zum einen sollte die Modernisierung der eigenen Streitkräfte vorangetrieben werden, zum anderen sollte bewiesen werden, dass eine Planwirtschaft in der Lage ist, ein Agrarland in ein Industrieland umzuwandeln.

2.2.2. Entwicklung 1949-1967

1949 - 1953

Mit dem Fall der pluralistisch zusammengesetzten zentralen Planungskommission und ihren Wirtschaftsexperten wurden im Februar 1949 durch die KPC alle Ansätze einer Wirtschaftsdemokratie beseitigt. Stattdessen arbeitete an der Spitze ein staatliches Planungsministerium, dem die Ministerien der verschiedenen Wirtschaftszweige (Leichtindustrie, Bergbau, etc.), die regional verteilten Hauptverwaltungen und die dazugehörigen Unternehmen untergeordnet

---

[1]   Vergl. TEICHOVA, S. 97.

[2]   BUCER/PRIKRYL/TOMASEK, S. 4.

waren. Diese Aufbaustruktur sollte die Tschechoslowakei noch weitere 40 Jahre begleiten. Diese drastischen wirtschaftspolitischen Veränderungen und die zunehmende Annäherung an die Sowjetunion reduzierten sukzessive die tschechoslowakischen Beziehungen mit dem Ausland. Weil die Trennung zu den westlichen Marktwirtschaften nicht schnell genug erfolgte, kritisierten 1950 die anderen osteuropäischen Staaten den Umfang der tschechoslowakischen Aussenhandelsbeziehungen zum Westen. In Folge reduzierte sich der Handel mit westlichen Demokratien von 40,4% im Jahr 1948 auf 21,5% im Jahr 1953.[1]

Ausserordentlich hohe Zuwachsraten des Industrieausstosses Ende der 40er Jahre bestärkten die KPC-Führung am Festhalten der 1948 eingeschlagenen Wirtschaftspolitik. Die extensive Industrialisierung mit Schwerpunkt auf der Schwerindustrie sollte ein Prosperieren der tschechoslowakischen Volkswirtschaft garantieren. Parallel dazu verlief die Enteignung von Hotels, Gaststätten, Handwerksbetrieben und Produktionsstätten und deren Ersatz durch Staatsbetriebe und Genossenschaften, die weitgehend vom Staat und der Partei verwaltet wurden.[2] "Man strebte maximales und nicht optimales Wachstum an",[3] was zur Mangelwirtschaft in verschiedenen Bereichen der Volkswirtschaft führte.

Als die ersten Zweifel an den zentralistisch-befehlsartigen Lenkungsformen aufkamen, wurde die Aufforderung Stalins, die kommunistischen Parteien Osteuropas von staatsfeindlichen Personen wie "'Agenten' und 'Abweichlern'"[4] zu säubern, begrüsst. KPC-Chef Gottwald verfuhr entsprechend der ausgegebenen Parole und säuberte die Reihen der eigenen Partei von unbequem gewordenen Parteimitgliedern. Unschuldige wurden zu hohen Gefängnisstrafen bzw. zum Tode verurteilt, so auch Slánsky, ein prominenter KPC-Parteisekretär. Husák, ein bekannter Verfechter slowakischer Forderungen (Kulturpolitik und Industrialisierung),[5] wurde in einem Schauprozess zu einer hohen Haftstrafe verurteilt.

---

[1]   Vergl. TEICHOVA, S. 113.

[2]   Vergl. KOSTA, Wirtschaftssysteme des realen Sozialismus, S. 139 ff.

[3]   TEICHOVA, S. 115.

[4]   HARTMANN, S. 130.

[5]   Vergl. EBENDA.

Um die Inflationsentwicklung in den Jahren 1949 bis 1953 im Griff zu behalten, wurde an der 1946 implementierten Rationierung der Konsumgüterartikeln festgehalten. Da dies nicht ausreichte und der Kaufpreisverlust zunahm, entschloss sich die politische Führung zu einer zweiten Währungsreform, die am 1. Juni 1953 in Kraft trat. Zudem erhöhte das staatliche Planungsministerium die Preise mit Ausnahme von lebenswichtigen Lebensmitteln erheblich. Die dadurch verursachte Kaufkraftreduzierung sollte den Kauf von Konsumgütern einschränken und aufgrund niedrigerer Preise bei Produktionsgütern Mittel für die Schwerindustrie freisetzen.[1]

Entgegen aller westlichen Prognosen verfestigte sich die Herrschaft der KPC, als 1953 Stalin und kurz darauf KPC-Chef Gottwald verstarben. Als Präsident der Republik wurde Antonín Zápotoky ernannt und zum neuen Sekretär des Zentralkomitees wurde Antonín Novotny bestimmt.

1954 - 1962

Die Planwirtschaft begann bereits 1953 ihre Schatten auf die tschechoslowakische Wirtschaft zu werfen. Die Dynamik des Wirtschaftswachstums der ersten Nachkriegsjahre ging zum Teil verloren,[2] nachdem der Staat die Verteilung der Produkte übernommen und die Betriebe ihre absatzwirtschaftlichen Funktionen nicht mehr wahrzunehmen brauchten. Es war ihnen gleichgültig, ob die Produkte auf Lager blieben oder tatsächlich abgesetzt werden konnten und die Produkte den Qualitätsanforderungen entsprachen. Da als einziger Erfolgsmassstab die Erfüllung der Plankennziffern galt, spielte es eine untergeordnete Rolle, ob die Unternehmen Gewinne oder Verluste einfuhren, sich die Investitionen schnell amortisierten oder Kredite aufgenommen werden mussten. Die Planerfüllung war das entscheidende Ziel.

---

[1] Vergl. TEICHOVA, S. 116.

[2] Vergl. EBENDA.

Gemessen am Grad des Planzieles erhielten die Unternehmen materielle, finanzielle und personelle Ressourcen. Das System veranlasste die Unternehmen weitaus mehr Ressourcen anzufordern als tatsächlich benötigt wurden. So entwickelte sich z.b. die Verfügbarkeit von Arbeitskräften[1] zu einem für das Planungsministerium schwer zu beeinflussenden Problem. Eine Antwort des Planungsministeriums bestand in der Dislozierung der Industrie, speziell der Leichtindustrie in ländliche Gebiete.

Auch die Bedeutung der Staatsbank wurde in der Planwirtschaft verändert. Sie degradierte zum verlängerten Arm der kommunistischen Parteiführung. Ihre Aufgabe bestand darin, gemäss Anweisung Unternehmensgewinne einzuholen oder zinslose Kredite zu vergeben. Mitarbeiter der Staaatsbank wurden in den Unternehmen mit ähnlichen Vorbehalten wie Finanzprüfer in westlichen Demokratien behandelt.

Infolge des Ungleichgewichts zwischen dem überhöhten Produktionsgüterausstoss auf der einen Seite und der zu geringen Verbrauchsgüterproduktion auf der anderen Seite, sah sich die Parteileitung zu einem Einschub von zwei Ein-Jahresplänen gezwungen, der das Konsumgüterangebot für die Bevölkerung verbessern und die Investitionen für die Schwerindustrie verringern sollte. Da aber die Höhe der Löhne festgeschrieben war, fehlte bei den Angestellten und Arbeitern das Geld um die Konsumgüter nachzufragen, so dass die teilweise Verlagerung von der Produktions- zur Verbrauchsgüterproduktion nicht erfolgreich war.

Aber die Durchführung einer durchgreifenden Wirtschaftsreform lag in weiter Ferne. 1956, hervorgerufen durch die politischen Unruhen in Polen, die Okkupation Ungarns durch die Sowjettruppen und die Auseinandersetzung um den Suezkanal wurden die Reformüberlegungen ein weiteres Mal in den Hintergrund gestellt. Hinsichtlich der sich abzeichnenden wirtschaftlichen Rezession wurden schliesslich zum 1. April 1958 die Leitungsstrukturen[2] einzelner Grossunternehmen dezentralisiert und die Hauptverwaltungen aufgelöst. Die Betriebe erhielten grössere Freiheiten bei Produktionssortiments- und Investitionsentscheidungen, wobei weniger Produktionskennziffern als Rentabilitätsüberlegungen im

---

[1]   Vergl. TEICHOVA, S. 118.

[2]   Vergl. DOBIAS, S. 179.

Vordergrund stehen sollten. Diese Entscheidung wurde auch von Novotny getragen, der nach dem Tode von Zápotoky im November 1957 die beiden höchsten Ämter in Staat und Partei bekleidete. Es war auch Staatspräsident Novotny, der 1960 die Tschechoslowakei zur Tschechoslowakischen Sozialistischen Republik (CSSR) erklärte.

Die sowjetisch-chinesische Auseinandersetzung 1960 führte zu einem Stop der Handelsbeziehungen zwischen China und der tschechoslowakischen Industrie. Viele Aufträge wurden storniert und führten zur Vergrösserung der ohnehin schon beachtlichen grossen Lagerbestände. Viel schwerwiegender war allerdings, dass China, als einer der grössten Lebensmittellieferanten für die Ostblockstaaten und somit auch für die Tschechoslowakei, ebenfalls ihre Lieferungen an Lebensmitteln einstellte.[1] Die Tschechoslowakei und andere Ostblockstaaten mussten nun zu Weltmarktpreisen vom "Klassenfeind" Kanada und USA Getreide beziehen.

Diese Importe, die z.T. in Valuta gezahlt werden mussten, verschlechterten die Aussenhandelszahlungsbilanz. Dies war der Auslöser der Wirtschaftskrise von 1961 bis 1963, die alle RGW-Länder ergriff und das Wirtschaftswachstum der CSSR fast stagnieren liess. Der dritte 5JP für die Jahre 1961 bis 1965 musste daher bereits zu Ende des ersten Jahres wegen übersteigerter Planziele[2] aufgegeben werden. Brus schreibt treffend: Der "'Aufstieg und Niedergang' der tschechoslowakischen Wirtschaftsreform [folgte] dem Verlauf der politischen Entwicklung".[3]

---

[1]   Vergl. TEICHOVA, S. 122.

[2]   Vergl. KOSTA, Wirtschaftssysteme des realen Sozialismus, S. 140.

[3]   BRUS, S. 354.

1963 - 1967

Wie weit der Niedergang fortgeschritten war, belegten in den sechziger Jahren offiziell durchgeführte Umfragen. So standen lediglich 36% der Produkte des Maschinenbaus auf Weltniveau, 27% waren überholt und 37% hätten aus dem Produktionssortiment genommen werden müssen. In anderen Branchen der Industrie war die Situation ähnlich.[1]

Diese offensichtlichen Defizite führten zu Kritik am seinerzeit ausgeübten Wirtschafts- und Leitungssystem. Ganz im Gegensatz zu der damals üblichen Top-Down-Befehlsstruktur, entwickelten sich diesmal die treibenden Reformkräfte an der Basis. Parteimitglieder aller Chargen versuchten in Form von kritischen Analysen, die Ursachen für die nicht zufriedenstellende wirtschaftliche Situation zu finden und die politische Führung durch scharfe Kritik an ihrer Politik, speziell der Wirtschaftspolitik, zu fundamentalen Veränderungen der sozialistischen Wirtschaft zu bewegen. Novotny, der aufgrund der wirtschaftlichen Situation zwar eine Reform begrüsste, aber im Grunde sowohl eine Synthese von Plan und Markt in der Wirtschaft als auch einen repräsentativ-demokratischen Pluralismus ablehnte, war von der Eigendynamik der Reformbewegung, deren Ursprung in der eigenen Partei zu finden war, überrascht. Als er erkannte, dass die Reformbewegung breiten Zuspruch fand, wollte er zumindest die Bewegung in von ihm kontrollierbare Bahnen lenken. Eine Kommission sollte "Grundsätze zur Vervollkommnung der planmässigen Lenkung der Volkswirtschaft"[2] erarbeiten. Als Präsident der Wirtschaftsexpertenkommission wurde 1962 das Zentralkomiteemitglied Ota Sik, der auch Direktor des ökonomischen Institutes der tschechoslowakischen Akademie der Wissenschaften war, ernannt.

Im folgenden werden die von der Kommission erarbeiteten Grundsätze der radikalen Reform zunächst vorgestellt und anschliessend ihre Kernaussagen erläutert:

---

[1]   Vergl. TEICHOVA, S. 118.

[2]   EBENDA, S. 123.

a) Implementierung einer volkswirtschaftlichen Rahmenplanung bei gleichzeitiger Ablösung des imperativen Staatsplanes;

b) Revitalisierung der Märkte;

c) Vergrösserung des Handlungsspielraumes für die Unternehmen;

d) Demokratisierung der Unternehmensführung;

e) Neudefinierung der Rolle der Partei;

f) Föderalisierung des Staates[1];

zu a) Implementierung einer volkswirtschaftlichen Rahmenplanung bei gleichzeitiger Ablösung des imperativen Staatsplanes.

Alle Ein-, Zwei-, oder Vier-Jahrespläne sollten durch eine volkswirtschaftliche Rahmenplanung ersetzt werden. Die Planung sollte sich fortan auf ausgesuchte volkswirtschaftliche Eckwerte und Bereiche konzentrieren.

- "Langfristige Wachstumsrate des Nationalprodukts;
- Konsumquote, aufgespalten in privaten und öffentlichen Konsum;
- Langfristige wissenschaftliche und technische Entwicklungen;
- Bildungs- und Qualifikationsplanung;
- Regional- und Umweltentwicklung und
- Grundausrichtung der aussenwirtschaftlichen Beziehungen".[2]

Man hatte erkannt, dass die zentralen Planungsstellen aufgrund der hohen Informationsfülle und -komplexität nicht in der Lage waren, angemessene wirtschaftliche Entscheidungen für die gesamte Volkswirtschaft zu treffen. Zusätzlich wurde eingestanden, dass die gegensätzlichen Interessen zwischen Anbietern und Abnehmern von Produkten nur durch Märkte zu beseitigen sind.

---

[1]   Vergl. BRUS, S. 362 f.; GUMPEL, S. 179; HARTMANN, S. 134; KOSTA, Wirtschaftssysteme des realen Sozialismus, S. 144.

[2]   KOSTA, Wirtschaftssysteme des realen Sozialismus, S. 150 f.

zu b) Revitalisierung der Märkte.

Ein wichtiger Schritt zur Neubelebung der Märkte bestand in der Ablösung staatlich kontrollierter Festpreisvorschriften und der Einführung freier Gross- und Einzelhandelspreise. Um den Übergang sozial verträglich zu gestalten, sollten bis 1969 bereits ungefähr 50%[1] der Produkte der freien Preisbildung unterliegen. Diese schrittweise Preisfreigabe sollte zu einer Annäherung zwischen Binnen- und Weltmarktpreisniveau führen.

Eine spätere vollständige Konvertibilität der tschechoslowakischen Krone sollte die Isolierung der CSSR vom Weltmarkt beenden und die inländischen Unternehmen über den internationalen Konkurrenzdruck zur Herstellung konkurrenzfähiger Produkte zwingen, d.h., nicht nur die Bedienung der inländischen Märkte sollte liberalisiert, sondern auch das Aussenhandelsmonopol aufgehoben werden.

zu c) Vergrösserung des Handlungsspielraumes für die Unternehmen.
Wie bereits angeführt, sollte den Direktoren von Unternehmen zu Beginn grösserer, später völliger Entscheidungsspielraum auf dem Gebiet der Absatzpolitik gegeben werden. Dadurch wären die Unternehmen wieder in der Lage gewesen, auf Marktsignale reagieren und auf Marktbedürfnisse eingehen zu können. Den Unternehmen wurde die Freiheit zuerkannt, über ihren ursprünglich festgesetzten Geschäftsbereich hinaus aktiv zu werden und Kooperationen mit anderen Unternehmen einzugehen.

Zudem wurde vorgeschlagen, die Last der Besteuerung für Unternehmen zu verringern. So sollten nur noch 8% des betrieblichen Bruttoeinkommens als Stabilisierungsabgabe, 2% als Umlaufmittelsteuer und 6% als Grundmittelsteuer abgeführt werden.[2] Das verbleibende Nettoeinkommen sollte dann entsprechend den Richtlinien der betrieblichen Investitionspolitik eingesetzt werden. Eine allgemeine Steigerung der Investitionsintensitäten im Bereich der Konsumgüterindustrie wäre ein absehbare, politische gewollte Entwicklung gewesen.

---

[1]   Vergl. TEICHOVA, S. 126.

[2]   Vergl. EBENDA, S. 124 f.

Auch das Motivationssystem der Mitarbeiter sollte mit Hilfe des verbleibenden Nettoeinkommens wieder belebt werden. Der weitaus grösste Teil der individuellen Entlohnung war nach diesem Konzept von der Arbeitsleistung des jeweiligen Arbeitnehmers abhängig (85 bis 95 Prozent). Die restlichen 5-15% sollten Erfolgsanteile am betrieblichen Bruttoeinkommen sein.[1]

Die Abschaffung aller Branchenministerien und die Gründung eines einzigen Wirtschaftsministeriums sowie die Entflechtung der Monopolgebilde sollten der Entbürokratisierung und damit der Vergrösserung des Handlungsspielraumes der Unternehmen dienen.

zu d) Demokratisierung der Unternehmensführung.
Durch die Einbeziehung der Arbeitnehmervertreter in die Leitungsorgane versuchten die Reformer, die Unternehmensführung zu demokratisieren, um zu erreichen, dass zukünftig echte Vertreter der Arbeitnehmerinteressen in die Gewerkschaften gewählt werden.

zu e) Neudefinierung der Rolle der Partei.
"Die Partei sollte zukünftig nur mehr durch politische Überzeugungsarbeit in einer grundsätzlich freien öffentlichen Auseinandersetzung zwischen den politischen Auffassungen im Land eine Führungsrolle ausüben, ...".[2]

zu f) Föderalisierung des Staates.
Erst später wurde dieser Punkt in das Reformpaket integriert. Während des Jahres 1967 trat die sich schon länger stärker akzentuierende Nationaliätenfrage in den Vordergrund. Die Reformer hielten eine föderative Regelung für unbedingt notwendig, um das Nationalitätenproblem zu lösen.[3]

Während Ota Sik am Rahmenentwurf zur Neugestaltung des Wirtschaftssystems arbeitete,

---

[1]   Vergl. KOSTA, Wirtschaftssysteme des realen Sozialismus, S. 161.

[2]   HARTMANN, S. 134.

[3]   Vergl. TEICHOVA, S. 127.

wurde Chruschtschow 1964 in der Sowjetunion gestürzt. Breschnew, der die Reformen Chruschtschows grundsätzlich ablehnte, war zumindest anfangs Verfechter der stalinistischen Politik und kritisierte Novotny, die Rehabilitierung der Säuberungsopfer vorangetrieben zu haben. Aufgrund des Machtwechsels in der Führungsspitze der KPdSU, befand sich Novotny plötzlich in einer zwiespältigen Situation.

Zeitgleich stellten sich slowakische ZK-Mitglieder gegen Novotny, weil sich dieser in ihren Augen nicht ausreichend für die Selbständigkeit der Slowakei einsetzte.[1] Als er das ZK der KPdSU um Unterstützung seiner Politik bat, wurde ihm diese versagt. Kurz darauf wurde Novotny seiner Position als Erster Sekretär der KPC durch das ZK der KPdSU enthoben, und Dubcek im Januar 1968 als neuer Parteichef eingesetzt.[2]

Bereits im September 1964 wurden von der Wirtschaftsexpertenkommission die Grundsätze zur Vervollkommnung der planmässigen Lenkung der Wirtschaft vorgestellt. Den reformierten Gruppen gelang es, das ZK von der Richtung und den Inhalten des Reformpaketes zu überzeugen. Bei der Erstellung des vierten 5JPs (1966 - 1970) wurden die Änderungen berücksichtigt, und es begann der schrittweise Übergang zur sozialistischen Plan- und Marktwirtschaft. Philosophisch formuliert war "die Idee einer sozialistischen Gesellschaft mit menschlichem Anlitz"[3] auf dem Weg zur Realisation.

2.2.3. Das Jahr 1968

Dubcek, früherer slowakischer Parteisekretär und slowakischer Abstammung, hatte das Vertrauen der slowakischen Bevölkerung und gewann es auch bei der restlichen Bevölkerung, weil er das Motto des "Sozialismus mit menschlichem Anlitz" propagierte. Das Amt des Staatspräsidenten übernahm am 30. März 1968 General Ludvík Svoboda.

---

[1]   Vergl. Kap. 2.2.2., Entwicklung 1949 - 1967, Pkt. f) Föderalisierung des Staates.

[2]   Vergl. BRUS, S. 361.

[3]   KOSTA, Wirtschaftssysteme des realen Sozialismus, S. 167.

Am 5. April 1968 verabschiedete die KPC unter Leitung des neuen Parteisekretärs das komplette Aktionsprogramm, welches zuvor nur in Teilen genehmigt worden war. Als intimer Kenner des Reformprogrammes wurde noch im selben Monat der Vorsitzende der Wirtschaftsexpertenkommission, Ota Sik, zum stellvertretenden Ministerpräsidenten der CSSR ernannt.[1]

Im krassen Gegensatz zu dem nationalen Reformenthusiasmus standen die Meinungen der übrigen osteuropäischen Länder. Ein Zitat des ehemaligen Ersten Sekretärs der SED der DDR, Walter Ulbricht, soll die Bedenken der DDR-Führungskreise verdeutlichen: "Geht die Entwicklung in der Tschechoslowakei so weiter, dann sind wir alle bald selbst gefährdet, wenn nicht weggefegt".[2]

Durch die Konzentration auf den Übergang zur sozialistischen Plan- und Marktwirtschaft versäumte die KPC, die Führungen der anderen osteuropäischen Staaten über die neue Reformpolitik aufzuklären. Daher kam für die KPC-Führung auch der Einmarsch von ca. 400.000 Soldaten der Truppen des Warschauer-Paktes in der Nacht vom 20. zum 21. August 1968 völlig überraschend. Alexander Dubcek wurde zusammmen mit den anderen Spitzenfunktionären nach Moskau entführt. Staatspräsident Ludvík Svoboda erreichte in Moskau, sechs Tage nach der Besetzung der CSSR, die Freilassung der Mitglieder des Politbüros. Nach seiner Rückkehr nach Prag wurde Dubcek vom Volk umjubelt und von den Gewerkschaften noch mehr als zuvor unterstützt. Trotzdem wuchs der aussenpolitische Druck, der durch die in den Strassen patrouillierenden Besatzungstruppen und den sowjetischen Beratern in der Politik deutlich wurde.[3]

---

[1]   Vergl. TEICHOVA, S. 128.

[2]   DOBIAS, S. 190.

[3]   Vergl. TEICHOVA, S. 129.

2.2.4. Entwicklung 1969-1989

1969 - 1970

Die Euphorie des Volkes über die Rückkehr des Politbüros hielt jedoch nicht lange. Bereits Ende März 1969 wurde Gustav Husák zum ersten Parteisekretär ernannt und Alexander Dubcek und Ota Sik abgelöst. Als im April 1969 Ludvík Svoboda verstarb, übernahm Husák auch diese Position in Personalunion.

Husák stellte sich an die Spitze eines sogenannten Normalisierungsprozesses, der von Massenausschlüssen aus der KPC, Versetzungen von Intellektuellen, Emmigration und Berufsverbot gekennzeichnet war. Im Mai 1969 wurden die Neuwahlen von Betriebsräten verboten[1] und kurze Zeit später die Auflösung der bereits existierenden Räte angeordnet. Damit kam der Impetus, der nachhaltig von den Gewerkschaften getragen wurde, zu einem abrupten Ende.

Am 2. Juli 1969, keine 11 Monate nach dem Einmarsch der Warschauer-Pakt Truppen, wurden die Preisbindung sowie Preiskontrollen wieder eingeführt. Die zweite Hälfte des Jahres 1969 war durch die schrittweise Rückkehr zum administrativ-direktiven Lenkungssystem mit verbindlichen Plankennziffern gekennzeichnet.

Der einzige Gewinner der gescheiterten Reformbewegung war die Slowakei. Am 1.1.1969 wurde die CSSR in zwei selbständige Länder unterteilt. Der Föderalismus war geboren.

1971 - 1980

In der Zeitspanne von 1971 bis 1980 änderte sich das Funktionssystem der CSSR nur geringfügig. Ähnlich wie in Polen und der DDR erreichten die Rezentralisierungsbemühungen nicht ganz den Stand von vor der Reform.

---

[1]   Vergl. TEICHOVA, S.129.

In den Jahren 1970 bis 1973 zeichnete sich die Volkswirtschaft durch ein grösseres Gleichgewicht zwischen Konsum- und Produktionsgüterindustrie bei gleichzeitig steigender Produktivität, höheren Löhnen und wachsendem Konsum der Bevölkerung aus. Obwohl die Reform offiziel für "tot" erklärt wurde, und das Wort 1972 aus der Publikation eines umfassenden Nachschlagewerkes der Akademie der Wissenschaften verbannt wurde,[1] bewerteten selbst ZK-Mitglieder die Reform in den folgenden Jahren als positiv. M. Hruskovic stellte fest, dass die vollständige Verurteilung der ökonomischen Reform "would be equal to a step backward in the political, as well as in the theoretical sense, and would hurt the interest and needs of the Party and the economy".[2]

Positiv, und von vielen noch als ein Resultat der Reformbewegung interpretiert, war die Verbesserung der Handelsbeziehungen mit den westlichen Industriestaaten und den Ländern der Dritten Welt in den Jahren 1970/71 und im Zeitraum 1974/75. Obwohl seit 1973 die tschechoslowakische Handelsbilanz ein wachsendes Aussenhandelsdefizit aufwies (von US$ 80 Mio. in 1973 auf US$ 1.128 Mio. in 1979),[3] hielt sich die Auslandsverschuldung während der 70er Jahre im Vergleich zu anderen osteuropäischen Nachbarn in Grenzen. "But it accumulated instead an internal indebteness, effectivly borrowing against its own future by neglecting infrastructural and environmental investment".[4] Andere kommunistische Vertreter versuchten den gemässigten volkswirtschaftlichen Aufschwung als einen Erfolg der kommunistischen Wirtschaftspolitik darzustellen. Tatsächlich war aber nicht nur die "erfolgreiche Wirtschaftspolitik" für die Entwicklung der Tschechoslowakei, sondern auch die im Verlaufe des Jahrzehnts 1972 bis 1981 zugeflossenen Rubelkredite und Subventionen (vor allem in Form von verbilligten Energie- und Rohstofflieferungen) im Gesamtwert von über US$ 110 Mrd. verantwortlich. Davon entfielen rund 19% auf die Tschechoslowakei (DDR 33%, Polen 18%, Bulgarien 17%, Ungarn 12%, Rumänien 1%).[5]

---

[1]   Vergl. BATT, East Central Europe, S. 18.

[2]   EBENDA, S. 17.

[3]   Vergl. TEICHOVA, S. 131.

[4]   BATT, East Central Europe, S. 19 f.

[5]   Vergl. BERNER, S. 174.

Vier bis fünf Jahre nach dem Prager Frühling formierten sich wieder die ersten Oppositionsgruppen. Der gesteigerte Kooperations- und Investitionsoptimismus des Westens in der Ära der Ost-West-Entspannung in den Jahren 1972 bis 1975 führten zunächst zu einer eher defensiven Haltung der Opposition. Der Widerstand formierte sich erst zwischen 1975 und 1977, nahm seinen Anfang mit dem offenen Brief von Havel an Gustáv Husák, in dem er seine Wahrheitsforderung erhob und verfestigte sich mit der Entstehung der Charta 77. Die Charta 77 wollte in einem offenen Dialog mit der kommunistischen Partei auf die vielen Probleme im Lande aufmerksam machen. Da die KPC jedoch keine Opposition duldete, wurden die Mitglieder der Charta sowie deren Familien verfolgt und wegen Aufruhr und Verrat der sozialistischen Ideale zu Gefängnisstrafen zwischen 2 und 7 Jahren verurteilt.

1981 - 1988

Mit der Polenkrise im Sommer 1980 begann eine Periode Moskauer Führungsschwäche.[1] Sie fiel in die Endphase der Breschnew-Ära sowie in die 1¼ Jahre dauernde Regierungszeit von Breschnew Nachfolger Andropow (bis Februar 1984). Gleichzeitig wich das Détente-Klima in Folge des NATO-Doppelbeschlusses und Reagans' vehementer Unterstützung der "Strategic Defense Initiative (SDI)".[2] Eine Stagnation des Wirtschaftswachstums war zu beobachten, die trotz eines leichten Aufschwungs nach 1983 nicht überwunden werden konnte. Die folgende Übersicht gibt eine Zusammenfassung der wichtigsten Gründe für die Wirtschaftskrise:

- Vergeudung knapper Ressourcen (bezogen auf das Nationalprodukt ver-
  brauchte die CSSR durchschnittlich 50% mehr an Primärenergie, doppelt soviel
  Zement und dreimal soviel Stahl wie andere westliche Volkswirtschaften);[3]
- Lange Modernisierungszyklen;
- Engpässe und Versorgungslücken bei Vorprodukten;
- Schwer verkäufliche Ware im Handel und zu hohe Bestände in den Unternehmen;

---

[1]   Vergl. BERNER, S. 178.

[2]   EBENDA; Vergl. GABRISCH/STANKOVSKY, S. 52.

[3]   Vergl. KOSTA, Aspekte des Systemwandels in der Tschechoslowakei, S. 306.

- Geringe Angebotsflexibilität;
- Verzicht auf marktmässig ermittelte Preise, Löhne und Zinsen als Knappheits- und Steuerungsinstrumentarium;
- Produktion ohne Bedarfsorientierung;
- Eingeschränkte Leistungsfähigkeit der zentralen Wirtschaftsplanung;
- Vernachlässigung der Infrastruktur;
- Zerstörung der Umwelt;
- Nachlassende Leistungsmotivation durch die Beschränkung der Eigeninitiative;
- Verschleierung der Folgen zu hoher Produktionskosten durch enorme Subventionen.

Die folgende Tabelle[1] vermittelt einen Überblick über ausgewählte Grundindikatoren:

Grundindikatoren	1987	1988	1989	1990
Privatkonsum (in %)	2,8	4,9	1,6	-1,3
Auslandsschulden (in Mrd. $)	6,6	7,3	7,9	8,1
Staatsüberschuss/-defizit (in %)	-0,1	-2,6	-1,1	0,8

Tab. 1: Wirtschaftliche Grundindikatoren der CSSR, 1987-1989

Angesichts dieser fundamentalen Wirtschaftsprobleme wäre eine radikale Reform notwendig gewesen. Man beschränkte sich aber in der ersten Phase auf die Neuformulierung von Plankennziffern, die Verknüpfung von Anreizfonds und die Reduktion der vollzugsverbindlichen Plankennziffern, vergleichbar mit den Versuchen während der 60er Jahre. Erst 1987 begann man, ernsthaft an Reformplänen zu arbeiten, die allerdings erst zum 1.1.1990 eingeführt werden sollten.[2] Dieses Reformpaket hätte den bisher tiefsten Eingriff in das Wirtschaftssystem seit der Verstaatlichung von Industrie und Aussenhandel 1948 dargestellt. Eine Art "sozialistische Marktwirtschaft" sollte implementiert werden. Obwohl auch zukünftig der staatliche/volkseigene Besitz dominieren sollte, wollte man in verstärktem Masse die Selbständigkeit aller Unternehmen anstreben. Gemäss "dem Prinzip der 'vollständigen wirtschaftlichen Rechnungsführung' und der Selbstfinanzierung ohne Zielvorgabe oder

---

[1]   Quelle: CHARAP/DYBA/KUPKA, S. 6.

[2]   Vergl. KOSTA, Aspekte des Systemwandels in der Tschechoslowakei, S. 306

Hilfestellung seitens staatlicher Stellen"[1] sollten Unternehmen zukünftig wirtschaften. Unmittelbar damit verbunden wurde auch die Entflechtung der Branchenmonopole angestrebt.

In dieser Phase innen- und aussenpolitischer Schwierigkeiten verfielen die osteuropäischen "Vasallen-Regime" in einen *Partikularismus*. Berner beschreibt die Eigenschaften des Partikularismus wie folgt:

a) "Eigenbrötlerische Durchlöcherung der gemeinsamen aussenpolitischen Blockstrategie;

b) Haschen nach einzelnen Vorteilen, die man von kapitalistischen Regierungen und Finanzfonds zu ergattern hofft;

c) Vertreten engstirniger nationaler Interessensstandpunkte angesichts einer zeitweiligen Verschlechterung der Wirtschaftslage;

d) Aufteilen der Staaten in Grossmächte und kleine Länder, statt sie nach Klassenkriterien zu beurteilen;

e) Anpreisung des eigenen Sozialismusmodells, während man allen von bestimmten 'Bruderparteien' ausgehenden Anregungen mit geradezu krankhaftem Misstrauen begegnet;

f) Propagierung der These, dass sich die 'hierarische Reihenfolge' der internationalen und nationalen Belange in letzter Zeit zugunsten der nationalen Interessen verändert habe".[2]

Auch Andropow-Nachfolger Tschernenko erwiess sich ausserstande, diesem Partikularismus schnell und umfänglich Einhalt zu gebieten - zu unterschiedlich waren die Interessen der verschiedenen Vasallenstaaten.

---

[1]   ALBESEDER/KLEIN/SZUESICH, S. 7.

[2]   BERNER, S. 185 f.

2.2.5. Das Jahr 1989

2.2.5.1. Vorboten einer Wende

*"Das grosse Andere kommt auf Taubenfüs-
sen, daher auch unsichtbar für Herodes."
Zitat des Philosophen Patocka,
Geistiger Vater der Charta 77*[1]

Die unvollkommenen Reformansätze der Vergangenheit (1953, 1956, 1968, 1970, 1987), die zu keiner grundlegenden Verbesserung der volkswirtschaftlichen Situation führten, schienen eine radikale Wende unausweichlich zu machen.

Der politische Kurswechsel setze mit der Übernahme der Führung in der Sowjetunion durch Michail Gorbatschow im Jahr 1985 ein. Dieser manifestierte sich in der von ihm propagierten Glasnost und Perestrojka, die öffentliche politische Meinungsbildung in grösserem Umfang zuliessen. Die bis dahin nicht gekannte Haltung der Sowjetunion eröffnete den Bürgern der Länder Osteuropas die Möglichkeit, ihren politischen Unmut den kommunistischen Parteiführungen gegenüber zum Ausdruck zu bringen. In der CSFR wurde die Parteiführung "von der Opposition, deren Kern die Charta 77 darstellte, wiederholt aufgefordert, über die angestauten gesellschaftlichen Probleme in einen sachlichen Dialog zu treten".[2] "Five days of demonstration in Prague in January 1989 led to the arrest of the leading activists of Charter 77, ..., and there followed major political show trials, in which they faced charges of 'hooliganism', 'incitement' and 'obstructing the police'".[3] Auch Václav Havel wurde zu neun Monaten bedingter Haftstrafe verurteilt. Dennoch können diese Aktionen der Opposition als Vorboten der Wende angesehen werden.

Die Konferenz über Sicherheit und Zusammenarbeit in Europa (KSZE) unterstützte die Aktionen der Oppositionsgruppen. 1986 unterschrieb die CSSR ein Dokument, in dem sie sich damit einverstanden erklärte, dass "ihre Gesetze und Verwaltungsvorschriften sowie die

---

[1]   GRUSA, S. 104.

[2]   HORSKY, S. 2.

[3]   BATT, East Central Europe, S. 38.

Praxis und Politik ihren Verpflichtungen nach dem internationalen Recht entsprechen bzw. mit den Bestimmungen der Deklaration der Prinzipien und weiteren Verpflichtungen im Rahmen der Konferenz über Sicherheit und Zusammenarbeit in Europa in Einklang gebracht werden".[1] Die Diskrepanz zwischen völkerrechtlich verbindlichen Verträgen und der Realität innerhalb der CSSR war eine weitere Triebkraft für die Bildung der Oppositionsgruppen. Die kommunistischen Machthaber in der CSSR glaubten allerdings bis zuletzt, dass die Proteste für politische und wirtschaftliche Reformen sowie mehr Humanität das Volk nicht erreichen würden.

Im Frühling 1989 begann dann der Ostblock, physisch zu zerfallen. Während der Sommerferien verliessen viele Ostdeutsche die DDR in Richtung Ungarn, das ohne Einreisevisum erreichbar war, um von dort nach Westdeutschland zu fliehen. Als dann am 9. November 1989 die Berliner Mauer als bekanntestes und wohl sichtbarstes Zeichen der Ost-West-Separation fiel, war es absehbar, dass der Sturz der anderen kommunistischen Regime kurz bevorstand.

2.2.5.2. Auftakt am 17. November 1989

Nachdem die Sowjetunion mit der Entideologisierung ihrer aussenwirtschaftlichen Beziehungen unter Gorbatschow zu einem neuen Rollenverständnis gefunden hatte, konnte sich die KPC grosszügiger zeigen und gestattete zum 17. November 1989 eine Demonstration.[2] Es sollte in einem Trauerzug der Besetzung der Tschechoslowakei durch deutsche Truppen vor 50 Jahren gedacht werden. Die vorwiegend nur von Studenten besuchte Gedenkfeier breitete sich im Laufe des Tages zur grössten Demonstration der Prager Bevölkerung seit 1969 aus. Parolen singend, traten sie kurzfristig zusammengezogenen, schwer bewaffneten Polizeieinheiten gegenüber. Nach dem Befehl des Einsatzleiters, die Demonstration aufzulösen, wurden gegen Abend die Demonstranten eingekreist und dutzende von ihnen mit Knüppeln zum Teil lebensgefährlich verletzt. Diese Szenen, die durch Rundfunk und Fernsehen

---

[1]   BRACH, Aussenpolitik der Tschechoslowakei, Teil I, S. 19.

[2]   Vergl. GRUSA, S. 104.

übertragen wurden, führten dazu, das sich die Bevölkerung auf die Seite der Studenten stellte. Im Bürgerforum fanden die Bürger ein Gegengewicht zur kommunistischen Partei. Es bestimmte das Vorgehen gegen die alte Garde und rief zur Massenmobilisierung auf. Unmittelbar nach dem 17. November versammelten sich im Stadtzentrum "fünf Tage nacheinander 100.000 bis über 200.000 Demonstranten".[1] Durch die Massenmedien übertragen, erreichte die Bewegung die Landbevölkerung und fand ihren Kulminationspunkt in einem Generalstreik unter Mitwirkung von mehr als einer halben Million Menschen, die freie Wahlen und das Ende der kommunistischen Herrschaft forderten.

2.2.5.3. Charakter der Revolution

Systemkritische Ansätze und systemverändernde Konzepte kamen während fast 50 Jahren Kommunismus ausschliesslich aus den Parteirängen. In seltenen Fällen war es die Parteibasis, die auf Veränderungen drängte (Reformpolitik der frühen 60er Jahre), in aller Regel jedoch beschloss die Parteiführung allein zentralistisch Massnahmen. Der 17. November sowie der Verlauf der "Sanften Revolution" waren eine plötzlich eruptierende politische Meinungsäusserung der Bevölkerung. "Die Revolution war nicht nur sanft und intellektuell, sie war jung und unternehmenslustig".[2] Sie wurde von den Studenten initiiert, von Intellektuellen, Künstlern und dem Bürgerforum getragen, von der Bevölkerung unterstützt. "Pointiert gesagt: Was die Polen in zehn Jahren, die Ungarn in 10 Monaten, die Ostdeutschen in zehn Wochen geschafft haben, das schufen die Tschechen und Slowaken in zehn Tagen".[3] Es ist nur den gewaltlosen Demonstrationen zu verdanken, dass es zu keiner grösseren Gegengewalt seitens der Partei kam, die eventuell zu einer nochmaligen Stabilisierung der kommunistischen Führung geführt hätte. Tschechen und Slowaken demonstrierten mit der gezeigten Gewaltlosigkeit politische Reife, Toleranz und den Wunsch nach einer besseren Zukunft.

---

[1]   HORSKY, S. 2.

[2]   GRUSA, S. 104.

[3]   HORSKY, S. 3.

Fünf Tage nach Beginn der Massendemonstrationen erfolgte der Sturz der alten Parteiführung. Am 24. November 1989 trat Ministerpräsident Adamec von seinem Amt zurück und suchte direkt im Anschluss den Dialog mit dem Bürgerforum.[1] Während das Bürgerforum Adamec damit beauftragte, eine neue Regierung zu bilden, suspendierte das neue Parteipräsidium das Zentralkomitee der kommunistischen Partei. Am 3. Dezember präsentierte Adamec der Öffentlichkeit seine neue Regierung, bestehend aus 21 Mitglieder.[2] Da aber noch immer 17 der 21 Regierungsmitglieder der kommunistischen Partei angehörten, musste Adamec aufgrund drohender neuer Massendemonstrationen zurücktreten.

Daraufhin wurde Marián Calfa, einem Rechtsexperten, die Bildung einer für alle Seiten zufriedenstellenden Regierung übertragen. Die "Regierung der Nationalen Verständigung" wurde am 10. Dezember mit einer Mehrheit nicht-kommunistischer Regierungsmitglieder eingeschworen. Calfa traf zusammen mit dem Bürgerforum die Auswahl der Minister nach Kriterien, die insbesondere politische Unabhängigkeit und persönliches Engagement bewerteten. Noch am selben Tag erklärte Staatspräsident Husák seine Demission. Die restlichen acht kommunistischen Minister legten im Verlaufe des Dezembers ihre Parteizugehörigkeit ab.[3]

Die letzte Domäne der Verfechter des Kommunismus, das Parlament, passte sich den neuen Entwicklungen an. Hundertzwanzig, meist kompromittierte kommunistische Abgeordnete, wurden von der KPC abgezogen. Die freien Plätze wurden dann mit neuen, politisch unabhängigen Abgeordneten besetzt. Durch diese Veränderungen wurde die Anzahl der kommunistischen Abgeordneten von 242 auf 138 verringert.[4]

---

[1]   Vergl. ROLLO, S. 26.

[2]   Vergl. BATT, East Central Europe, S. 40.

[3]   Vergl. HORSKY, S. 3.

[4]   Vergl. BRACH, Aussenpolitik der Tschechoslowakei, Teil I, S. 7.

Die Geheimpolizei wurde aufgelöst und die Polizei dem Innenminister unterstellt.

Aussenminister der Regierung der Nationalen Verständigung wurde Jirí Dienstbier, der der Charta 77 in der Entstehungsphase aussenpolitische Kontakte vermittelt hatte, die er während mehrjähriger Auslandsaufenthalte gesammelt hatte. In den Revolutionstagen war er Pressesprecher des Koordinierungszentrums des Bürgerforums.[1] Václav Havel wurde als untadeliger Demokrat und Anti-Militarist von der Föderalversammlung zum Staatspräsidenten gewählt und übernahm daraufhin sein Amt am 29. Dezember 1989.

---

[1]   Vergl. BRACH, Aussenpolitik der Tschechoslowakei, Teil I, S. 10.

2.2.6. Entwicklungen zu Beginn der 90er Jahre

Politisch war die erste Hälfte des Jahres 1990 von Hektik geprägt. Die Regierung der Nationalen Verständigung hatte bis zu den Wahlen im Juni 1990 viel Vorbereitungsarbeit zu leisten, damit die ersten freien Wahlen nach über 40 Jahren überhaupt möglich wurden. Insgesamt wurden durch die Bevölkerung 350 Abgeordnete gewählt, jeweils zweimal 75 Abgeordnete für das tschechische und slowakische Nationale Parlament sowie zweihundert Abgeordnete für die Föderalversammlung, die im Direktwahlsystem für 4 Jahre gewählt wurden. Die Föderalversammlung hat den Staatspräsidenten zu wählen und kann die bestehende Verfassung ändern oder erweitern. Der Vorsitzende der Föderalversammlung ernennt die föderale Regierung, die allerdings von den nationalen Regierungen bestätigt werden muss.[1] Die Föderalversammlung und die tschechische Regierung sind in Prag angesiedelt, während die slowakische Nationalregierung ihren Sitz in Bratislava hat. Der föderalen Regierung unterstehen die Ministerien für Verteidigung, Aussenhandel und Aussenbeziehungen, das Ministerium für Finanzen und das Wirtschaftministerium. Ihr obliegt ebenfalls die Zusammenarbeit mit der Staatsbank.

Da das Bürgerforum bzw. deren Schwesterpartei in der Slowakei, die Partei der "Öffentlichkeit gegen Gewalt", gerade in der Anfangsphase auf die Mitglieder der Charta 77 sowie auf prominente Persönlichkeiten des "Prognosticky-Institut[es]" (z.B. Valtr Komárek oder Václav Klaus) zurückgreifen konnte, war das Bürgerforum bereits im ersten Halbjahr 1990 in der Lage, weitgediehene politische Konzepte zu präsentieren.[2] Hektische Unruhe bestand vor allem bei politischen Neugruppierungen, die sich erst in ihrer Entstehungsphase befanden, aber dennoch zu den Wahlen am 8. Juni 1990 antreten wollten. Die Ergebnisse der ersten freien Wahl können der folgenden Tabelle[3] entnommen werden:

---

[1]   Vergl. MINISTRY FOR ECONOMIC POLICY AND DEVELOPMENT, Investors Guide, S. 8.

[2]   Vergl. KOSTA, Aspekte des Systemwandels in der Tschechoslowakei, S. 309 f.

[3]   Quelle: AMT FÜR AMTLICHE VERÖFFENTLICHUNGEN DER EUROPÄISCHEN GEMEINSCHAFTEN, S. 27.

Parteien	% der Stimmen	Sitze
Bürgerforum/Öffentlichkeit gegen Gewalt	47	87
Kommunisten	14	23
Christdemokraten	12	20
Mährische und Schlesische Autonomisten	5	9
Slowakische Nationalpartei	4	6
Koalition anderer Minderheitsparteien	3	5

Tab. 2: Wahlergebnisse 1990, CSSR

Am 29. Juni 1990 wurde die neue Regierung auf die Verfassung vereidigt. Marián Calfa, der sich vor den Wahlen der Partei "Öffentlichkeit gegen Gewalt" angeschlossen hatte, wurde ebenso wie Staatspräsident Havel in seinem Amt bestätigt. Calfas Wiederernennung kann sicherlich mit seiner slowakischen Abstammung begründet werden, mit der er zum tschechischen Havel in Prag ein Gegengewicht bildete. Zudem waren 10 Minister tschechischer und 6 Minister slowakischer Nationalität. Die kommunistische Partei, die in den Juni-Wahlen nur 14% der Stimmen erhielt, musste ihren Parteiapparat um über 80% auf 2082 Mitarbeiter reduzieren, wovon 198 Mitglieder das Zentralkomitee bildeten.[1]

"In seiner Regierungserklärung brachte Ministerpräsident Marián Calfa zum Ausdruck, dass die Tschechoslowakei nur durch eine konsequente Orientierung auf eine effiziente Marktwirtschaft den Weg 'zurück nach Europa und in die westliche Welt weitergehen und die Rückkehr des Landes in den Weltmarkt' in überschaubaren historischen Fristen erreichen kann".[2] Finanzminister Klaus formulierte die wirtschaftliche und politische Reform noch radikaler: "We definitely do not want to repeat our mistakes of the 1960s, when we attempted to introduce a hybrid system between central planning and market economy - we are not interested in a 'third way'. As someone recently stated, the third way is the fastest way to

---

[1]   Vergl. ROLLO, S. 27.

[2]   DEUTSCHE BANK, S. 46.

the Third World".[1] Klaus fuhr fort: "A partial reform is much worse than a non reform. This is a message which was explicitly clear from the partial reform in Czechoslovakia in the 1960s." " ... a partial reform in a distorted economy is a tremendous and dangerous mistake".[2] "... I do not intend to wait for an all embracing blueprint".[3]

Demgegenüber vertrat Komárek die Auffassung, dass ein sozial verträglicher Übergang in die Marktwirtschaft geschaffen werden muss. Dazu gehören Subventionen für strukturschwache Gebiete und für die durch die Transformation besonders hart betroffenen Industrien sowie der Aufbau eines sozialen Netzes.

Diese unterschiedlichen Auffassungen vom geplanten Ablauf der Wirtschaftsreform spiegeln auch die divergierenden nationalen Standpunkte wider.[4] Dies kam besonders deutlich zum Ausdruck, als die Föderalversammlung die Umbenennung des Staatsnamens diskutierte. Slowakische Abgeordnete waren nicht einverstanden, dass nur das Wort "föderalistisch" das Wort "sozialistisch" ersetzen sollte. Sie verlangten ausserdem die Ersetzung des Begriffes "Tschechoslowakische Republik" durch den Begriff "Tschechische und Slowakische Republik". Dieser Vorschlag setzte sich durch; seitdem heisst das Land Tschechische und Slowakische Föderative Republik (Czech and Slovak Federal Republic = CSFR).

Aus diesen Uneinigkeiten zwischen Tschechen und Slowaken lässt sich erkennen, dass der eigentliche Test für die CSFR noch bevorsteht. Es wird sich zeigen, ob die junge Demokratie mit den Belastungen der ökonomischen Reform fertig wird. Zeit wird zum kritischen Faktor, denn je länger die Reformbemühungen dauern, desto eher läuft die Regierung Gefahr, die Unterstützung der Bevölkerung zu verlieren. Auch für die CSFR gilt daher, dass "jede Transformation einer Planwirtschaft in eine Marktwirtschaft .. ein Experiment [ist], dessen Ausgang unbestimmt ist".[5]

---

[1]   KLAUS, S. 84 f.

[2]   EBENDA, S. 85.

[3]   EBENDA.

[4]   Vergl. auch Kap. 4.2., Beurteilung des Landesrisikos.

[5]   BEDNAR/CHVOIKA, S. 37.

2.2.7. Politische und wirtschafliche Chronik

45	Erster 2-Jahresplan
Nov 45	Erste Währungsreform
46	Erste Nachkriegswahlen
48	Putsch der KPC, Übernahme des sowjetischen politischen Systems
48	Gottwald wird Staatspräsident, Zápotocky wird Ministerpräsident
49-52	Übernahme des sowjetischen Wirtschaftssystems
49-53	Erster 5-Jahresplan: Sozialistische Industrialisierungsstrategie
51/52	Krise um Parteisekretär Slánsky und seine Gruppe, Entmachtung, Schauprozess, Hinrichtung
53	Tod von Gottwald. Zápotocky wird Staatspräsident, Siroky wird Ministerpräsident, Novotny wird Parteisekretär
Juni 53	Zweite Währungsreform
54	1-Jahresplan
55	1-Jahresplan
56-60	Zweiter 5-Jahresplan
Nov 57	Tod von Zápotoky. Novotny wird auch Staatspräsident
58/59	Reformmassnahmen mit begrenzter Reichweite
60	Tschechoslowakei wird zur Tschechoslowakischen Sozialistischen Republik (CSSR)
60	Sowjetisch-Chinesische Auseinandersetzung mit anschliessender Wirtschaftskrise
61-65	Dritter 5-Jahresplan (Abbruch Juli 1962 bei sich abzeichnender Regierungskrise)
62	Rücknahme der Reformmassnahmen von 1958/59, Berufung von Sik in das ZK der KPC
62/64	Diskussion und Ausarbeitung des Reformkonzeptes
63	1-Jahresplan
Okt 64	Wirtschaftsexpertenkommission legt Reformkonzept vor
Jan 65	Billigung des Reformkonzepts durch das ZK
65	1-Jahresplan (7-Jahresplan 1964-70 tritt nicht mehr in Kraft)
65/66	Reformexperimente
66-70	Vierter 5-Jahresplan

Textbox 1: Politische und wirtschaftliche Chronik von 1945 bis 1993, 1. Teil

Jan 68	Dubcek wird Parteisekretär, Beginn des "Prager Frühlings"
Jan-Aug 68	Gesellschaftlicher Demokratisierungsprozess
März/Apr 68	Svoboda wird Staatspräsident, Cerník wird Ministerpräsident, Sik wird stellvertretender Ministerpräsident
Apr 68	Neues KPC-Programm: "Sozialismus mit menschlichem Antlitz"
Aug 68	Bewaffnete Intervention der Warschauer-Pakt Truppen, Ende der Reformpolitik
Okt/Nov 68	Rücknahme des gesellschaftspolitischen Demokratisierungs- prozesses
Jan 69	Slowakei wird selbständige Republik
März 69	Umbildung der Partei- und Staatsführung, Verbot der Reformgruppe, Absetzung von Dubcek und Sik, Husák wird Parteisekretär
Apr 69	Tod von Svoboda, Husák wird auch Staatspräsident
Juli 69	Wiedereinführung der Preisbindung und -kontrollen
Jan 70	Ende der Wirtschaftsreform
71-75	Fünfter 5-Jahresplan
72-75	Ost-West-Détente
75-77	Formierung der Oppositionsgruppen, Gründung der Charta 77
76-80	Sechster 5-Jahresplan (ab 1978 wirtschaftliche Verschlechterung)
80-84	Verschlechterung des Ost-West-Klimas durch NATO-Doppelbe- schluss und SDI-Initiative
82-89	Partikularismus der Versallenstaaten
85	Gorbatschow wird Erster Parteisekretär der KPdSU
86	Unterzeichnug der KSZE-Dokumente
87	Reformdiskussionen
Nov 89	Generalstreik für freie Wahlen und Ende der Herrschaft der Kommunistischen Partei
Dez 89	Rücktritt von Staatspräsident Husák, Konstituierung der Regierung der Nationalen Verständigung unter Marián Calfa. Ankündigung des Übergangs zur Marktwirtschaft. Bürgerrechtler Václav Havel wird zum ersten nicht-kommunistischen Staatspräsident seit Ende des 2. Weltkriegs gewählt. Alexander Dubcek wird Parlamentspräsident.

Textbox 2: Politische und wirtschaftliche Chronik von 1945 bis 1993, 2. Teil

Juni 90	Erste freie Parlamentswahlen seit ca. 40 Jahren. Vereidigung der ersten freien und demokratisch gewählten Regierung.
Juli 90	Bestätigung von Staatspräsident Havel im Amt.
Sept 90	Wiederaufnahme in den Internationalen Währungsfonds. "Szenario der Wirtschaftsreform" verabschiedet.
Okt 90	Abschluss eines Investitionsschutzabkommens zwischen der Bundesrepublik Deutschland und der CSFR. Abwertung der Handelskrone gegenüber westlichen Währungen um 55% Gesetz über die kleine Privatisierung vom Parlament verabschiedet.
Dez 90	Beschluss des Parlaments über die Regionalisierung der Regierungsgewalt. Die Bundesregierung behält sich die Aussen-, Verteidigungs- und Finanzpolitik vor.
Jan 91	Reformpaket tritt in Kraft: Preisfreigabe, Herstellung einer begrenzten Inländerkonvertibilität.
Febr 91	Die Tschechoslowakei wird 25. Mitglied des Europarates. Gesetz über die grosse Privatisierung vom Parlament angenommen.
Juni 92	Zweite Parlamentswahlen, Klaus wird tschechischer, Meciar wird slowakischer Ministerpräsident.
Juli/Aug 92	Separationsbestrebungen der Slowakei.
Aug 92	Rücktritt von Staatspräsident Havel.
Sep 92	Slowakisches Nationalparlament verabschiedet eigene Verfassung und beschliesst Austritt aus der Föderativen Republik.
Jan 93	Spaltung zwischen der tschechischen und der slowakischen Republik soll vollzogen werden.

Textbox 3: Politische und wirtschaftliche Chronik von 1945 bis 1993, 3. Teil[1]

---

[1] Vergl. DOBIAS, S. 176 f.

2.3. Wirtschaftliche Entwicklungen zu Beginn der 90er Jahre

Die politische Wende führte zum Umlenken der Warenströme. Vor 1990 dominierte der Intra-RGW-Handel,[1] der aber nun immer weiter in den Hintergrund gedrängt wird, wie Tabelle[2] 3 belegt, die die wichtigsten Handelspartner der CSFR und die entsprechenden Import- und Exportvolumina im Jahr 1991 zeigt:

Import-/Exportvolumen 1991	Import in %	Export in %
Sowjetunion	32,1	19,4
Deutschland	20,1	25,1
Oesterreich	7,9	5,8
Polen	4,9	7,3
Italien	3,3	4,4
Schweiz	2,4	-
Frankreich	2,3	2,4
Grossbritannien	2,1	1,9
Jugoslawien	2,1	5,0
Niederlande	2,0	2,9
Andere Länder	19,8	25,8

Tab. 3: Die wichtigsten Handelspartner der CSFR 1991

Bereits in der zweiten Jahreshälfte 1991 löste die Bundesrepublik Deutschland die Sowjetunion als Hauptimporteur tschechoslowakischer Waren ab. Mit der Auflösung der UdSSR zum 31.12.1991 und der Umwandlung in die GUS dürften sich die Import-/Exportvolumina mit der CSFR noch einmal reduziert haben. Exaktes Datenmaterial, welches diese Annahme unterstützt, liegt im Moment jedoch nicht vor.

---

[1]   Vergl. Kap. 2.2.2., Entwicklung 1949-1967, *1949 - 1953.*

[2]   Quelle: CZECHOSLOVAK ECONOMIC DIGEST, ½92, S. 65.
Anmerkung: Die der Quelle entnommenen Prozentsätze ergeben in der Summe nicht 100%, da nur die 10 wichtigsten Handelspartner dargestellt wurden. Die Position "Andere Länder" wurde vom Verf. hinzugefügt.

2.3.1. Sektorenüberblick

► *Primärsektor*

Landwirtschaftliche Betriebe dominierten vor allem in der Slowakei, den Zonenrandgebieten (mit Ausnahme von Nordböhmen) und in West-Böhmen. *Forstwirtschaft* konzentrierte sich vornehmlich auf die bewaldeten Regionen der Slowakei (Tatra) sowie Nord- und Südböhmen. Das Land war in der Lage, die wichtigsten Grundnahrungsmittel selbst herzustellen, allerdings lag die Effizienz weit unter westlichem Standard. 64% der landwirtschaftlichen Nutzfläche wurden von landwirtschaftlichen Produktionsgenossenschaften (LPGs), 20% von Staatsgütern und 5% durch den privaten Sektor bewirtschaftet.[1] Der Anteil dieser privaten Klein-produzenten an "der Schlachtviehproduktion (einschliesslich Geflügel) betrug 1988 11,5%, beim Gemüse 48% und bei Obst 66%".[2] Die weiterverarbeitende *Lebensmittelindustrie* befand sich aufgrund veralteter Anlagen und fehlender Neuinvestitionen auf einem niedrigen technischen Stand.

Das zweite wichtige Standbein innerhalb des Primärsektors bildete unter der kommunistischen Herrschaft der Abbau von *Kohle*. Im Tagebau (bei Teplice und Most in Nord-Böhmen) und im Bergbau (bei Ostrava und Karviná in Nord-Mähren) wurde durchweg Braunkohle gewonnen. Die geförderten Braunkohlemengen reichten jedoch nicht aus, um den nationalen Bedarf an Kohle zu decken. Kohle aus der ehemaligen Sowjetunion musste importiert werden. Gerade im Bereich des Bergbaus wurde die Umwelt in extremem Masse zerstört. So wurde das zwischen den Flössen liegende Abraummaterial in grossen Halden über Tage deponiert und nicht als Füllmaterial für die alten Stollen verwendet, wodurch bereits grosse Erdver-werfungen entstanden sind und immer wieder entstehen. Im Bereich der *Energiewirtschaft* wurden die Wasserläufe nur unzureichend genutzt, die Wasserkraftwerke stammen zumeist noch aus den 30er Jahren.

---

[1] Vergl. ALBESEDER/KLEIN/SZUESICH, S. 13.

[2] FRENSCH, Die Wirtschaftslage in der CSSR 1988/89, S. 8.

▶ *Sekundärsektor*

Herzstück der tschechoslowakischen Wirtschaft war der Sekundärsektor und hier im besonderen die *Schwerindustrie* mit ihren eisen- und stahlproduzierenden sowie metallverarbeitenden Unternehmen. Zu den traditionell industriellen Zentren wie Prag, Brünn und Ostrava kamen im Rahmen der sozialistischen Industrialisierung noch die Städte Kosice in der Ost-Slowakei sowie Martin und Dubnica nad Váhom in der Mittel-Slowakei hinzu. In den beiden letztgenannten Städten wurden grosse Rüstungskonglomerate angesiedelt, die nicht nur die nationale Armee, sondern auch die osteuropäischen Bündnispartner mit Rüstungsmaterial versorgen sollten. Die Schwerindustrie erhielt im Gegensatz zur Leichtindustrie den grössten Teil der staatlich verteilten Investitionsmittel.

Die Leichtindustrie hatte neben fehlenden Investitionsmitteln auch unter der forcierten Dislozierung und den damit verbunden Nachteilen, wie schlechte Verkehrsanbindung und weniger qualifiziertes Arbeitskräftepotential, etc., zu leiden.[1]

Gerade in den traditionellen Bereichen der *Konsumgüterindustrie*, in denen noch in den 30er Jahren weltberühmte Produkte wie Glas, Porzellan, Holz- und Blechblasinstrumente aber auch Holzprodukte und Textilien hergestellt wurden, vergrösserte sich der Abstand zur Weltkonkurrenz. In den Jahren der kommunistischen Herrschaft wurden gerade diese ehemaligen "Vorzeige"-Industrien des Kapitalismus bewusst vernachlässigt.[2]

Von erheblicher Bedeutung für die Industrien des Sekundärsektors war die Abhängigkeit von importierten Erdölprodukten aller Art. Der Wegfall staatlicher Subventionen (Preisliberalisierung)[3] für Energie und kurzfristig steigende Erdölpreise während des Golfkrieges führten zu erheblichen Kostenbelastungen für tschechoslowakische Unternehmen.

---

[1]   Vergl. BUCER/PRIKRYL/TOMASEK, S. 5.

[2]   Vergl. EBENDA, S. 6.

[3]   Vergl. Kap. 4.1.1., Liberalisierung der Preise.

▶ *Tertiärsektor*

Die Entwicklung des Tertiärsektors hat gegenüber allen Branchen des Primärsektors und fast allen Branchen des Sekundärsektors den grössten Aufschwung seit Beginn der 90er Jahre erfahren. Die Land- und Forstwirtschaft der Tschechoslowakei steht heute auf vergleichbarem Niveau mit der Land- und Forstwirtschaft der Schweiz oder der Bundesrepublik in den 50er Jahren. Modernere Bodenbearbeitungsmaschinen und eine effizientere Führung der Unternehmen in dieser Branche wird die Betriebe wieder profitabel werden lassen. Mit zunehmender Automatisierung der Arbeitsabläufe wird sich die Anzahl der Betriebe reduzieren. Ebenso wird sich die Anzahl der Unternehmen in der Schwerindustrie und der metallverarbeitenden Industrie aufgrund der westlichen Konkurrenz bzw. der Weltkonkurrenz verringern. Im Gegensatz dazu bestand vor der "Sanften Revolution" praktisch kein Dienstleistungsmarkt. Jede Neueröffnung eines Dienstleistungsbetriebes bedeutet einen Zuwachs des Tertiärsektors in einem Land, in dem private Kleinbetriebe früher verboten waren. Prof. Bucek formulierte treffend: "Der Tertiärsektor muss von Null auf Westniveau aufgebaut werden".[1]

Die folgende Übersicht[2] verdeutlicht abschliessend im Vergleich mit anderen europäischen Staaten den unterentwickelten Tertiärsektor der CSFR und zeigt die dominate Stellung des Sekundärsektors innerhalb der CSFR-Volkswirtschaft.

Land	Landwirtschaft	Industrie	Dienstleistung
CSFR	9%	62%	29%
DDR	11%	64%	25%
Ungarn	13%	38%	49%
UdSSR	20%	46%	34%
Österreich	4%	30%	66%
Schweiz	7%	38%	55%

Tab. 4: Anteil der Wirtschaftssektoren am Nationalprodukt verschiedener Länder

---

[1]   INTERVIEW BUCEK.

[2]   Quelle: BILANZ Nr. 2/90, S. 91 u. TREND Nr. 1/90, S. 163.

2.3.2. Ausgewählte Branchenprofile

In diesem Abschnitt werden die chemische, die metallverarbeitende, die Lebensmittel- sowie die Textil- und Bekleidungsindustrie kurz vorgestellt. Die vier Branchen wurden wegen ihrer positiven Zukunftschancen ausgewählt.

Das Angebot an statistischem Material über die wirtschaftliche Entwicklung der ausgewählten Branchen kann nur bedingt verwendet werden, da gravierende Mängel in der Erhebung und Auswertung der Daten durch offizielle Stellen nicht ausgeschlossen werden können. Auf einen Vergleich mit westlichen Industrienationen wurde ebenfalls bewusst verzichtet, da das Zahlenmaterial aus westeuropäischen oder UN-Quellen meist inkompatibel mit dem statistischen Material offizieller CSFR-Quellen ist.

2.3.2.1. Chemische Industrie

Die Zentren der chemischen Industrie liegen in Nord-Böhmen, Nord-Mähren und im Raum Bratislava. 1990 erwirtschaftete die chemische Industrie einschliesslich der Gummiproduktion 11,6% des Bruttosozialprodukts. Innerhalb der chemischen Industrie verteilt sich die Produktion zu ca. 10% auf die Kautschukproduktion, zu ca. 22-25% auf die Öl- und Kohle-raffinerie und zu 55% auf Produkte der anorganischen Chemie.[1] Die fünf tschecho-slowakischen Chemieunternehmen Lachema, Unichem, Spofa, Slovnaft und Chemopetrol decken etwa 85% des nationalen Bedarfs. Es ist absehbar, dass mit Rückgang der Kohleföderung auch die Kohleraffinerie an Bedeutung verliert und die Erdölraffinerie an Bedeutung gewinnt. Es ist ebenso deutlich, dass Prozesse, die mit einem hohen Energiever-brauch verbunden sind, aus Kostengründen sukzessive eingestellt werden müssen.

---

[1]   Vergl. UNITED NATIONS. INDUSTRIAL DEVELOPMENT ORGANISATION, Industry Report, Czechoslovakia, S. 29.

Zu neuen Produktionsschwerpunkten werden dagegen Kunstfasern für Textilien, Polyethylen für Verpackungsmaterialien sowie die Arzeneimittelproduktion[1]. In der Verpackungsindustrie hofft man, in Zusammenarbeit mit westlichen Firmen von vornherein mit modernen Technologien umweltfreundliche Verpackungsstoffe zu produzieren.

Angesprochen auf die Firma Slovnaft, einem petrochemischen Komplex südlich von Bratislava mit 67.000 Mitarbeitern, beurteilte Prof. Bucek[2], Vizepräsident der Kommission für Wirtschaftsstrategie der Slowakei, die Entwicklungsaussichten der chemischen Industrie als gut. Voraussetzung für eine erfolgreiche Entwicklung ist allerdings, seiner Meinung nach, ein flexibleres Eingehen auf Kundenwünsche, eine verbesserte Raffinerietechnik und ein reduzierter Energieverbrauch.

2.3.2.2. Metallerzeugende und -verarbeitende Industrie

Die metallerzeugende und -verarbeitende Industrie in der CSFR bildet das Rückgrat des Sekundärsektors. Die tschechoslowakische Industrie erzeugt und verbraucht jährlich ca. 700 kg Stahl per capita. Im internationalen Vergleich nimmt die CSFR damit den zweiten Rang ein. Insgesamt 10% des BSP werden durch die metallerzeugende und -verarbeitende Industrie erzeugt, wobei dreiviertel auf die Eisen- und Stahlproduktion und ein Viertel auf die Buntmetallproduktion entfallen.[3]

Neue Umweltschutzgesetze, die darauf abzielen, den Schadstoffausstoss von Hochöfen zu reduzieren, tragen zweifach zur Belastung der Stahlkocher bei. Erstens müssen die mit Kohle betriebenen Hochöfen sukzessive ausgemustert werden. Die Anschaffung umweltfreundlicher Öfen, die mit Öl/Gas/Strom betrieben werden, erfordert allerdings hohe Investitionen.

---

[1]   Vergl. UNITED NATIONS. INDUSTRIAL DEVELOPMENT ORGANISATION, Industry Report, Czechoslovakia, S. 29.

[2]   INTERVIEW BUCEK.

[3]   Vergl. UNITED NATIONS. INDUSTRIAL DEVELOPMENT ORGANISATION, Industry Report, Czechoslovakia, S. 30.

Zweitens muss zumindest Öl und Gas, sofern es aus der GUS bezogen wird, in US $ bezahlt werden, was zu einer weiteren Belastung der Firmen in dieser Industrie führt. Insgesamt wird sich die Anzahl der Unternehmen in dieser Branche reduzieren und gleichzeitig die Eisen- und Stahlproduktion auf 350-400 kg per capita fallen.[1]

Die metallverarbeitende Industrie nahm aufgrund ihrer Rolle, die sie im Rahmen der Arbeitsteilung innerhalb der RGW-Staaten spielte, eine führende Position ein. Insbesondere ist der Maschinen- und Anlagebau sowie die Fahrzeugindustrie (Tatra, Liaz und Skoda) führend. Albeseder sieht in der Entwicklung neuer Produkte, speziell von "elektronischen Einrichtungen, modernen Elektro- und Diesellokomotiven, Strassenbahnen, Werkzeugmaschinen, LKWs und Traktoren"[2] Möglichkeiten, um die Wettbewerbsfähigkeit der Maschinenindustrie zu erhöhen. Prof. Bucek[3] argumentiert, dass allein in der Verringerung der Produktpallette eine Möglichkeit liegt, um die Konkurrenzfähigkeit der Unternehmen wiederherzustellen. Nach seinen Angaben könnte dieser Prozess der Verringerung der Produktpallette zum Ende des Jahres 1992 abgeschlossen sein.

2.3.2.3. Lebensmittelindustrie

In der Vergangenheit konzentrierte sich die Lebensmittelindustrie hauptsächlich auf die Verarbeitung der nationalen Landwirtschaftsprodukte. Aufgrund der auch in der Lebensmittelindustrie geltenden Plankennziffernvorgaben hatte das mengenmässige Erfüllen der Vorgaben die weitaus grösste Priorität. Die Qualität der Lebensmittelprodukte war eher von untergeordneter Bedeutung.

Hinzu kommt der völlig überalterte Maschinenpark in dieser Industrie. Mit diesem technologischen Rückstand sind auch Defizite in der Konservierungstechnik und der Einhaltung von Hygienevorschriften verbunden.

---

[1]   Vergl. UNITED NATIONS. INDUSTRIAL DEVELOPMENT ORGANISATION, Industry Report, Czechoslovakia, S. 31.

[2]   ALBESEDER/KLEIN/SZUESICH, S. 12.

[3]   INTERVIEW BUCEK.

Die tschechoslowakische Lebensmittelindustrie trug trotz dieser schlechten Ausgangssituation 1990 zu 6,2% aller Exporte bei.[1] Die Hauptexportprodukte waren Fleisch, Zucker und Molkereiprodukte.

Wesentliche Voraussetzungen für eine erfolgreiche Entwicklung der Lebensmittelindustrie sind, nach Meinung von Prof. Bucek[2], die klare Orientierung an EG-Nahrungsmittelnormen sowie der Aufbau einer effizienten und umweltfreundlichen Verpackungsindustrie.

2.3.2.4. Textil- und Bekleidungsindustrie

Abschliessend soll auf den Bereich der Textil-, Bekleidungs- und Lederindustrie eingegangen werden. Die Slowakei hat auf diesem Gebiet eine langjährige Tradition. 1990 trug die Textil- und Bekleidungsindustrie mit 6,6% zum Bruttosozialprodukt bei, wobei auf die Leder- und Schuhindustrie ein Anteil von 1,8% entfiel. Gerade aber der letztgenannte Bereich beschäftigte 3,3% der industriellen Arbeitskräfte. Aus diesem Verhältnis ist der Schluss zu ziehen, dass auch in diesem Bereich die Arbeitsproduktivität auf relativ geringem Stand ist.[3]

Ausländische Textilproduzenten und -abnehmer suchen Kooperationen mit tschechoslowakischen Textil- und Bekleidungsunternehmen, um "high-end" und gleichzeitig arbeitsintensive Produkte herstellen zu lassen, die auf asiatischen Märkten in dieser Qualität noch nicht zu erhalten sind.

Auf die Frage, welche Massnahmen die Textil- und Bekleidungsbranche ergreifen müsste, um

---

[1]   Vergl. UNITED NATIONS. INDUSTRIAL DEVELOPMENT ORGANISATION, Industry Report, Czechoslovakia, S. 25.

[2]   INTERVIEW BUCEK.

[3]   Vergl. UNITED NATIONS. INDUSTRIAL DEVELOPMENT ORGANISATION, Industry Report, Czechoslovakia, S. 26.

zukünftig auf dem Weltmarkt konkurrenzfähig zu sein, antwortete Prof. Bucek, dass sich die Industrie zunächst auf den nationalen Markt konzentrieren solle, da es hier genug Absatzmöglichkeiten gäbe. Er fügte an, dass neue Textilien für die früher nicht existente und jetzt langsam entstehende Mittelschicht produziert werden könnten, d.h., die Fokussierung auf die verschiedenen Schichten kurz- und mittelfristig ein ausreichendes Entwicklungs- und Produktionspotential bieten dürfte.[1]

---

[1]   INTERVIEW BUCEK.

3. JOINT VENTURE ALS KOOPERATIONSSTRATEGIE

Ziel jeden unternehmerischen Handelns sollte grundsätzlich die Sicherstellung der langfristigen Überlebensfähigkeit des Unternehmens sein. Die Zielerreichung, d.h. der Erfolg kann gemäss Pümpin[1] anhand von drei Punkten gemessen werden: (1) In Bezug auf Gewinn und/oder Rentabilität entwickelt sich das Unternehmen positiv (betriebswirtschaftlicher Aspekt). (2) Die Überlebensfähigkeit des Unternehmens ist gewährleistet (systemtheoretischer Aspekt). (3) Die Verknüpfung des betriebswirtschaftlichen mit dem systemtheoretischen Aspekt unter Hinzuziehung der zeitlichen Dimension ergibt den strategischen Aspekt. D.h., Unternehmen gelten als erfolgreich, wenn es ihnen gelingt, Voraussetzungen zu schaffen, die langfristig einen Wettbewerbsvorteil garantieren.

Um längerfristig Unternehmensüberschüsse zu erzielen, ist ein ständiges Eingehen des Unternehmens auf Änderungen in den Beschaffungs- und Absatzmärkten notwendig. Nur eine permanente Anpassung der Produkte/Dienstleistungen an die Marktbedürfnisse kann zum Wachstum führen.

Die Produkt-/Markt Matrix[2] von Ansoff zeigt vier Wachstumsrichtungen auf:

Märkte Produkte	Alte Märkte	Neue Märkte
Alte Produkte	Marktinten- sivierung	Marktentwicklung
Neue Produkte	Produktentwick- lung	Diversifikation

Tab. 5: Produkt-/Markt Wachstumsstrategien

Abhängig von der Situation des Unternehmens und dessen Umfeldes muss auf verschiedene Wachstumsstrategien zurückgegriffen werden, um die Wachstumsrichtung, für die sich das Unternehmen entschieden hat, erfolgreich zu verfolgen.

---

[1]   PÜMPIN, S. 29.

[2]   Quelle: ANSOFF, S. 93.

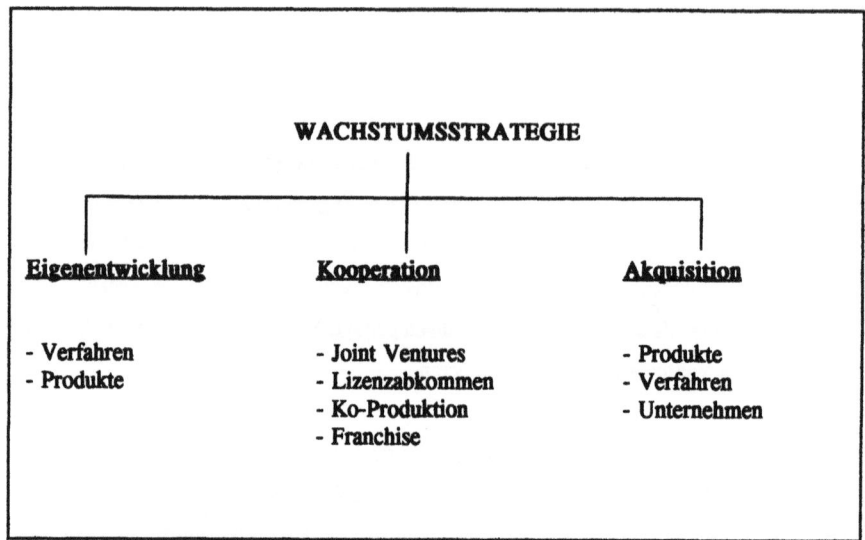

Abb. 1: Wachstumsstrategien für Unternehmen[1]

Entscheidungen zur Kooperation, die dem Bereich der strategischen Führung zu zuordnen sind, wurden in den 60er Jahren mit dem Ziel der internationalen Expansion, in den 70er Jahren zur Konsolidierung stagnationsgezeichneter Unternehmen und in den 80er Jahren im Hinblick auf den potentiellen Know-How Erwerb eingegangen.[2]

Geographisch gesehen, konzentrierten sich Kooperationen in den 60er Jahren auf die Entwicklungsländer, in den 70er und 80er Jahren in zunehmendem Masse auch auf die Industriestaaten und in den 90er Jahren, zumindest was Europa betrifft, auf die osteuropäischen Märkte.

In Bezug auf die osteuropäischen Märkte war die Kooperation in den 60er bis einschliesslich der 80er Jahre die einzig mögliche Wachstumsstrategie. Seit der "Aufweichung der Fronten" haben Kooperationen, gerade bei Unternehmen, die die Wachstumsrichtungen "Marktentwicklung" und "Diversifikation" verfolgen, an Bedeutung zugenommen.

---

[1]   Darstellung in Anlehnung an SCHEITER.

[2]   Vergl. BLEICHER, Joint-Venture-Management, S. 5.

3.1. Kooperationsformen

Um das Wesen der verschiedenen Kooperationsformen zu verstehen, ist es notwendig, auf den Begriff "Kooperation" näher einzugehen. Eine Kooperation kann definiert werden als "die *Zusammenarbeit* zwischen meist wenigen, *rechtlich und wirtschaftlich selbständigen* Unternehmen zur *Steigerung der gemeinsamen Wettbewerbsfähigkeit*".[1] Die drei hervorgehobenen Passagen stellen gleichzeitig die Kernelemente der Definition dar. Die "Zusammenarbeit" ist ausschliesslich freiwillig und Ausdruck einer privatautonomen Entscheidung. Die kooperierenden Unternehmen stehen in einem rechtlich und wirtschaftlich voneinander unabhängigen Verhältnis. Die Zielsetzung der Zusammenarbeit liegt in der "Steigerung der gemeinsamen Wettbewerbsfähigkeit".[2] Die Zusammenarbeit kann durch Abstimmung (Koordinierung) von Funktionen aufeinander oder durch Ausgliederung und Übertragung auf eine gemeinschaftliche Einrichtung erfolgen. Sie kann sich auf einzelne Funktionen (Beschaffung, Produktion, Vertrieb, Verwaltung), auf eine Bündelung von Funktionen oder alle Funktionen erstrecken. Diese Definition des Kooperationsbegriffs bildet die Grundlage für die Ausführungen in diesem Kapitel.

Grundsätzlich kann zwischen Kooperationsformen *mit* und *ohne* Kapitalverflechtung unterschieden werden. Unter *Kapitalverflechtung* versteht man die vertraglich definierte, finanzielle Beteiligung beider Partner am gemeinsamen Kooperationsprojekt. Fehlt diese Vorgabe, spricht man von Kooperationen ohne Kapitalverflechtung.

3.1.1. Kooperationen ohne Kapitalverflechtung

Im folgenden werden Kooperationsformen "*ohne Kapitalverflechtung*" aufgezeigt. Eine jeweilige Kurzbeschreibung dient der klaren Unterscheidung der vielfältigen Formen des Kooperationsbegriffs.

---

[1]   GABLER, 1983, S. 2502.

[2]   BENISCH, S. 68.

▶ *Handelsbeziehungen:* Grundlage einer Handelsbeziehung ist der Austausch von Gütern zwischen zwei oder mehreren Handelspartnern, vorwiegend zur Erzielung eines Gewinnes. Man unterscheidet Handelsbeziehungen auf nationaler und internationaler Ebene.[1]

▶ *Handelsvertretung:* Eine Handelsvertretung kann grundsätzlich, muss aber nicht zwangsläufig, ein Handelsgewerbe sein und ist ständig damit betraut, für ein anderes Unternehmen Geschäfte zu vermitteln oder in dessen Namen Geschäfte abzuschliessen.[2]

▶ *Warentauschgeschäfte:* Es können vier verschiedene Formen von Warentauschgeschäften unterschieden werden:

(1) *Bartergeschäft.* Hier kauft der Importeur vom Exporteur Waren im Tausch gegen andere Waren. Kennzeichnend ist, dass bei diesem Geschäft kein Geld zwischen den Handelspartnern gewechselt wird.[3]

(2) *Kompensationsgeschäft.* Bei dieser Geschäftsform akzeptiert eine der beiden Seiten ganz oder teilweise Waren für die von ihm gelieferten Waren, d.h. es kann auch mit Geld kompensiert werden, und überträgt die Abnahmeverpflichtung auf einen Dritten.[4]

(3) *Rückkaufgeschäft.* Ein im Regelfall höher technisiertes Unternehmen stellt seinem Partner Produktionsanlagen oder Fertigungstechnologien im ersten Schritt entgeltlos zur Verfügung und erhält im Gegenzug vom Partner entgeltlos Waren, die mit Hilfe der bereitgestellten Produktionsanlagen oder den neuen Fertigungstechnologien hergestellt wurden.[5]

---

[1]   Der Export stellt zwar den gebräuchlichsten Weg der Auslandsmarkttätigkeit dar; die Literatur betrachtet den Export im allgemeinen jedoch nicht als eine Form der Kooperation (vergl. HUNZIKER, S. 117 ff.).

[2]   Vergl. GABLER, 1988, S. 2322.

[3]   Vergl. auch BÜRGIN, S. 8 ff.

[4]   Vergl. HUH, S. 14.

[5]   Vergl. EBENDA.

(4) *Parallelgeschäft*. Parallelgeschäfte unterscheiden sich nur in einem Punkt von Rückkaufgeschäften. Es wird in diesem Fall nicht mit Hilfe von Waren, die auf den bereitgestellten Produktionsanlagen oder mit den zur Verfügung gestellten Fertigungstechnologien hergestellt wurden, bezahlt, sondern mit Waren aus dem restlichen Produktsortiment.[1] Die Nachteile von Warentauschgeschäften sind allerdings vielfältig. Problembereiche liegen vor allem in:

- Zeitaufwendiger Partnersuche und damit erhöhtem Verwaltungsaufwand;
- Vielfältigen Missbrauchsmöglichkeiten;[2]
- Produktqualität und
- Produktverfügbarkeit.

▸ *Langfristige Abnahme-/Lieferverträge sowie Auftragsproduktion:* Diese Kooperationsformen sind im Gegensatz zu den Handelsbeziehungen und Warentauschgeschäften langfristig angelegt. Der Auftraggeber bzw. Abnehmer der Waren beauftragt den Auftragnehmer zur Herstellung von i.d.R. äusserst kundenspezifischen Produkten. Technische Assistenz in der Anlaufphase seitens des Auftraggebers ist in der Industrie bereits zum Standard geworden. Als Beispiel kann die Automobilzulieferindustrie genannt werden, die anhand von Spezifikationen der Automobilhersteller die gewünschten Produkte/Produktgruppen fertigt.

▸ *Kooperationen im administrativen Bereich:* Eine Kooperation im administrativen Bereich wird erleichtert, wenn zwei oder mehrere Unternehmen der gleichen Branche angehören. So ist im Bereich der EDV ein gemeinsames Rechenzentrum denkbar, im Bereich des Absatzes die Nutzung der Distributionskanäle des jeweilig anderen Partners, im Bereich des Einkaufs günstigere Einstandspreise durch Abnahme grösserer Mengen, im Bereich des Marketings Reduzierung der Kosten durch gemeinsame Werbung und Marktforschung möglich. In Einzelfällen ist eine Ausdehnung der Kooperation in andere administrative Bereiche zu überprüfen.

---

[1]   Vergl. HUH, S. 14.

[2]   Vergl. ISKE, S. 3.

▶ *Technische Zusammenarbeit:* Technische Zusammenarbeit aber auch "Technischer Know-How-Transfer" steht stellvertretend für "die Unterstützung bei der Wahl und Durchführung von Fertigungsprozessen".[1] Häufig kommt diese Art von Zusammenarbeit beim Verkauf von Produktionsanlagen vor. Zunächst weist der Hersteller den Käufer/Betreiber der Anlage ein und betreut diesen anschliessend im Rahmen eines Wartungsvertrages.

▶ *Kooperation im Forschungs- und Entwicklungsbereich:* Da zur Grundlagenforschung als auch zur Entwicklung von neuen Produkten und Technologien die Anschaffung von i.d.R. sehr teueren Geräten erforderlich ist, aber zum Zeitpunkt des Forschungs- bzw. Entwicklungsbeginns nicht absehbar ist, ob ein marktfähiges Produkt entsteht, sind Kooperationen im Forschungs- und Entwicklungsbereich ein bekanntes Instrument zur Kosten- und Risikoreduzierung.

▶ *Projektkooperation:* In diesem Fall schliessen sich Unternehmen, meist aus verschiedenen Branchen, für einen befristeten Zeitraum zur Durchführung/Fertigstellung eines Projektes zusammen. Diese Form der Kooperation ist häufig bei den sog. "Turn-Key-Projekten" für Grossanlagen anzutreffen.[2]

▶ *Lizenzabkommen*[3]*:* Der Lizenzgeber überträgt dem Lizenznehmer per Vertrag das Recht, Patente, Markenzeichen und sonstiges Know-How entweder gegen Zahlung einer Lizenzgebühr[4] oder auch durch vollständige oder teilweise Bezahlung mit Erzeugnissen zu benützen, die "nach technischen Dokumentationen des Partners hergestellt wurden".[5] I.d.R. ist der Vertrag zeitlich limitiert oder auf eine vertraglich vereinbarte Stückzahl ausgerichtet. In jedem Fall kann einfach gekündigt werden. Der Lizenzgeber beteiligt sich in keiner Weise an sonstigen Geschäften oder der Unternehmensführung des Lizenznehmers. Es ist zu beachten,

---

[1]   ESCHENBACH, S. 25.

[2]   Vergl. LAMBRECHT, S. 21 u. S. 23; DANIELS/RADEBAUGH, S. 520-522.

[3]   Vergl. WEDER, S. 97-100.

[4]   Vergl. ESCHENBACH, S. 26.

[5]   WOINOW/IOCHIN/RODINA, S. 94.

dass die Vergabe einer Lizenz für den Lizenzgeber mit Risiken verbunden ist. So bemerkt Horstmann in seinem Artikel "Licensing versus direct investment" kritisch: "A firm that licences its technology runs the risk of that knowledge becoming public because of some form of opportunism on the part of the licensee".[1] So kann der Lizenznehmer zum Konkurrenten heranwachsen oder durch das erworbene Know-How seinerseits ein verbessertes Produkt auf dem Markt plazieren.

▸ *Ko-Produktion*[2]*:* Es können zwei Formen der Ko-Produktion unterschieden werden[3]: Zum einen stellt jeder der Kooperationspartner Komponenten für Endprodukte her, die dann gemeinsam verkauft werden. Diese Kooperationsform ist zwischen Automobilherstellern für Motoren und Getriebe weit verbreitet. Zum anderen kann Ko-Produktion auch bedeuten, dass sich jeder der Kooperationspartner auf sein Produktsortiment beschränkt, aber beim Verkauf das Produktsortiment des anderen übernimmt, um somit seine Angebotspalette zu erweitern.

▸ *Franchising:* Ein auf Dauer angelegter Franchise-Vertrag legt die Rechte und Pflichten sowohl des Franchise-Gebers als auch des Franchise-Nehmers fest. Die Leistungen des Franchise-Gebers können betriebswirtschaftliche Beratung, das Angebot einer kompletten Betriebsausstattung, Werbung, Schulung der Angestellten des Franchise-Nehmers etc. umfassen. Zu den Pflichten des Franchise-Nehmers gehört die Übernahme der Produktpalette, des Organisations- und Vertriebskonzeptes sowie die Übernahme des Markennamens bzw. Markenzeichens.[4] "In a sense the franchisor and the franchisee act almost like a vertically integrated firm because the parties are independent and each produces part of the product or service ...".[5]

---

[1] HORSTMANN/MARKUSEN, S. 465.

[2] Einen guten Einblick in die Thematik "Produktions- und Industriekooperationen" im Sinne des ehemaligen sozialistischen Wirtschaftssystems erhält man in WOINOW/IOCHIN/RODINA, " Wirtschaftsbeziehungen zwischen sozialistischen und kapitalistischen Ländern", S. 82 ff.

[3] Vergl. LAMBRECHT, S. 20.

[4] Vergl. DEUTSCHER REISEBÜRO VERBAND, S. 51-56.

[5] DANIELS/RADEBAUGH, S. 517.

Die vorgestellten Kooperationen ohne Kapitalverflechtung werden in der englischsprachigen Literatur als "Contractual Joint Ventures (CJV)" bezeichnet. Friedmann und Kalmanoff definieren ein CJV wie folgt: "There are ... types of joint ventures which do not involve the investment by equity capital but which are still types of business arrangements characterized by a degree of continuity and close cooperation in enterprises that qualify them as joint ventures, such as technical services contracts, licensing and franchise arrangements, construction contracts, and management contracts".[1] Langefeld-Wirth definiert "ein CJV als ein BGB-Gesellschaftsvertrag, bei dem mehrere Unternehmen (Konsortien) ohne Zwischenschaltung einer Kapitalgesellschaft zur Erreichung eines bestimmten Zwecks - meist zeitlich limitiert - zusammenarbeiten".[2] Die folgende Textbox fasst zum Abschluss des Kapitels die wesentlichen Merkmale einer Kooperation ohne Kapitalverflechtung zusammen:

> ► Rechtliche Unabhängigkeit der Partner;
>
> ► Wirtschaftliche Unabhängigkeit der Partner;
>
> ► BGB-Gesellschaftsvertrag;
>
> ► Durchgriffshaftung;[3]
>
> ► Einfache Kündigung;
>
> ► Begrenztes allgemeines Risiko;
>
> ► Geringe Kapitalbindung;
>
> ► Geringe Personalbindung;

Textbox 4: Merkmale einer Kooperation ohne Kapitalverflechtung

---

[1]   FRIEDMANN/KALMANOFF, S. 33.

[2]   LANGEFELD-WIRTH, S. 123.

[3]   EBENDA, S. 124.

3.1.2. Kooperationen mit Kapitalverflechtung

Im folgenden wird auf Kooperationen *mit* Kapitalverflechtung näher eingegangen. Der in dieser Arbeit eingeführte Begriff "mit Kapitalverflechtung" wird auch synonym mit dem Begriff "Direktinvestitionen" benützt. Handelt es sich um Direktinvestitionen im Ausland wird häufig der englische Begriff "Foreign Direct Investments (FDI)" verwendet.

Es ist zu beobachten, dass Kooperationen mit Kapitalverflechtung im Ausland angesichts der desolaten Verschuldungssituation in der 2. und 3. Welt immer mehr an Bedeutung gewinnen, da sich die Bereitschaft der Banken und Industrienationen, Kredite bzw. Bürgschaften zu vergeben, trotz der Öffnung Osteuropas und den sich daraus bietenden Möglichkeiten, in Grenzen hält.

Die Organisation for Economic Co-Operation and Development (O.E.C.D.) definiert FDIs wie folgt: "Foreign direct investment generally refers to investment abroad involving an element of control over the cooperation in which the investment is made. FDI flows are made up of three components: new equity capital, reinvested earnings and inter company borrowing from the parent company or from other affiliates".[1]

Die Definition von Hunziker entspricht dem Ansatz der O.E.C.D. und unterstreicht ausserdem den Aspekt der Einflussnahme: "Bei Direktinvestitionen handelt es sich um Kapitalanlagen, die in der Absicht vorgenommen werden, einen unmittelbaren Einfluss auf die Geschäftstätigkeit der kapitalnehmenden Unternehmung zu gewinnen".[2]

Beide Definitionsansätze setzen voraus, dass ein Unternehmen bereits existiert. Der Aspekt der Gründung eines Unternehmens bleibt dabei unberücksichtigt. Demgegenüber versteht Kotler unter einer Direktinvestition nur die Gründung eines ausländischen Tochterunter-

---

[1] ORGANISATION FOR ECONOMIC CO-OPERATION AND DEVELOPMENT, Foreign Direct Investment, S. 22.

[2] HUNZIKER, S. 149.

nehmens.[1] Hier bleibt der Aspekt des Erwerbs von Beteiligungen an Unternehmen unberücksichtigt.

Die Deutsche Bundesbank definiert Direktinvestitionen als

- "Gründung und Erwerb von Unternehmungen, Zweigniederlassungen oder Betriebsstätten;

- Erwerb von Beteiligungen an Unternehmen, sofern die Beteiligung mindestens 25% beträgt;

- Zufluss von Anlagemitteln und Zuschüssen in diese Investitionen;

- Gewährung von Darlehn an solche Investitionen".[2]

Dieser Definitionsansatz, der sowohl die Gründung als auch die Beteiligung an Unternehmen umfasst, stellt die für die Arbeit gültige Definition dar.

Analog zum vorhergehenden Kapitel sollen auch die verschiedenen "Kooperationsformen *mit* Kapitalverflechtung" kurz beschrieben werden:

▶ *Zweigniederlassung (Betriebsstätte):* Eine Zweigniederlassung ist ein Teil eines Unternehmens, bei dem gewisse betriebliche Funktionen ausgegliedert und ins In- oder Ausland verlagert werden.[3]

▶ *100%ige Tochtergesellschaft:* Eine 100%ige Tochtergesellschaft ist " ... eine rechtlich selbständige Unternehmung, die wirtschaftlich voll von einer übergeordneten Gesellschaft, der Muttergesellschaft, kontrolliert wird und dieser eine sichere und vollständige Einflußnahme auf die geplanten Aktivitäten im Ausland erlaubt".[4]

---

[1]   Vergl. ESCHENBACH, S. 26.

[2]   LANGEFELD-WIRTH, S. 18.

[3]   Vergl. JUHL, S. 43.

[4]   EBENDA.

▸ *Equity Joint Venture:* Auf eine Beschreibung des EJV wird an dieser Stelle verzichtet, da eine Darstellung der vielfältigen Definitionsansätze in der Literatur für diesen Begriff sowie die Formulierung einer Arbeitsdefinition den Inhalt der nächsten beiden Kapitel bilden.

Textbox 5 zeigt die wichtigsten Merkmale einer Kooperation *mit* Kapitalverflechtung auf:

▸ Gründung oder Erwerb von Unternehmungen, Zweigniederlassungen oder Betriebsstätten;

▸ Erwerb von Beteiligungen an Unternehmen, sofern die Beteiligung mindestens 25 % beträgt;

▸ Wirtschaftliche Selbständigkeit der Partner;

▸ Mittlere bis hohe Kapitalbindung;

▸ Mittlere Personalbindung;

Textbox 5: Merkmale einer Kooperation mit Kapitalverflechtung

Abbildung 2[1] stellt die unterschiedlichen Kooperationsformen entsprechend der Kriterien Kapitalverflechtung und Kooperationsintensität in einer weiteren Übersicht zusammen.

---

[1]   Quelle: Eigene Darstellung.

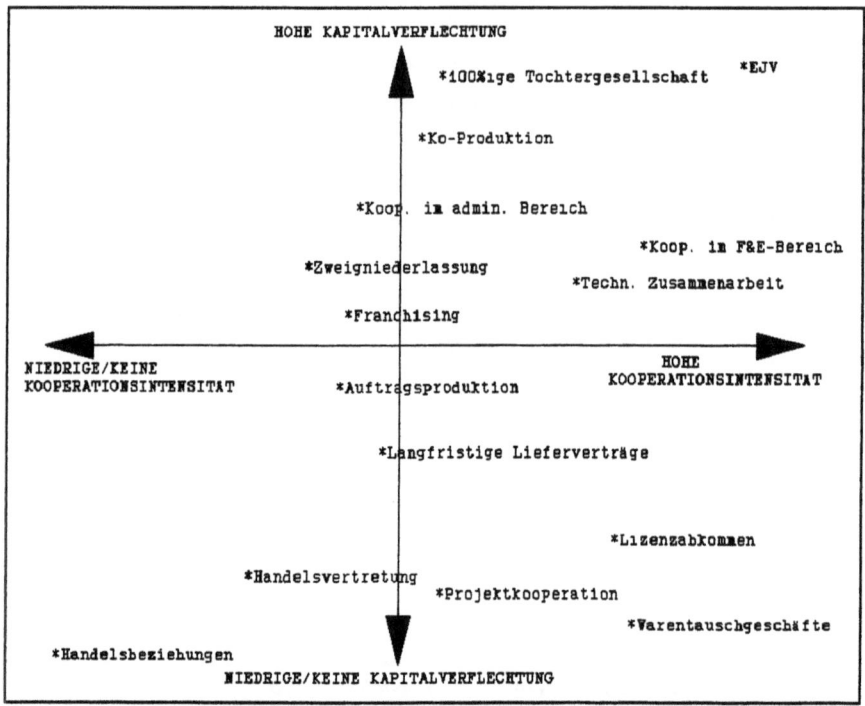

Abb. 2: *Kooperationsintensität versus Kapitalverflechtungsgrad von Kooperationen*

3.1.2.1. Der vielfältige Gebrauch des Equity Joint Venture Begriffs in der Literatur

> *"JVs are the most highly developed form of industrial co-operation. On the other hand Joint Ventures are the most intensive and also the most difficult type of co-operation."*[1]

In Abbildung 2 sind EJVs als Kooperationen mit hoher Kapitalverflechtung und hoher Kooperationsintensität dargestellt worden. Im folgenden Abschnitt werden verschiedene Definitionsansätze dieses Begriffes, auch von osteuropäischen Autoren, vorgestellt. Allerdings

---

[1]   BIESZKI/RATH, S. 45.

ergab das intensive Literaturstudium osteuropäischer Bücher und Zeitschriften, dass "Equity Joint Venture" als Fachbegriff kaum behandelt wird. Es ist zudem anzumerken, dass die verwendeten Auszüge aus der Zeit unmittelbar vor der Öffnung Osteuropas stammen. So "zeichnet sich", für Professor Popov von der Universität Sofia, "ein gemischtes Unternehmen oder eine gemischte Gesellschaft dadurch aus, dass sich der Sitz in einem sozialistischen Land befindet und das investierte Kapital aus dem Westen stammt".[1] In einem in der ehemaligen DDR herausgegebenen Buch mit dem Titel "Wirtschaftsbeziehungen zwischen sozialistischen und kapitalistischen Ländern" ist weder der Begriff EJV, noch der Begriff JV zu finden. Man spricht hingegen von Industriekooperationen, Produktionskooperationen, wissenschaftlich-technischen und kommerziellen Kooperationen und Kooperationen auf dem Gebiet des Handels,[2] auf die später noch genauer eingegangen werden soll. Ein 1986 veröffentlichtes Hochschullehrbuch mit dem Titel "Sozialistische Betriebswirtschaft" definiert zwar den Begriff "Kooperation" als "das objektiv notwendige wechselseitige Zusammenwirken arbeitsteiliger Produzenten und Produzentenkollektive im vergesellschafteten Arbeitsprozess",[3] aber erwähnt keine EJVs. Dies ist auch nicht verwunderlich, denn fast alle Betriebe waren in staatlichem Eigentum. Aus Sicht des Staates und der einzelnen Ministerien war eine Kooperation zwischen zwei Unternehmen vergleichbar mit der Kooperation zweier 100%iger Tochtergesellschaften aus Sicht einer Holding. Ausserdem war, zumindest bis zum Zeitpunkt der politischen Wende, der gesetzliche Rahmen für EJVs meist nicht gegeben.

In der westlichen Literatur hingegen gibt es eine Fülle z.T. recht unterschiedlicher Definitionen für den JV-Begriff. Im folgenden werden diese verschiedenen Definitionen vorgestellt und deren besondere Merkmale herausgearbeitet:

Nach der Auffassung von Cook beinhaltet ein JV "usually the creation of a new business by two or more enterprises".[4] Bei Tomlinson findet man eine ausführlichere Definition: It is

[1] POPOV, S. 3, anlässlich eines Vortrages vor dem Europainstitut der Universität des Saarlandes am 8. September 1987 in Saarbrücken.

[2] Vergl. WOINOW/IOCHIN/RODINA, S. 83.

[3] BORCHERT, S. 152.

[4] COOK, zitiert in SEIBERT/BENCI, S. 3.

"the commitment, for more than a very short duration, of funds, facilities and services by two or more legally separate interests, to an enterprise for their mutual benefit".[1]

Beiden Definitionen ist gemein, dass von einer Kooperation zweier juristischer Personen[2,3] ausgegangen wird. Unterschiedlich hingegen sind die Auffassungen über das gemeinsame Unternehmen. Cook sieht grundsätzlich eine Unternehmensgründung, während Tomlinson's "commitment to an enterprise for mutual interest"[4] als Beteiligung ausgelegt werden kann. Rolfes verbindet in seiner Definition die Komponenten "Gründung" und "Beteiligung": JVs "... lassen sich charakterisieren als Unternehmen, die von zwei oder mehreren unabhängigen Unternehmen gegründet oder erworben werden zur Ausführung von Aufgaben im gemeinsamen Interesse. Sie werden von den Gesellschafterunternehmen geleitet und üben ihre Tätigkeit auf unbestimmte Dauer aus".[5]

Zusammenfassend kann ein EJV wie folgt charakterisiert werden:

▶ Vertraglich vereinbarte Beteiligung aller Parteien am Grundkapital eines zu gründenden oder bereits bestehenden Unternehmens;

▶ Vertraglich festgelegte Kooperationsinhalte;

▶ Abgrenzung der Arbeitsfunktionen und Verantwortlichkeiten;

▶ Dauerhaftes Engagement;

▶ Zwei oder mehrere Unternehmen.

Textbox 6: Literatur-Definition eines EJVs

---

[1]   TOMLINSON, zitiert in EBENDA, S. 3.

[2]   Vergl. dazu ausser den gen. Aut. in der dt. Lit. ABELS, S. 16 f.; AHN, S. 51 ff.; ESCHENBACH, S. 28; GLASMACHER, S. 7; JUHL, S. 59 ff.; LANGEFELD-WIRTH, S. 34 f.; MACHARZINA, S. 154; SCHMIDT, S. 79; SEIBERT/BENCI, S. 3 f.; UHLIG, S. 11; WEDER, S. 100 ff.

[3]   Vergl. dazu ausser den gen. Aut. in der engl. Lit. FRIEDMANN/KALMANOFF, S. 33 ff.; HARRIGAN, Managing for Joint Venture Success, S. 3;

[4]   TOMLINSON, zitiert in SEIBERT/BENCI, S. 3.

[5]   ROLFES, S. 39.

Stammen ein oder mehrere Unternehmen aus verschiedenen Ländern, spricht man auch von einem "Internationalen Joint Venture".

3.1.2.2. Formulierung einer Arbeitsdefinition

Wie bereits dargelegt, konzentriert sich die westliche Literatur bei Definitionen über die Gründung eines JVs auf juristische Personen. In allen anderen Fällen spricht man nur von "Partnern", ohne dass zu erkennen ist, ob es sich um "juristische" oder "natürliche" Personen handelt. Einziger Anhaltspunkt ist der Kontext, der allerdings zu unterschiedlichen Interpretationen führen kann. Aus diesem Grund wird die Arbeitsdefinition eines EJVs in der CSFR, dessen Elemente in Textbox 7 aufgelistet sind, weiter als die in Textbox 6 zusammengefasste Literaturdefinition gehalten.

GRÜNDUNG:

- ► Zwei oder mehrere unabhängige juristische Personen oder zwei oder mehrere unabhängige natürliche Personen oder eine Kombination von beidem

- ► gründen ein gemeinsames Unternehmen in der CSFR und

- ► verfolgen die Ausführung von Aufgaben im gemeinsamen Interesse

- ► unter Abgrenzung der Arbeitsfunktionen und Verantwortlichkeiten.

- ► Das Engagement ist auf Dauer (mindestens 5 Jahre) angelegt.

- ► Mindestens eine der an der Gründung beteiligten Personen hat ihren Wohnsitz/Geschäftssitz im Ausland.

Textbox 7: Arbeitsdefinition eines EJVs in der CSFR, 1. Teil

BETEILIGUNG:

▶ Eine oder mehrere unabhängige juristische Personen oder
   eine oder mehrere unabhängige natürliche Personen oder
   eine Kombination von beidem

▶ erwirbt/erwerben mindestens 25% der Anteile einer Unternehmung in
   der CSFR und

▶ verfolgt/verfolgen die Ausführung von Aufgaben im gemeinsamen Interesse

▶ unter Abgrenzung der Arbeitsfunktionen und Verantwortlichkeiten.

▶ Das Engagement ist auf Dauer (mindestens 5 Jahre) angelegt.

▶ Mindestens eine der an dem Erwerb/Beteiligung des Unternehmens beteiligten Personen hat ihren Wohnsitz/Geschäftssitz im Ausland.

Textbox 8: Arbeitsdefinition eines EJVs in der CSFR, 2. Teil

Die obige Arbeitsdefinition eines EJVs kann auf alle ehemaligen RGW-Staaten angewendet werden. Desweiteren soll diese Definition für die Begriffe "Gemeinschaftsunternehmen", "Joint Venture" und "Equity Joint Venture", die in dieser Arbeit synonym verwendet werden, gelten.

3.2. Motive zur Gründung eines Joint Ventures

Joint Ventures werden gebildet, weil die sich daran beteiligenden Partner von der Kooperation Vorteile erwarten. Die Motive, die früher zu JVs zwischen Unternehmen aus verschiedenen Wirtschaftssystemen führten, waren meist recht unterschiedlich. Seitdem die ehemaligen Ostblockländer jedoch zur Marktwirtschaft übergehen, werden die bestimmenden Motive zur Gründung/Beteiligung eines/an einem JV ähnlicher. Standen früher im Osten gesamtwirtschaftliche und strukturpolitische Ziele im Vordergrund, so strebt man nun auch hier nach Gewinnmaximierung.[1]

Neben den am JV direkt beteiligten Partnern, für die das einzelwirtschaftliche Gewinnmotiv gilt, erhofft sich auch das jeweilige Gast- bzw. Anlageland Vorteile von einer die Landesgrenzen überschreitenden Kooperation von Unternehmen. Das folgende Kapitel wird daher sowohl auf die Motive des Anlagelandes (Geschäftssitz des investierenden Unternehmens) und der ausländischen Investoren, als auch des Gastlandes (Geschäftssitz des JVs) und der inländischen Investoren eingehen. Trotz sorgfältiger Recherchen zur Identifizierung der Motive kann ein Anspruch auf Vollständigkeit nicht erhoben werden.

Grundsätzlich lassen sich aggressive und defensive Motive unterscheiden.[2] So würde das "Gewinnen eines Vorsprungs gegenüber der Konkurrenz" ein *aggressives*, die "Rohstoffsicherung für die heimische Produktion" ein *defensives* Motiv sein. In den Führungsetagen in Ost und West gilt nun gleichermassen das Motto "Angriff ist die beste Verteidigung". Unternehmen sind bestrebt, mit den Konkurrenten oder den als vorbildlich eingestuften Unternehmungen gleichzuziehen oder wenn möglich, diese gar zu überholen. Man spricht dann vom "Band Waggon Effect".[3]

---

[1]   Vergl. LAMBRECHT, S. 15.

[2]   Vergl. DÜLFER, S. 51.

[3]   Vergl. JUHL, S. 28.

3.2.1. Motive des Anlagelandes

"Mehr Kooperation und weniger Konfrontation"[1] erklärte der deutsche Bundeskanzler Willy Brand nach einem Besuch in Moskau auf der Bundespressekonferenz am 14.8.1970 in Bonn. Auch wenn dieses Äusserung vor gut 20 Jahren unter anderen Vorzeichen stand, ist sie auch heute noch gültig. Es ist verständlich, dass die Volkswirtschaften zweier Länder von einem intensiven Import-/Exportverkehr mehr profitieren als von immensen Ausgaben für die Rüstungindustrie oder gar für eine militärische Konfrontation.

Grundsätzlich liegt es im wirtschaftspolitischen Interesse jedes Staates, dass sich die nationalen Unternehmen im Ausland betätigen. So kann die Wirtschaftskraft der eigenen Unternehmen, die im Gastland tätig sind, zu einem Druckmittel in wirtschaftlichen und politischen Auseinandersetzungen gegenüber der Gastregierung werden.

Internationale Aktivitäten nationaler Unternehmen führen im allgemeinen für das Anlageland zu zwei weiteren Vorteilen. Zum einen bleiben nationale Unternehmen international konkurrenzfähig und zum anderen dienen die Steuereinkünfte aus diesen Aktivitäten als notwendige Einkommensquelle in Zeiten einer nationalen Rezession.

Ein Motiv osteuropäischer Anlageländer für die Einbindung westlicher Partner in geplante Grossprojekte der öffentlichen Hand besteht darin, dass Bauzeiten verkürzt, Schlampereien vermieden und Gewinne früher erwirtschaftet werden.[2]

---

[1]   EUROPA-ARCHIV.

[2]   Vergl. CZEGE, S. 1.

3.2.2. Motive der ausländischen Investoren

Die Motive ausländischer Investoren sind so vielfältig[1], dass ihre Darstellung eine Gliederung erforderlich macht. Sie orientiert sich an den Ausführungen von Hüsemann[2] und wird durch weitere Punkte ergänzt.

KOSTENSENKUNGSMOTIVE

- Geringere Lohnkosten (siehe auch personalpolitische Motive);
- Kostenteilung;
- Fixkostenreduktion durch Kapazitätenerweiterung/Produktionserhöhung;
- Schaffung und Ausnützung von Synergien;
- Rationalisierungsmöglichkeiten;
- Einsparung von Transportkosten.

PRODUKTIONSWIRTSCHAFTLICHE MOTIVE

- Nutzung freier Kapazitäten des Unternehmens im Gastland;
- Exportbasis für Produkte des Anlageland-Unternehmens;
- Übernahme bestehender Betriebsstätten.

ABSATZWIRTSCHAFTLICHE MOTIVE

- Ausdehnung der Auslandsaktivität auf neue Märkte;
- Sicherung und Ausbau des bisherigen Marktes;
- Sicherung und Kontrolle des Vertriebs im Gastland;
- Zulieferer für Gastlandunternehmen;
- Zulieferer für andere internationale Grossunternehmen, die ebenfalls im Gastland tätig sind;
- Steigerung der Marktnähe;
- Erleichterung des Marktzuganges über Beziehungen, Einfluss oder Kenntnisse des lokalen Partners;
- Mangelnde lokale Erfahrung;
- Kontaktaufnahme und -pflege zu örtlichen Stellen;

---

[1]   Vergl. KONRAD R., S. 12; NAUJOKS, S. 93; AHN, S. 67.

[2]   Vergl. HÜSEMANN, S. 33 ff.

- Schaffung einer Exportbasis für benachbarte Länder (Brückenkopf);
- Übernahme des inländischen Vertriebsapparates.

BESCHAFFUNGSWIRTSCHAFTLICHE MOTIVE

- Verarbeitung einheimischer Rohstoffe für den Inlandsbedarf des Gastlandes;
- Sicherung der Energieversorgung;
- Sicherung und Erweiterung der Rohstoffbasis;
- Überwindung des Ausländernachteils bei Auftragsvergabe der öffentlichen Hand;
- Sicherung der Zulieferanten;
- Niedrigere Preise für Roh- und Betriebsstoffe.

FINANZWIRTSCHAFTLICHE MOTIVE

- Aussichten auf eine hohe Investitionsrendite;
- Aufteilung der Finanzierungslast bei besonders grossen oder riskanten Projekten;
- Mangelndes Eigenkapital;
- Verteilung des Auslandsrisikos auf mehrere Projekte und Partner;
- Gewinnerzielung/-maximierung;
- "Vermeidung von Doppelinvestitionen und aufwendigen Parallelentwicklungen";[1]
- Verbindungen des lokalen Partners zu seinen Banken.

PERSONALPOLITISCHE MOTIVE

- Nutzung von Lohnkostenunterschieden;
- Weniger stark ausgeprägte gewerkschaftliche Organisation der Mitarbeiter;
- Ungenügende Arbeitskraftreserven im Anlageland;[2]
- Kenntnisse des lokalen Partners über den Arbeitsmarkt des Gastlandes.

POLITISCHE MOTIVE

- Politische Stabilität im Gastland;
- Wechselkursbedingte Verlagerung der Produktionsstätten;
- Staatliche Beteiligungsvorschriften im Gastland;
- Schutz vor staatlichen Willkürmassnahmen im Gastland;

---

[1]   EHRHARDT, S. 18.

[2]   Vergl. JUHL, S. 28.

- Staatliche Vorschriften über den lokalen Fertigungsanteil;
- Imageverbesserung des Unternehmens beim Konsumenten im Gastland.

SOZIALPOLITISCHE MOTIVE

- Sicherung der Versorgung im Gastland;
- Schaffung von Arbeitsplätzen im Gastland;
- Stärkung der wirtschaftlichen Eigenständigkeit des Gastlandes;
- Beschleunigung des technischen Fortschritts im Gastland.

HANDELSPOLITISCHE MOTIVE

- Überwindung von Export- und Handelshindernissen;
- Importverbote des Gastlandes;
- Importdiskriminierung durch die örtliche Bürokratie des Gastlandes.

FÖRDERMASSNAHMEN

- Staatsbürgschaften;
- Staatliche Fördermassnahmen für Direktinvestitionen durch das Gastland;
- Staatliche Fördermassnahmen für Direktinvestitionen durch das Anlageland;
- Investitionsanreize internationaler Institutionen bei Investitionen im Gastland;
- Projektzusagen der örtlichen Regierungsstellen für JV-Gründungen.

KNOW-HOW MOTIVE

- Zugang/Nutzung von neuen Technologien;
- Zugang zu neuen Managementtechniken;
- Nutzung des F&E-Potentials.

WETTBEWERBSMOTIVE

- Erzielung eines Vorsprungs gegenüber der Konkurrenz;
- Stärkung der Marktmacht;
- Gleichziehen mit Konkurrenten;
- Errichtung von Barrieren gegen Konkurrenten.

UMWELT

In jüngster Zeit verlagern westliche Betriebe aufgrund verstärkter Umweltschutzauflagen in den Anlageländern schadstoffreiche Produktionen in die Gastländer. Das zunehmende Umweltbewusstsein in den Staaten der 2. und 3. Welt dürfte allerdings dafür sorgen, dass diesem Kooperationsmotiv auf längere Sicht Einhalt geboten wird.[1]

Für einige Betriebe ist der Prestigegewinn, "einfach dabei zu sein",[2] bereits ein ausreichendes Motiv.

Der Stellenwert der einzelnen Motivkategorien (z.B. finanz-, absatzwirtschaftliche Motive etc.) wird abschliessend durch Ergebnisse aus Umfragen ergänzt. Die älteste empirische Studie[3], die amerikanische Firmen über deren JV-Motive befragte, bezog sich nur auf Direktinvestitionen und stellte den Antwortenden lediglich fünf Motive zur Auswahl:

1. Aussicht auf eine höhere Rendite (finanzwirtschaftliches Motiv)   50,3%
2. Erschliessung neuer Märkte (absatzwirtschaftliches Motiv)   48,3%
3. Erhalten von Marktanteilen (absatzwirtschaftliches Motiv)   37,4%
4. Gleichziehen mit Konkurrenten bzw. Erzielung eines
   Vorsprungs (Wettbewerbsmotiv)   37,4%
5. Schaffung einer Exportbasis für benachbarte Länder
   (absatzwirtschaftliches Motiv)   29,9%

Mit über 50% fällt ein "finanzwirtschaftliches Motiv" in die am häufigsten genannten Motivkategorie. Eine aktuelle empirische Studie, die von 21 Studenten der Wirtschaftsuniversität in Wien unter Leitung von Professor Eschenbach Anfang 1989 in Österreich durchgeführt wurde und österreichische Manager nach deren wichtigsten Zielen zu Beginn der JV-Verhandlungen in Ungarn fragte, brachte folgende Ergebnisse:[4]

---

[1]   Vergl. LAMBRECHT, S. 16.

[2]   SIEGWART/SIEGHOLD, S. 40; s. auch Kap. 3.2., Motive zur Gründung eines Joint Ventures.

[3]   Vergl. ROBINSON, S. 25.

[4]   Vergl. ESCHENBACH, S. 193.

- Marktsicherung und Penetration (absatzwirtschaftliches Motiv)	38,0%
- Gewinnmaximierung (finanzwirtschaftliches Motiv)	25,0%
- Niedrige Lohnkosten (personalwirtschaftliches Motiv)	11,0%
- Kundennähe (absatzwirtschaftliches Ziel)	8,3%
- Brückenkopf vom östlichen Partner erwünscht	5,5%
- Barriere gegen Konkurrenz (Wettbewerbsmotiv)	2,8%
- Festigung der Beziehung zum bisherigen Partner	2,8%
- Sicherung des Lieferanten (beschaffungswirtschaftliches Motiv)	2,8%
- Keine Antwort	2,8%

Eine vom Deutschen Institut für Wirtschaftsforschung[1] Anfang 1990 durchgeführte empirische Studie unter 501 bundesdeutschen Unternehmen kam in Bezug auf die Kooperationsmotive zu dem Schluss, dass "Firmen aus der Bundesrepublik ... sich von einer Kooperation mit der DDR und den anderen sozialistischen Ländern in erster Linie eine Verbesserung des Marktzugangs im Partnerland"[2] versprechen. Als zweithäufigstes Kooperationsmotiv wurde die "Intensivierung der künftigen Zusammenarbeit" gefolgt von der "Nutzung von Lohnunterschieden"[3] genannt.

Auf Grundlage dieser Ergebnisse kann das Fazit gezogen werden, dass in den 90er Jahren für westliche Unternehmen in Bezug auf osteuropäische Märkte *absatzwirtschaftliche vor finanzwirtschaftlichen* Motiven stehen.[4]

---

[1]　Vergl. LAMBRECHT.

[2]　EBENDA, S. 91.

[3]　EBENDA, S. 92.

[4]　Vergl. auch GABRISCH/STANKOVSKY, S. 55.

3.2.3. Motive des Gastlandes

Das Gastland unterstützt primär aus gesamtwirtschaftlichen Motiven Unternehmensgründungen zwischen in- und ausländischen Unternehmen. Die Gründe der Gastländer, Kooperationen zu fördern, wird in der Fachdiskussion[1] mit folgenden Motiven erklärt:

FAKTORTRANSFERMOTIVE

- Der Transfer umfasst:
    - ► Kapital;
    - ► Produktions-Know-How;
    - ► Marketingerfahrungen;
    - ► Produktionsmittel;
    - ► Patente;
    - ► Verfahrenspläne;
    - ► Unternehmensführungs-Know-How;
    - ► Managementmethoden;
    - ► Beziehungen/Kontakte.

Beim Transfer von Produktionsmitteln und Produktions-Know-How handelt es sich leider meist nur um ältere Anlagen/Technologien, die den Unternehmen im Gastland zur Verfügung gestellt werden.

SOZIALPOLITISCHE MOTIVE

- Lerneffekte für Arbeiter und Angestellte;
- Bildung einer lokalen Unternehmerschaft durch JV-Beteiligungen;
- Gerechtere Einkommensverteilung durch JV;
- Bessere Schulung der eigenen Arbeitsskräfte;
- Ausbildungs-, Lern- und Diffusionseffekte für die lokale Wirtschaft durch die Zusammenarbeit mit ausländischen Unternehmen;
- Schaffung neuer Arbeitsplätze;
- Erhöhung der Arbeitsproduktivität.

---

[1]   Vergl. AHN, S. 185-188; BIESZKI/RATH, S. 48; ESCHENBACH, S. 37; GLASMACHER, S. 10 f.; GRUETTNER, S. 23 f.; KULCKE-FIEDLER/NITZ/LANG, S. 14; LAMBRECHT, S. 19; SCHENK, S. 597.

WIRTSCHAFTSPOLITISCHE MOTIVE

- Mobilisierung und Kanalisierung von lokalem Kapital;
- Diversifizierung der sektoralen und regionalen Wirtschaftsstruktur;
- Horizontale und vertikale Integration der Wirtschaft;
- Exportdiversifizierung und Abbau der Importabhängigkeit;
- Wachstumsimpulse für die Volkswirtschaft durch internationale Arbeitsteilung;
- Kontrolle und Indigenisierung ausländischer Unternehmen im Inland;
- Überwindung von Engpässen in Schlüsselbereichen;
- Zurückhaltender Umgang mit nationalen Rohstoffen durch verbesserte Technologien;
- Einführung neuer Produkte und Dienstleistungen auf dem nationalen Markt.

HANDELSPOLITISCHE MOTIVE

- Zufuhr von Devisen durch westliche Kapitaleinbringung;
- Verbesserung der Devisenbilanz durch Förderung des Exportes, insbesondere in den Westen;
- Importsubstituierung zur Verringerung der Devisenausgaben.

POLITISCHE MOTIVE

- Kontrolle und Koordination des Wirtschaftsgeschehens im eigenen Lande;
- Stärkung der Stellung der lokalen Wirtschaft und Gesellschaft gegenüber den ausländischen Wirtschaftsmächten;
- Modernisierung der Gastland-Volkswirtschaft;
- Teilnahme an der internationalen Arbeitsteilung.

ABSATZWIRTSCHAFTLICHE MOTIVE

- Erschliessung von westlichen Exportmärkten;
- Vervollständigung der Exportstruktur;
- Vorteile bei der Annahme von Projekten in Drittländern;
- Förderung des Westexports von Gütern mit moderner Technologie.

"So umfassend wie möglich, so schnell wie möglich und so billig wie möglich"[1] ist das Kooperationsmotto der Behörden der meisten Gastländer. Dabei spielen die Deviseneinnahmen

---

[1]   LAMBRECHT, S. 19.

aus West-Exporten eine wichtige Rolle. Häufig kollidiert jedoch dieses Ziel mit den Interessen der westlichen Unternehmen,[1] insbesondere mit dem Motiv, Produkte auf den nationalen Märkten zu vertreiben und durch die Ausdehnung der eigenen Auslandsaktivitäten neue Märkte zu erschliessen.

Ein weiteres Problem für das Zustandekommen von JVs ist das Misstrauen der Gastländer gegenüber den Anlageländern. Die Ausführungen von Ahn[2] sollen dabei als Grundlage dienen:

a) Hinter den ausländischen Investoren stehen häufig politische Machtinteressen des Anlagelandes;[3]

b) Ausländische Investoren mit kurzfristiger Gewinnorientierung berücksichtigen nur ungenügend die wirtschaftspolitischen Ziele der Regierungen der Gastländer;

c) Ausländische Direktinvestitionen konkurrieren häufig mit einheimischen Investitionen;

d) Entscheidungen über zusätzliche Direktinvestitionen oder Desinvestitionen werden im allgemeinen im Anlageland gefällt; damit sind der Regierung des Gastlandes entscheidende Einflussmöglichkeiten genommen;

e) Direktinvestitionen mit geringem Technologie- und Know-How-Transfer widersprechen den Interessen des Gastlandes.

---

[1]   Vergl. Kap. 3.2.2., Motive der ausländischen Investoren, Absatzwirtschaftliche Ziele.

[2]   Vergl. AHN, S. 66.

[3]   Vergl. Kap. 3.2.1., Motive des Anlagelandes.

3.2.4. Motive der inländischen Investoren[1]

Die Motive der inländischen Investoren, zusammen mit einem ausländischen Investor ein Unternehmen zu gründen bzw. sich an einem Unternehmen zu beteiligen, können in sechs Motivkategorien eingeteilt werden.

WETTBEWERBSVORTEILE

- Erwerb moderner westlicher Technologien und dadurch Aufbau von Wettbewerbsvorteilen gegenüber anderen nationalen Betrieben.

FINANZWIRTSCHAFTLICHE MOTIVE

- Gewinnerzielung/-maximierung;
- Deviseneinnahmen.

ABSATZWIRTSCHAFTLICHE MOTIVE

- Zugang zu neuen Exportmärkten;
- Stärkere Bindung des westlichen Lieferanten;
- Erhöhung des Produktangebotes.

KNOW-HOW MOTIVE

- Akquisition von Management Know-How.

PRODUKTIONSWIRTSCHAFTLICHE MOTIVE

- Erhalt von Investitionsgütern;
- Erhöhung des technischen Niveaus der Produktionsverfahren und Produkte;
- Steigerung der Produktivität durch die Heranziehung moderner westlicher Technologien;
- Höhere Produktqualität.

---

[1]   Vergl. AHN, S. 195 ff.; BREZINSKI, S. 9 f.; CZEGE, S. 1.

SONSTIGES

- Westreisen;
- Wunsch offizieller Stellen, JVs einzugehen.

Auf die Frage "Welche Ziele hatte, Ihrer Meinung nach, Ihr Ostpartner?"[1] ergab die Umfrage von Professor Eschenbach folgende Ergebnisse:[2]

Devisenbeschaffung	24,3%
Erlangen von Know-How	18,9%
Erhöhung von Produktangebot und -qualität	16,2%
Erhalt von Investitionsgütern	13,5%
Zugang zu neuen Exportmärkten	13,5%
Wunsch von offiziellen Stellen	5,4%
Gewinn	2,7%
Stärkere Bindung des westlichen Lieferanten	2,7%
Westreisen	2,7%

Auch Gabrisch/Stankovsky stellt fest, dass "für die östlichen Teilnehmer ... zumeist die Deviseneinnahmen"[3] entscheidend sind.

Leider war es trotz intensiver Literaturrecherchen nicht möglich, eine Umfrage zu identifizieren, die die Kooperationsmotive der *osteuropäischen Investoren* aufzeigt, um damit die obengenannten Ergebnisse aus Umfragen mit westlichen Kooperationspartnern zu unterstützen.

Abschliessend kann jedoch vorhergesagt werden, dass die Motive der östlichen Gastländer und Investoren sich den Motiven der westlichen Anlageländer und Investoren sukzessive annähern werden. Weitere Literaturquellen, die sich mit Ost-West JVs beschäftigen, und insbesondere die Motivsituation beschreiben, sind als Fussnote[4] aufgeführt.

---

[1]   ESCHENBACH, S. 194.

[2]   EBENDA, S. 195.

[3]   GABRISCH/STANKOVSKY, S. 55.

[4]   Vergl. EHRHARDT, S. 23 ff.; LANGEFELD-WIRTH, S. 35 ff.; SEIBERT, S. 52 ff.; KONRAD, R., S. 12; AHN, S. 59 ff.; ESCHENBACH, S. 37.

3.3. Kapitalverhältnisse und ihre Bedeutung bei Joint Ventures

Das Kapitalverhältnis zwischen den Partnern eines JVs ist zunächst ein wesentliches Merkmal zur Beurteilung der Machtverhältnisse. Hinzu kommt, dass das Kapitalverhältnis einen "Symbolgehalt für den Geist der Partnerschaft"[1] besitzt. In Theorie und Praxis wird die Frage der Kapitalverhältnisse häufig überbewertet. In der Praxis gibt es neben dem Kapitalanteilsverhältnis eine Vielzahl von Faktoren,[2] die die tatsächliche Machtstruktur unabhängig von den Kapitalverhältnissen beeinflussen können. So wäre es denkbar, dass der Partner mit dem kleineren Kapitalanteil mehr "Macht" besitzt, weil er sich vor Ort befindet, die Geschäfte führt und über das Distributionsnetz verfügt oder umgekehrt, der Mehrheits-partner dem JV "a low strategic importance"[3] beimisst.

In der Vergangenheit wurden zahlreiche Untersuchungen durchgeführt, die die Gesetzmässig-keiten in den "Kapitalverhältnissen" aufzudecken versuchten. So befragten in den 80er Jahren die Zeitschrift Mergers & Acquisitions sowie Killing, Geringer, Beamish und Reynolds Multinationale Unternehmungen (MNEs), die JVs in Entwicklungsländern und Industrienatio-nen besassen, zu dieser Thematik. Die folgende Tabelle,[4] die von Beamish übernommen ist, zeigt, dass die Kapitalanteile der MNEs an JVs mit Geschäftssitz in Entwicklungsländern deutlich verschieden von den Kapitalanteilen der JVs mit Geschäftssitz in Industrienationen sind.

---

[1]   BLEICHER, Joint-Venture-Management, S. 22.

[2]   Vergl. Kap. 3.3.3., Minderheitsbeteiligung.

[3]   HARRIGAN, Managing for Joint Venture Success, S. 43.

[4]   Quelle: BEAMISH, S. 16.

	Number of MNEs Interviewed	Frequency of Equal EJVs	Frequency of Majority/ Minority EJVs
Developed Countries	Mergers & Acquisitions (153)	43	57
	Killing (40)	50	50
	Geringer (86)	70	30
Developing Countries	Mergers & Acquisitions (47)	20	80
	Beamish (66)	10	90
	Reynolds (51)	20	80

Tab. 6: Verhältnis von Minderheits-/Mehrheits-JVs zu Paritäts-JVs

Andere Umfragen ergaben, dass abhängig vom Herkunftsland des MNEs, eine Mehrheits-, Minderheits- oder Paritätsbeteiligung bevorzugt wird. Gemäss Langefeld[1] streben die meisten Unternehmen jedoch entweder die absolute Mehrheit oder die deutliche Kapitalminderheit (z.B. 25,1% oder 33,1%) an.

In den Fällen, in denen ausser Kapital immaterielle Vermögensgegenstände, wie Patente und Schutzrechte, aber auch Anlagevermögen, wie Immobilien oder gebrauchte Maschinen, in das JV eingebracht werden, beginnt das Problem der Kapitalverhältnisfeststellung, denn es müssen Wertansätze für die eingebrachten Vermögenspositionen gefunden werden, die von allen Partnern zu akzeptieren sind.

Letztlich mag der Portfolio-Gedanke multinationaler Unternehmen ausschlaggebend für nicht immer nachvollziehbare Anteilsverhältnisse sein . "So ist eine Investition (100%ige Tochtergesellschaft) in einem Land grösseren Risiken ausgesetzt, als z.B. fünf 20%ige Beteiligungen in unterschiedlichen Ländern".[2] Diese Aussage berücksichtigt allerdings nicht die Risiken, die mit Minderheitsbeteiligungen einhergehen.

---

[1]   Vergl. LANGEFELD-WIRTH, S. 63.

[2]   SEIBERT/BENCI, S. 44 f.

Vor dem Zusammenschluss mit einem Partner ist in jedem Fall eingehend zu prüfen, ob überhaupt eine Beteiligung eines Partners erforderlich ist. "If you don't need a partner, it makes poor economic sense for you to be forced to take one".[1] Erst dann sollte über Mehrheits- oder Minderheitsbeteiligungen nachgedacht werden.

3.3.1. Paritätsbeteiligung

Eine paritätische Beteiligung am Grundkapital erscheint auf den ersten Blick als ein ideales Verhältnis und unterstreicht die gleichberechtigte Zusammenarbeit und Stellung der Partner. Doch eine solche Pari-Verteilung ist mit vielen Nachteilen behaftet. So fühlt sich keiner der Beteiligten wirklich für das JV-Unternehmen verantwortlich. Anstehende Entscheidungen werden aufgrund divergierender Meinungen nicht oder zu spät getroffen; kurz eine Pari-Verteilung kann eher lähmend als fördernd sein. Entscheidungen über eine Kapitalaufstockung oder Grossinvestition können dann mitunter zur Auflösung des JVs führen.

Die Gefahr einer Pattsituation oder eines sogenannten "Dead-Lock" kann entweder durch die Bestellung einer, im JV-Vertrag fixierten, neutralen dritten Person oder durch einen wechselnden Vorsitz im Vorstand gebannt werden.

Als einziger wesentlicher Vorteil einer paritätischen Beteiligung ist die Möglichkeit der werbewirksamen Vermarktung des paritätischen Verhältnisses anzuführen. Dieser Punkt dürfte gerade in Ländern mit nationalistischen Tendenzen von besonderem Vorteil sein. An dieser Stelle sei noch zu bemerken, dass bei einer Paritätsbeteiligung nicht unbedingt beide Partner gleich viel Einfluss auf Entscheidungen haben müssen.[2]

---

[1]   SEIBERT/BENCI, S. 45 f.

[2]   Vergl. Kap. 3.3.3., Minderheitsbeteiligung.

3.3.2. Mehrheitsbeteiligung

Mehrheitsbeteiligungen sind vom Grundsatz her chancenreicher und gleichzeitig risikoträchtiger als Paritätsbeteiligungen. Die nun folgende Aufstellung beschreibt die Vor- und Nachteile von Mehrheitsbeteiligungen im einzelnen:

VORTEILE:

- Fast uneingeschränkte Entscheidungsfreiheit und Kontrollmöglichkeiten;
- Weitgehende Anpassung der betrieblichen Abläufe an die Muttergesellschaft;
- Leichtere Integrationsmöglichkeit in die Muttergesellschaft;
- Übernahme des Ertrages und Wachstums des JVs von der Muttergesellschaft;
- Einfacherer Schutz technologischer, organisatorischer und sonstiger innerbetrieblicher Abläufe;
- Einbindung des JV-Unternehmens in die Strategie der Muttergesellschaft;
- Grössere Einflussmöglichkeiten auf die Transfer-Preis-Politik;
- Bessere Ausgangslage bei der Gewinnverteilung;
- Optimalere Gewinnsteuerminimierung;
- Einheitliche Qualitätsstandards.

NACHTEILE:

- Unternehmensrisiko überwiegend bei der Muttergesellschaft;
- Entstehung von Finanzierungsengpässen;
- Entstehung von Personalengpässen;
- Abhängigkeit von der politischen Stabilität des Gastlandes;
- Geringere Vergünstigungen bei den Behörden des Gastlandes.

Aussagen über die Häufigkeit von Mehrheitsbeteiligungen können nicht getroffen werden, da die Entscheidung für ein gewisses Kapitalverhältnis von zahlreichen Faktoren, die individuell verschieden gelagert sind, abhängt. Der gleiche Sachverhalt gilt für Minderheitsbeteiligungen, die im nächsten Kapitel behandelt werden.

3.3.3. Minderheitsbeteiligung

Vor- und Nachteile einer Minderheitsbeteiligung stehen diametral zu einer Mehrheits-beteiligung.

VORTEILE:

▸ für die Muttergesellschaft

     - geringer Kapitalaufwand;
     - geringeres Risiko;

▸ für das JV-Unternehmen

     - gehobeneres nationales Image;
     - problemlose Know-How-Übernahme durch Erfahrungsaustausch;

NACHTEILE:

▸ für die Muttergesellschaft

     - Konfliktpotential bei der Führung und Kontrolle des JV-Unternehmens;
     - Probleme der Integration des JV-Unternehmens in die Muttergesellschaft;
     - Schlechtere Ausgangsbasis bei Interessenskonflikten zwischen den Partnern;
     - Schwierigkeiten bei der Durchsetzung der eigenen Unternehmensstrategie;
     - Schutz des eigenen Know-Hows und der Organisations- und Verfahrensabläufe;

▸ für das JV-Unternehmen

     - Geringer Einfluss auf die Qualität lokaler Führungskräfte;
     - Geringere Durchsetzungsmöglichkeiten bei Behörden des Gastlandes;

Ist in einem Gastland aufgrund gesetzlicher Reglementierungen ein Mehrheits-JV nicht erlaubt, bieten sich zahlreiche Möglichkeiten an, um die aus einer Minderheitsbeteiligung entstehenden Nachteile zu kompensieren. Diese Möglichkeiten bieten sich auch bei Paritäts- oder Mehrheitsbeteiligungen zum weiteren Ausbau der eigenen Einflussmöglichkeiten an. Im Regelfall wird "ein Minderheitspartner sogar auf einer Mindestbeteiligung von 25 % bestehen, um wenigstens in Form einer Sperrminorität auf die Geschäftspolitik Einfluss nehmen zu können"[1]. Minderheitspartner von Aktiengesellschaften können durch Schaffung von Mehrstimmrechtsaktien und/oder in Verbindung mit Stimmrechtsbindungen die eigene Position stärken. Unabhängig davon können im JV-Vertrag oder in separaten Managementverträgen einzelne zentrale Positionen (z.B. Leiter des Finanz- und Rechnungswesen) dem Aufgabengebiet des Minderheitsbeteiligten zugeschrieben werden. Letztlich können auch minderheitsbeteiligte Unternehmen mit gutem Management die eigenen Ziele durchsetzen.[2]

---

[1]   HÜSEMANN, S. 55.

[2]   Vergl. AHN, S. 106.

3.4. Typologisierungsansätze von Joint Ventures

Der wohl bekannteste Typologisierungsansatz von JVs dürfte die Unterteilung nach Kooperationsrichtungen sein. Von einem *horizontalen* JV spricht man, wenn beide Gründungs- bzw. Beteiligungsgesellschaften auf dem gleichen Gebiet tätig sind. Bei einem *vertikalen* JV kann es sich entweder um eine Vorwärts- oder um eine Rückwärtsintegration handeln. Das JV kann z.b. zwischen ein Zuliefer- und ein Abnehmerunternehmen geschaltet werden. Bei einem *konglomeralen* JV versuchen die Partner, über das JV die eigenen Betriebstätigkeiten zu diversifizieren, d.h. in eine betriebsfremde Branche einzusteigen und, dem Portfolio-Gedanken folgend, das wirtschaftliche Risiko zu streuen.

Seibert/Benci[1] schlägt eine Unterteilung der JV-Formen nach folgenden Gesichtspunkten vor:

- Standort,
- Partnerstruktur,
- Beteiligungsverhältnisse und
- Übernahme betrieblicher Funktionen

Bei jeder Investitionsentscheidung, so argumentiert Seibert/Beneci, spielt der *Standort* eine massgebliche Rolle. Die Standortwahl wird von Kriterien, wie z.B. "Infrastruktur, Absatzmöglichkeiten im In- und Ausland, Beschaffungslage von Arbeitskräften, Rohstoffvorkommen oder Konkurrenzaktivitäten",[2] beeinflusst und kann entweder auf ein Industrieland, ein Entwicklungsland oder ein osteuropäisches Land fallen.

Ein weiteres Katalogisierungskriterium ist die *Partnerstruktur*, welche wiederum in Partneranzahl, private/private, private/staatliche und kapitalmässige Beteiligungen von Finanzierungspartnern (z.B. einer Entwicklungsbank) unterteilt wird.

Bei den *Beteiligungsverhältnissen*[3] wird zwischen Paritäts-, Mehrheits- und Minderheitsbeteiligungen unterschieden.

---

[1] Vergl. SEIBERT/BENCI, S. 13 ff.

[2] EBENDA.

[3] Vergl. Kap. 3.3., Kapitalverhältnisse und ihre Bedeutung bei Joint Ventures.

Das letzte Typologisierungskriterium ist die *Übernahme betrieblicher Teilfunktionen,* wie z.B. F&E-JVs, Produktions-JVs, Beschaffungs- und Vertriebs-JVs.

Ein weiterer Typologisierungsansatz findet sich bei Rolfes,[1] der sich mit dem nachfolgend dargestellten Ansatz von Bleicher überschneidet. Bleicher unterscheidet sechs JV-Typen:[2]

(1) Markt-/Technologie-Typ: Einer der beiden Partner verfügt über Absatzmöglichkeiten und das Vertriebsnetz im Zielmarkt, während der andere Partner das notwendige Know-How hinsichtlich der Produktion und der Neuentwicklung von Produkten sowie eventuell über das Management von JV-Unternehmen miteinbringt. Diese Kombination ist relativ häufig anzutreffen.

(2) Komplementär-Technologie-Typ: Bei diesem JV-Typ werden die Know-How Potentiale beider Partner kombiniert. Aus der Kombination ergeben sich Synergien, die für beide Partner vorteilhaft sind.

(3) Vertriebs-Typ: Anstelle des Aufbaues eigener Produktionskapazitäten und Vertriebsnetze im Gastland, wird an den Partner im Gastland geliefert, der dann die Vertriebsaufgabe wahrnimmt. Dieser JV-Typ ist ebenfalls häufig anzutreffen.

(4) Konzentrations-Typ: Hier werden kaum rentable Unternehmensteile mit denen eines Wettbewerbers innerhalb eines JVs zusammengefasst. Gerade in stagnierenden Bereichen ist die Wahl dieses JV-Typs interessant.

(5) F & E-Typ: Der Vorteil eines F&E-JVs liegt in der Teilung von Kosten und Risiken; der Typ ist allerdings nur vereinzelt anzutreffen.

(6) Versorgungs-Typ: Ein Versorgungs-JV wird gegründet, um die Versorgung mit Vorleistungen (Halbfertigprodukte, aber auch Rohstoffe) sicherzustellen.

---

[1]   Vergl. ROLFES, S. 55 ff.

[2]   Vergl. BLEICHER, Joint-Venture-Management, S. 14 ff.

3.5. Die Rolle des Joint Venture General Managers

Es wurde bereits auf die zentrale Bedeutung der Person hingewiesen, die vor Ort im Gastland das JV-Unternehmen leitet, dem Joint Venture General Manager (JVGM). Seine Rolle wird in der bisherigen JV-Forschung nur ungenügend berücksichtigt. Häufig werden aus zeitlichen und/oder finanziellen Gründen nur die Führungskräfte[1] im Anlageland interviewt, die für die JV-Gründung verantwortlich zeichnen.

Schaan (1983) und Beamish (1984, 1988) interviewten in 7 Ländern knapp 100 JVGM und Repräsentanten der jeweiligen Muttergesellschaften im Anlage- und Gastland. Beamish stellte fest, dass die Vermittlerrolle des JVGM zwischen den beiden Muttergesellschaften sehr anspruchsvoll ist und viel Fingerspitzengefühl erfordert. "If the JVGM tries to satisfy one parent more than the other, or he is perceived to do so, sooner or later he is going to erode his credibility and jeopardise his working relationship with the partner who feels discrimina-ted against".[2] Erschwerend kommt hinzu, dass der JVGM versucht ist, aufgrund seiner besonderen Nähe zum JV-Unternehmen, die Interessen des JV-Unternehmens über die Interessen der Muttergesellschaften zu stellen.

Die Situation wird weiterhin durch unklare Vorgaben oder durch fehlende Zielwerte der Muttergesellschaften kompliziert. Als Begründung lassen sich vor allem fehlende Erfahrungen mit JVs, besonders in der Aufbau- und Anlaufphase, anführen.

Zusätzliche Schwierigkeiten entstehen durch unterschiedliche Zeitvorstellungen, innerhalb derer die formulierten Ziele erreicht werden sollen. Während Japaner bei strategischen Projekten eher langfristig an einem "Return on Investment" interessiert sind, wünschen sich Europäer mittelfristig und Amerikaner aufgrund ihrer vierteljährlichen Rechnungslegung i.d.R. kurzfristig Gewinne aus ihren Investitionen.

---

[1] Vergl. ESCHENBACH und WEDER.

[2] BEAMISH, S. 85.

Zuletzt soll die Frage der Kompetenzausstattung des JVGMs analysiert werden. Häufig wird einem JVGM ohne Positionsbeschreibung oder klare Kompetenzrichtlinien die Führung eines JV-Unternehmen anvertraut. Damit es zwischen den Muttergesellschaften und dem JVGM zu keinen Kompetenzkonflikten kommt, ist es notwendig, zuvor eine Reihe von Fragen zu klären, die den Ausführungen von Schaan[1] entnommen wurden:

a) Was darf ein JVGM tun/nicht tun?

b) Bei welchen Sachverhalten/Themenbereichen benötigt der JVGM eine Einverständnis-erklärung seitens der Muttergesellschaft und an wen berichtet der JVGM?

c) Welche von den Muttergesellschaften gesetzten Ziele muss der JVGM erreichen?

d) Wer erstellt Unternehmensleitbilder, -verfahren und allgemeine Management-Richtlinien?

e) Welche Rolle spielen die Manager der Muttergesellschaften in Verbindung mit dem JV?

Im Besonderen verbergen sich Konfliktpotentiale gemäss Beamish

- "in the dimensions used: eg. growth vs. ROI vs. dividends;
- in the time orientation: short-term vs. long-term;
- in the level of achievement: agressiveness of the criteria; and
- in the degree of specificity: undefined growth vs. growth in sales of 20 per cent".[2]

Wird auf die obengenannten Fragen/Punkte eine für alle beteiligten Parteien zufrieden-stellende Regelung gefunden, können Differenzen in den Erwartungshaltungen der Mutterge-sellschaften und dem JVGM zum grössten Teil ausgeräumt werden.

---

[1]   Vergl. SCHAAN, S. 288 ff.

[2]   BEAMISH, S. 77.

3.6. Erfolgs- und Konfliktpotential

> *"Generally, a combination of factors leads*
> *to the success or failure of a JV".*[1]

Die Bewertung der Chancen und Risiken von JVs in der CSFR unter Einbeziehung der strategischen, rechtlichen und sonstigen Gesichtspunkte sowie den Ergebnissen der empirischen Untersuchung wird in Kap. 6 vorgenommen.

In diesem Abschnitt wird nochmals zusammengefasst, welche aus der Theorie abgeleiteten Erfolgsaussichten nach der Wahl des geeigneten JV-Typs bestehen und gleichzeitig aufgezeigt, welche Einflüsse diese Erfolgsaussichten schmälern können.

3.6.1. Erfolgspotentiale von Joint Ventures

Für Unternehmen, die

- den Aufbau eines neuen Geschäftsfeldes,
- die Stärkung eines bestehenden Geschäftsfeldes,
- die Restrukturierung eines bestehenden Geschäftsfeldes oder
- die Entwicklung grundsätzlich neuer Kernfähigkeiten

in Erwägung ziehen, stellt die Gründung eines JVs ein chancenreiches Mittel zur Zielerrei-chung dar. Die folgende Tabelle[2], die von Bleicher übernommen wurde, zeigt anschaulich, mit welchem JV-Typ die angestrebten Ziele/Strategien erreicht werden können.

---

[1]   DYMSZA, S. 405.

[2]   Quelle: BLEICHER, Joint-Venture-Management, S. 20.

S T R A T E G I E	Aufbau eines neuen Geschäftsfeldes:	Komplementär-Technologie-Typ
		Markt-Technologie-Typ
		Forschungs- und Entwicklungs-Typ
	Stärkung eines bestehenden Geschäftsfeldes:	Vertriebs-Typ
		Markt-Technologie-Typ
		Forschungs- und Entwicklungs-Typ
		Versorgungs-Typ
	Restrukturierung eines Geschäftsfeldes:	Konzentrations-Typ
	Entwicklung grundsätzlich neuer Kernfähigkeiten:	Komplementär-Technologie-Typ
		Markt-Technologie-Typ
		Forschungs- und Entwicklungs-Typ

Tab. 7: Chancen durch richtige Wahl des JV-Typs

Die Definition der einzelnen Typen kann dem Kap. 3.4., Typologisierungsansätze von Joint Ventures, entnommen werden.

Internationale JVs bieten dem ausländischen wie inländischen Unternehmen eine Vielzahl von Vorteilen:

Inländische Investoren	Ausländische Investoren
- Erwerb moderner Technologien	- Ausdehnung der Auslandsaktivitäten
- Erhöhung des Produktangebotes	- Kostensenkung/Gewinnmaximierung
- Akquisition von Management Know-How	- Überwindung des Ausländernachteils
- Steigerung der Produktqualität	- Nutzung von Lohnkostenunterschieden
	- Überwindung von Export- und Handelshindernissen

Tab. 8: Vorteile von Internationalen Joint Ventures

Die Schlüsselfaktoren für den Erfolg eines JVs sind:

> ▸ Eindeutige Zielfestlegungen;
>
> ▸ Annähernd ausgeglichene "Mitgift";
>
> ▸ Bessere Chancen durch Synergien;
>
> ▸ Klare Abgrenzung der Verantwortlichkeiten.

Textbox 9: Schlüsselfaktoren für den Erfolg eines JVs

Nachdem ein JV geschlossen wurde, ist es wichtig, dass sich die JV-Partner, ähnlich wie in einer funktionierenden Ehe, gegenseitig austauschen und über Verbesserungen in der Partnerschaft diskutieren.

3.6.2. Konfliktpotentiale bei Joint Ventures

Konfliktpotentiale im Zusammenhang mit der Gründung und/oder dem Betreiben eines JVs können bei entsprechenden Vorkenntnissen durch geeignete Präventivmassnahmen beträchtlich reduziert werden.

Diese, den Bestand eines JVs gefährdenden, nachstehend aufgeführten Problemgebiete müssen zufriedenstellend gelöst werden, um das Risiko, einen Konflikt hervorzurufen, einzuengen:

Unternehmens*internes* Konfliktpotential:

- Transferpreisfestlegung;
- Qualität des JV-Vertrages;
- Verständigung (Sprache);
- Unterschiedliche Geschäftsusancen;
- Qualifikation von Personal und Management;
- Fragen der internen Gewinnverteilung.

Unternehmens*externes* Konfliktpotential:

- Infrastrukturausstattung;
- Kontinuität der Rohstoffversorgung;
- Steuergesetzgebung;
- Staatliche Auflagen in Sozial- und Lohnpolitik;
- Wechselkursschwankungen und Abwertungen;
- Bürokratie und Korruption;
- Inflationäre Entwicklungen;
- Politische (In-)Stabilität;
- Entwicklung der Volkswirtschaft.

Textbox 10: Konfliktpotentiale bei JV-Aktivitäten

Wird ein JV zwischen zwei nationalen Unternehmen geschlossen, sind vor allem die unternehmensinternen Konfliktpotentiale zu beachten. Unternehmensexterne Konflikte sind für beide JV-Partner identisch. Handelt es sich um ein internationales JV, treten die unternehmensexternen Einflüsse stärker in den Vordergrund.

4. JOINT VENTURES IN DER CSFR

4.1. Wirtschaftspolitische Massnahmen nach der Wende

Bereits fünf Monate nach der Revolution unterschrieben offizielle Vertreter der Tschechoslowakei anlässlich einer Conference on Economic Cooperation in Europe (CSCE) eine Schlussdeklaration, in der die Tschechoslowakei die Bereitschaft erklärte, "to cooperate in establishing conditions for an efficient price mechanism and for the progress towards convertibility involving fields such as reform of the banking system, introducing a money market, reform of the investment laws, transformation of public enterprises, taxation, structural adjustment policy, organization of labour and capital markets as well as foreign exchange market, and setting up the legal framework for introducing convertibility".[1]

Daraufhin wurden

- ▸ die *Preise* liberalisiert,
- ▸ die *interne Konvertibilität* der Krone hergestellt und
- ▸ mit der *kleinen Privatisierung*

begonnen, die durch weiterführende Gesetze und die grosse Privatisierung in der zweiten Hälfte des Jahres 1991 abgerundet wurde. Die Einführung des neuen *Handelsgesetzbuches* zum 01.01.92 markierte einen weiteren wichtigen Schritt.

Diese wirtschaftspolitischen Massnahmen werden in diesem Kapitel (Kap. 4.1.) ausführlich erläutert. Anschliessend folgt

- eine Beurteilung des Landesrisikos (Kap. 4.2.), welches aufgrund der Trennungsbestrebungen der beiden Republiken an besonderer Bedeutung gewinnt,
- die rechtlichen und betrieblichen Rahmenbedingungen (Kap. 4.3. bis 4.6.),
- ein Überblick über die Joint-Venture Entwicklung in der CSFR (Kap. 4.7) und
- die Förderung von ausländischen Investitionen in der CSFR (Kap. 4.8).

---

[1]   UNITED NATIONS. ECONOMIC COMMISSION FOR EUROPE, Foreign Direct Investment, S. 26.

4.1.1. Liberalisierung der Preise

Viele Experten sahen in der Preisreform ein Schlüsselelement der Reform: "Nur die Knappheitsrelationen und deren Veränderungen widerspiegelnde Preise können ihre wirtschaftliche Regelungsfunktion wahrnehmen und zur marktgerechten Betriebsführung stimulieren".[1] Zum 01. 01. 1990 wurden ca. 85% der Preise freigegeben. Die Preisregulierung für die verbleibenden 15% der Waren unterteilte sich in *drei Gruppen:*

(1)   Produkte, deren Preise behördlich festgelegt werden;

(2)   Produkte, deren Preise zur Profitbegrenzung von Monopolunternehmen reguliert werden;

(3)   Preiserhöhungen der folgenden Produktgruppen müssen zuvor eingereicht und staatlich geprüft werden:

    1. Gruppe: Kohle Getreide, Kartoffeln, Mehl, Zucker, Schweinefleisch, Geflügel und Milch.

    2. Gruppe: Brenn- und Schmierstoffe, Stahl, Eisen, Buntmetall, Produkte der Leichtindustrie.

    3. Gruppe: Baumwolle, Wolle, Bücher, Fette und Öle.[2]

Die Liberalisierung führte im Dezember 1990 zu Hamsterkäufen der Bevölkerung und dann in den Monaten Januar und Februar 1991 zu vorher noch nie gekannten Inflationsraten. Offiziell stiegen die Preise für Nahrungsmittel um 31,4%, die restlichen Produkte um 23,0%; das entsprach einer durchschnittlichen Inflation von 25,8%.[3] Inoffiziellen Angaben zufolge lag die Inflationsrate in den ersten beiden Monaten des Jahres 1991 mehr bei 50% als bei 25%. Eine Erklärung für die unterschiedlichen Inflationsraten kann in der Zusammenstellung des Warenkorbes liegen, an dessen Preisentwicklung die Inflationsrate bestimmt wird. Füllten Produkte des täglichen Lebens sowie Grundnahrungsmittel den Warenkorb in den vergangenen Jahren, nehmen nun aufgrund ihrer Verfügbarkeit Dienstleistungen sowie höherwertige Konsumprodukte einen grösseren Prozentsatz am Warenkorb ein, die überproportional an Preissteigerungen beteiligt sind.

---

[1]   WILSON, zitiert in ESCHENBACH S. 65.

[2]   Vergl. CHARAP/DYBA/KUPKA, S. 13 f.

[3]   Vergl. EBENDA, S. 11.

4.1.2. Schaffung eines Finanz- und Kapitalmarktes

Zeitgleich mit der Liberalisierung des Aussenhandels zum 1.1.1991 musste die *interne Konvertibilität* der Krone sichergestellt werden, damit über die bekannten Aussenhandelsunternehmungen hinaus, die bisher das Monopol zum Aussenhandel hatten, auch andere Vertreter des wirtschaftlichen Lebens am Im- und Export partizipieren konnten.

Die interne Konvertibilität garantiert "gleichen und uneingeschränkten Zugang für Unternehmer (natürliche und juristische Personen, die im Handelsregister eingetragen sind) zu Devisen, setzt aber die Pflicht fest, alle erworbenen Devisen einer Aussenhandelsbank zum Kauf anzubieten".[1] "If foreign exchange financial institute will refuse to buy foreign exchange means from company with foreign capital participation, it will issue receipt about it. In this case, the company is entitled to dispose with foreign exchange means in inland and abroad without limitations".[2] "Companies significantly contributing to the foreign exchange balance through export may apply to the state bank for permission to maintain a foreign exchange account, averting the exchange requirement. This permission is only granted in exceptional cases".[3]

Wesentliche Voraussetzung für die Herstellung der inneren Konvertibilität war die Kurskorrektur der tschechoslowakischen Krone. In the last decade, "the parity of the Coruna was artificially maintained at rate which ensured that demand of foreign exchange exceeded supply by a substantial margin. Consequently the Coruna was significantly overvalued".[4] Über die Notwendigkeit der Abwertung der Krone bestanden im Gegensatz zur Höhe der Abwertung keine Meinungsverschiedenheiten. Der neue Wechselkurs müsste niedrig genug sein, "to generate a significant increase in foreign demand for their [Anm. d. Verf.: economies in transition], realistic enough (in terms of comparative levels of productivity) to

---

[1]   FÖDERALE AGENTUR FÜR AUSLÄNDISCHE INVESTITIONEN IN DER CSFR, S. 14.

[2]   JANKU, S. 20.

[3]   SACK, S. 10.

[4]   MINISTRY FOR ECONOMIC POLICY AND DEVELOPMENT OF THE CZECH REPUBLIC, Investors Guide, Part 4, Annex 2, S. 2.

inspire the confidence of foreign investors in the national currency and yet also high enough for imports to be competitive in markets monopolized by a few domestic producers".[1]

Die folgende Tabelle[2] zeigt die Wechselkurse vor, zum Zeitpunkt und nach der Einführung der internen Konvertibilität:

Währung		1.1.90	1.1.91	1.7.91	1.1.92	1.7.92
1 Deutsche Mark:	Ankauf	5,28	17,83	16,79	17,89	17,87
	Verkauf	5,61	18,85	17,71	18,91	18,79
1 Dollar ($):	Ankauf	9,22	26,70	30,55	27,14	27,22
	Verkauf	9,74	28,10	31,95	28,54	28,62
100 Yen:	Ankauf	6,01	19,48	21,81	21,48	21,42
	Verkauf	6,24	20,80	23,13	22,80	22,73

Tab. 9: Wechselkursentwicklung 1990-1992

Auch die Bürger der CSFR profitierten von der internen Konvertibilität. Noch während des Jahres 1991 durfte jeder tschechoslowakische Staatsbürger über 18 Jahre 5.000 Kronen pro Jahr zum jeweilig gültigen Wechselkurs in Devisen umtauschen. Zum 01.01.1992 erhöhte die Staatsbank die Rate auf 7.500 Kronen. Mit Einführung der internen Konvertibilität fielen die Schwarzmarktpreise für Devisen von 20% auf 7-8%.[3]

Voraussetzung für die Einführung der internen Konvertibilität war allerdings "eine radikale Umgestaltung des Banken- und Finanzsystems, das in der Vergangenheit im wesentlichen als Vollzugsorgan der realwirtschaftlichen Zentralplanung fungierte ...".[4] Am 01. 01. 1990 hob eine Bankenreform das Monopol der Staatsbank auf. Zur Annäherung an eine marktwirtschaftliche Bankenlandschaft wurde die tschechoslowakische Staatsbank in eine Zentralbank

---

[1]   UNITED NATIONS. ECONOMIC COMMISSION FOR EUROPE, Foreign Direct Investment, S. 27.

[2]   Quelle: INTERVIEW PAVLASKOVA.

[3]   Vergl. CHARAP/DYBA/KUPKA, S. 17.

[4]   DEUTSCHE BANK, S. 69.

mit landesweiter Autorität und zwei Geschäftsbanken aufgegliedert.[1] Die Staatsbank "soll in Zukunft nur noch die Funktion einer Emissionsbank erfüllen, der die Steuerung der Geldmenge und des Zinses obliegt".[2]

Parallel zur Umgestaltung des Banken- und Finanzsystems wurden jeweils eine Börse in Prag und Bratislava gegründet. Anlaufschwierigkeiten, meist aufgrund fehlender Infrastruktur zur schnellen Datenübermittlung zwischen Börsen und Banken sowie anderen professionellen Anlegern, führten zu einem zögerlichen Anlauf der Börsen im zweiten Halbjahr 1991. Die mit grosser Energie vorangetriebene Grossprivatisierung, die Mitte 1992 ihren Höhepunkt fand, erhöhte den Druck auf die Einführung eines effizienten Aktienmarktes.

Generell ziehen viele ausländische Investoren in osteuropäischen Ländern die Innenfinanzierung der Aussenfinanzierung vor. Dafür gibt es verschiedene Gründe.

Erstens, je grösser das Landesrisiko eingeschätzt wird, desto attraktiver erscheint die Innenfinanzierung über die Ausgabe von Aktien. Nimmt ein Investor einen Kredit bei einer Bank auf, so ist er verpflichtet, den Kredit zurückzuzahlen und ist gleichzeitig verantwortlich für alle mit der Investition verbundenen Risiken. Wird hingegen eine Investition über Innenfinanzierung finanziert, übernehmen die Käufer der Aktien einen Teil des Risikos. *Zweitens*, der Weg über die Innenfinanzierung wird zum Zwang, wenn westliche Banken, die aufgrund der unklaren politischen Situation in den ehemaligen Ostblockstaaten Kredite für Firmen in diesen Ländern ablehnen. *Drittens*, eine Kreditaufnahme bei nationalen Banken erscheint wegen des hohen Kreditzinses und der restriktiven Kreditvergabepolitik wenig attraktiv. Die Komercni Banka hat es nicht ihrer Anziehungskraft, sondern der Bankenreform zu verdanken, dass sie mit Abstand der grösste Kreditgeber in der CSFR ist, wie folgende Übersicht[3] dokumentiert:

---

[1]   Vergl. TAMM/KAISER, S. 241-247.

[2]   ESCHENBACH, S. 66.

[3]   Quelle: TAMM/KAISER, S. 243.

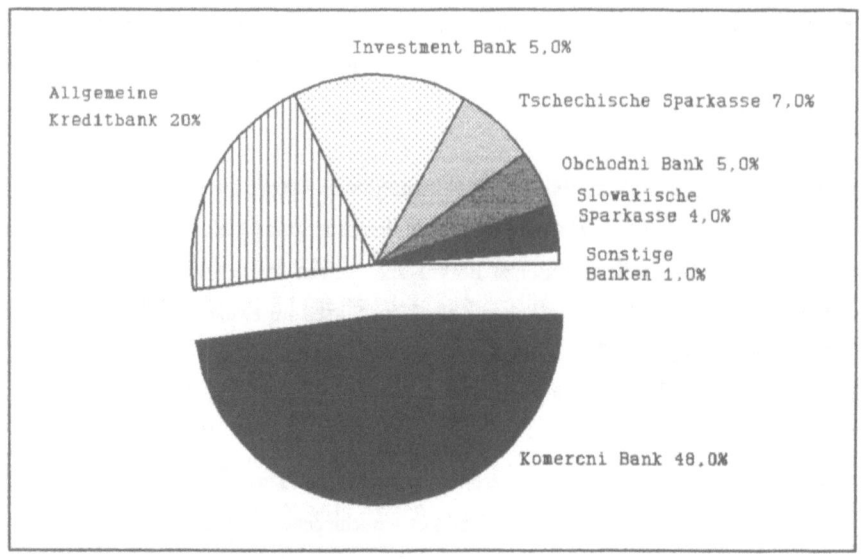

Abb. 3: *Bankanteile am CSFR-Kreditmarkt*

Zum 01.01.1991 wurde durch die Staatsbank der Diskontsatz auf 10% festgelegt, was dazu führte, dass der allgemeine Kreditzinssatz von 13% im November 1990 auf 24% im 1. Quartal 1991 stieg. Die nun folgende Tabelle zeigt die Entwicklung der kurz- und langfristigen Kreditzinsen, die offizielle Diskontrate und die mittelfristigen Guthabenzinsen:

Stand	Kreditzins per Annum kurzfristig	Kreditzins per Annum langfristig	Offizielle Diskontrate	Einlagezins per Annum 6 Monate	Einlagezins per Annum 3 Jahre
01.01.90	-	-	5,0%	-	-
01.01.91	17,0%	22,0%	10,0%	10,0%	16,0%
01.07.91	18,0%	21,0%	10,0%	11,0%	18,0%
01.01.92	13,5%	15,0%	9,5%	19,5%	16,0%
01.07.92	12,5-14,0%	15,0-17,0%	9,0%	7,5%	13,5%

Tab. 10: Entwicklung der Kreditzinsen, Einlagezinsen und Diskontrate (1990-1992)

Während bis zur Bankenreform am 01.01.1990 die Staatsbank gemäss den Weisungen des Ministeriums für Wirtschaftsplanung Kredite an Unternehmen (Firmenkunden) vergab und Gewinne einzog, so liegt der Schwerpunkt des Neugeschäfts bei Kreditgeschäften mit

Firmenkunden. "Im Passivgeschäft der Banken wird das Einlagen- und Anlagegeschäft mit Privatkunden aufgebaut".[1] Hemmschuh einer dynamischen Entwicklung des tschecho-slowakischen Bankengeschäftes ist weniger die Technik als das Personal. So dürfte auch mittelfristig nur "eine geringe Zahl erfahrener und qualifizierter Bankfachleute zur Verfügung"[2] stehen. Wie unterentwickelt der Banksektor früher war, demonstriert der folgende Vergleich: "Whereas there are 9.8 bank employees per 1000 of the population in Germany, and 8.8 in Austria, the equivalent figure in Czechoslovakia is 1.6".[3]

Es ist zu hoffen, dass die nationalen Banken, verstärkt durch den ständig wachsenden Wettbewerbsdruck (mittlerweile haben sich 33 ausländische Banken in der CSFR angesie-delt[4]), ihre Organisation so verbessern, dass sie gleichermassen attraktiv für Privat- und Firmenkunden werden.

Eine dynamische Entwicklung des Kapital- und Finanzmarktes nach westlichem Vorbild ist allerdings mit Unterstützung einer entsprechenden Finanzpolitik, getragen von den 3 Säulen

> Fiskalpolitik,
> Monetäre Politik und
> Steuerpolitik

zu erwarten. Die *Fiskalpolitik* zielt auf eine Reduzierung der Staatsausgaben (Budget-streichungen) hin. Unter einer restriktiven *monetären Politik* wird die Stabilisierung des Wechselkurses, eine niedrige Diskontrate, die Beibehaltung der derzeitigen Geldmenge und eine Reduzierung der Kreditleistungen sowie Unterstützungen finanzieller Art verstanden. Mit der Verabschiedung einer durchgreifenden Steuerreform, die zum 1.1.1993 in Kraft treten wird, beschloss das Parlament noch vor den Wahlen im Juni 1992 die zukünftige *Steuerpolitik* der CSFR. Bestandteile der Steuerreform sind die Einführung einer Mehrwertsteuer, einer Gewinnsteuer, die die alte Umsatzsteuer ablöst, Steuern für landwirtschaftliche Unternehmen, Einkommenssteuer sowie die KfZ-, Immobilien- und Erbschaftssteuer.

---

[1]   DEUTSCHE BANK, S. 69 f.

[2]   ESCHENBACH, S. 67.

[3]   MINISTRY FOR ECONOMIC POLICY AND DEVELOPMENT OF THE CZECH REPUBLIC, Investors Guide, Part 4, Annex 2, S. 1.

[4]   Vergl. EBENDA, S. 2.

4.1.3. Massnahmen zur Privatisierung von Staatseigentum

Im Rahmen der Privatisierung von Staatseigentum stehen ca. 92% des volkswirtschaftlichen Vermögens zur Disposition. Im Jahre 1983 waren

- 81,9% des gesamten Anlagevermögens unter staatlicher Kontrolle,
- 10,5% in Händen von Kooperativen und
- nur ca. 7,6% in privaten Händen.

Der Privatanteil reduzierte sich bis zum Jahr 1989 weiter.[1]

Das Staatseigentum wurde im Rahmen der Privatisierung in vier Schritten der Bevölkerung wieder zurückgegeben:

(1) Restitution: Hierbei handelt es sich vorwiegend um die Rückübertragung von Eigentum an Privatpersonen, die in Folge der kommunistischen Machtübernahme und der damit einhergehenden Verstaatlichung und Enteignung von Privateigentum in der Zeit ab 1948 ihr Eigentum abtreten mussten.[2] Die Restitution, d.h. die Einsetzung der ursprünglichen Eigentümer soll das einmal begangene Unrecht wieder gut machen. Die Vorgehensweise der Restitution wird in dem zum 01.01.1990 verabschiedeten Gesetz (403/1990) geregelt.

(2) Aussergerichtliche Rehabilitation: Mit dem Gesetz 87/1991 sollen bürgerrechtliche Handlungen und Verwaltungsakte, die im Zeitraum vom 25.2.1948 bis 31.12.1989 und im Widerspruch zu den Grundsätzen einer demokratischen Gesellschaft durchgeführt wurden, rückgängig gemacht werden. Es ist zu bemerken, dass keines der beiden o.g. Gesetze die Restitution bzw. Rehabilitation der Sudetendeutschen umfasst, die nach 1945 aus den Regionen Nord-Böhmen und Nord-Mähren vertrieben wurden.

(3) Kleine Privatisierung: Mit der kleinen Privatisierung wurde Ende 1990 begonnen. Grundlage hierfür bilden die Gesetze NR 427/1990ZB und 474/1990ZB. Zielsetzung der Ende

---

[1]   Vergl. MLADEK, S. 29 f.

[2]   Vergl. Kap. 2.2.2., Entwicklung 1949 - 1967.

1990 begonnen Privatisierung war der Verkauf von 100.000 bis 120.000 Objekten. Im Rahmen dieser Privatisierung wurden Restaurants, Geschäfte, Hotels oder kommunale Handwerksbetriebe an natürliche Personen verkauft. Zu diesem Zweck wurden Lokal-Komitees auf Gemeindeniveau gegründet, die unter Aufsicht des Ministeriums für Privatisierung den Verkauf der Objekte vornahmen.

Im August 1991 waren 8.016 Objekte in der tschechischen (für 5.288 Mio. Kronen) und weitere 4.283 Objekte in der slowakischen Republik (für 2.921 Mio. Kronen) privatisiert.[1] Im Februar 1992 nannte der Vize-Minister des Föderalen Wirtschaftsministeriums in einem Interview die Zahl von 24.800 bereits verkauften Einheiten zu insgesamt 31,1 Mrd. Kronen (Stand: 28.2.92).[2]

Die meisten Objekte in der kleinen Privatisierung wurden mittels Auktionen verkauft. 10% des Auktionspreises mussten zu Beginn der Auktion hinterlegt sowie eine Auktionsteilnahme-gebühr in Höhe von 1.000 Kronen bezahlt werden. In Fällen, in denen sich kein Käufer zum Auktionspreis fand, erlaubte der Gesetzgeber, dass der Auktionspreis sukzessive bis zu 50% des zu Beginn der Auktion festgelegten Auktionspreises reduziert wird. Voraussetzung hierfür war allerdings, dass mindestens fünf potentielle Käufer der Auktion beiwohnten. Wurde das Objekt in der ersten Auktionsrunde, an der nur natürliche und juristische Personen mit Wohnsitz bzw. Sitz in der Tschechoslowakei teilnehmen durften, nicht verkauft, kam es zu einer zweiten Runde, bei der erstmalig auch Ausländer zugelassen waren. Aufgrund ungeklär-ter Eigentumsverhältnisse stand häufig nur die Einrichtung des Geschäftes, Hotels oder der Gastwirtschaft zur Versteigerung, nicht aber die gesamte Immobilie. Meist erhielten die Ersteigerer einen zweijährigen Pachtvertrag. Im Oktober 1991 wurde die Pachtvertrags-regelung mit einem Gesetz um weitere drei Jahre auf fünf Jahre verlängert.[3]

(4) Grosse Privatisierung: Grundlage für die grosse Privatisierung ist das Gesetz 92/1991ZB vom 26.1.1991. Es legt die Bedingungen der Übertragung des Staatseigentumes von staatlichen Unternehmungen, staatlichen Geldinstituten, staatlichen Versicherungen etc. fest.

---

[1] Vergl. CHARAP/DYBA/KUPKA, S. 29.

[2] INTERVIEW MLADEK.

[3] Vergl. MLADEK, S. 18.

Hierzu meint der tschechische Minister für Wirtschaftspolitik und Entwicklung Dyba: "... the modification of ownership relationships by means of privatization represents for Czechoslovakia an absolutly dominant goal".[1] Die Bedeutung der Privatisierung und die an sie geknüpften Erwartungen, lässt sich den Ausführungen eines UN-Dossiers entnehmen: "... the strongest reason ... is the expectation that privatisation can raise efficiency through changed incentives ...".[2]

Bei der grossen Privatisierung standen, im Gegensatz zur kleinen Privatisierung, mehrere Vorgehensweisen zum Verkauf der Objekte zur Debatte. Zu den Standardmethoden zählte man Auktionen, den direkten Verkauf oder den Verkauf mittels öffentlicher Ausschreibung. Zu den weniger gebräuchlichen Methoden gehörte die Voucher-Methode, auf die später noch eingangen wird.

Die sogenannten Gründungsväter (darunter versteht man die dem Wirtschaftsministerium unterstellten Fachministerien) bestimmten dann in Zusammenarbeit mit dem Privatisierungs-ministerium, welche der ihnen direkt unterstellten Firmen verkauft werden sollten. Dabei wurden drei Arten von Unternehmen unterschieden: "The first includes companies to be privatized in the first and second rounds of privatization; the second includes companies which will not be privatized for at least another five years; and third includes companies which are to go into liquidation".[3]

Unternehmen, die in der ersten Runde verkauft werden sollten, mussten ihre Privatisierungs-vorschläge dem jeweiligen Fachministerium bis zum 31. Oktober 1991, die Unternehmen der zweiten Runde bis zum 31. Juli 1992, vorlegen. Ein äusserst kompliziertes Unterfangen war die Bewertung des Anlage- und Umlaufvermögens basierend auf Gewinn- und Verlustrech-nungen sowie Bilanzen, die nach dem Muster des sowjetischen Kostenrechnungssystems

---

[1]   DYBA, S. 4.

[2]   UNITED NATIONS. ECONOMIC COMMISSION FOR EUROPE,
     Foreign Direct Investment, S. 37.

[3]   UNITED NATIONS. INDUSTRIAL DEVELOPMENT ORGANISATION, Industry Report,
     Czechoslovakia, S. 16.

erstellt wurden. Für die bevorstehende Privatisierung sollten die Unternehmensleitungen das zukünftige Unternehmenskonzept vorstellen und angeben, in welcher Höhe sie eine Kapitalbeteiligung durch ausländische Investoren wünschen bzw. benötigen um ihre Ziele zu realisieren.[1] Es war beabsichtigt, innerhalb der ersten Jahreshälfte 1991 rund 2285 Unternehmen und danach die restlichen 1844 Objekte zu verkaufen.

Mit Hilfe der Vouchermethode sollten die Teile des Nationalvermögens privatisiert werden, die weder inländische noch ausländische Käufer finden konnten oder deren Preis zu hoch lag.

Das Staatsunternehmen bot einen Teil des Betriebsvermögens dem "Fonds für Nationalvermögen" an, das vom Zentrum für Voucherprivatisierung geleitet wird. Voraussetzung war, dass das Privatisierungsprojekt zuvor vom jeweiligen Ministerium befürwortet und vom Ministerium für Privatisierung genehmigt wurde. Der Fonds für Nationalvermögen bewertete dann den jeweiligen Unternehmensanteil und legte den Wert der Aktien fest.[2]

Parallel zu den Aktionen des Ministeriums für Privatisierung wurde vom Föderalen Finanzministerium im September 1991 mit der Ausgabe sogenannter "Voucher-Heftchen" für 35 Kronen und "Voucher-Marken" für 1.000 Kronen (ca. DM 60,-) an die Bevölkerung begonnen. Nachdem das Ministerium für Privatisierung eine Liste der Unternehmen veröffentlicht hatte, die im Rahmen der Voucherprivatisierung Unternehmensanteile verkauften, konnten die Bürger ihre erworbenen Vouchermarken in Firmenaktien umtauschen. In Fällen, in denen die Aktiennachfrage höher war als das Angebot, mussten die Bürger vor dem Tausch "Vouchermarke gegen Aktie" entscheiden, wieviele Anteile sie tatsächlich an dem jeweiligen Unternehmen erwerben wollten. Die Nachfragewünsche der Bevölkerung wurden erfasst und zentral in Prag ausgewertet.

Die Auswertung konnte zu drei Ergebnissen führen:

(1) Die Nachfrage war geringer oder gleich dem Angebot. In diesem Fall konnten sämtliche Wünsche befriedigt werden.

(2) Die Nachfrage übertraf das Angebot nach Aktien um mehr als 25%. In diesem Fall wurden die Vouchermarken den Aktieninteressenten wieder zurückgegeben und der Preis der Aktie entsprechend höher angesetzt.

---

[1]   Vergl. UNITED NATIONS. ECONOMIC COMMISSION FOR EUROPE, Foreign Direct Investment, S. 37 f.

[2]   INTERVIEW MELICHER.

(3) Die Nachfrage lag maximal 25% über dem Angebot. In diesem Fall entschied das Föderale Finanzministerium, ob ein Teil der Kaufinteressenten, für die keine Aktien mehr zur Verfügung standen, vom Erwerb der Aktien ausgeschlossen werden sollten.

Die vom Erwerb der Aktien ausgeschlossenen Interessenten reagierten mit Unverständnis und Verärgerung.[1] Die Kosten für den administrativen Aufwand der Voucherprivatisierung wurde von Mladek[2] auf ca. CSK 1,6 Mrd. geschätzt.

Falls ein Bürger an der Voucherprivatisierung teilnehmen wollte, ihm jedoch die Auswahl eines oder mehrerer geeigneter Unternehmen zu zeitaufwendig oder zu kompliziert erschien, boten sich ihm zwei weitere Möglichkeiten. Er konnte entweder einen Teil oder sämtliche Vouchermarken an einen privaten oder an einen staatlichen Investmentfonds übergeben. Von dieser Möglichkeit machten ca. 55% der Bürger Gebrauch, wie eine Umfrage ergab. Da der Gesetzgeber die Rolle der Investmentfonds zu Beginn der Voucherprivatisierung unterschätzte und so eine gefährliche Konzentrierung grosser Teile der Wirtschaft in den Händen weniger privater Investmentfonds vorauszusehen war, verabschiedete das Parlament im April 1992 ein Gesetz, welches dieser Entwicklung entgegenwirken sollte. Danach darf nun eine private Investmentfonds-Firma nur maximal 20% des Aktienkapitals eines Unternehmens besitzen, keine Aktien von einem Anleger erwerben, der seinerseits mit über 25 % an dem Unternehmen beteiligt ist und sich nur mit maximal 10% des Kapital, welches der Investmentfonds-Firma insgesamt zur Verfügung steht, an einem Unternehmen beteiligen.

Die Voucherprivatisierung, die in dieser Form für osteuropäische Länder ein Novum darstellt, wird gerade von westlichen Politikern als ein wichtiger Schritt auf dem Weg zur Marktwirtschaft angesehen. Erfolg bzw. Misserfolg der Voucherprivatisierung wird im wesentlichen das Schicksal des ehemaligen Finanzministers Klaus und seiner Partei beeinflussen.

---

[1]   Vergl. CHARAP/DYBA/KUPKA, S. 31.

[2]   Vergl. MLADEK, S. 22.

4.2. Beurteilung des Landesrisikos

"In der betriebswirtschaftlichen Literatur wird das Risiko als die Gefahr definiert, 'in Bezug auf eine bestimmte Zielsetzung eine falsche Entscheidung zu treffen'. Die Hauptquelle des Risikos liegt in der mangelhaften Information [Anm. d. Verf.: Ungewissheit = Zustand unvollkommener Information] begründet, aufgrund der die Verantwortlichen eines Unternehmens zukunftsorientierte Entscheidungen treffen müssen".[1] Eine weitere Quelle für falsche Entscheidungen liegt darin, dass Informationen nicht oder falsch verwendet werden. "Risiko tritt erst *nach* der Entscheidung für eine bestimmte Handlungsalternative .. ein".[2] Balleis unterscheidet letzlich fünf verschiedene Arten von Risiken:[3]

▶ *Unternehmensinterne Risiken:* Mit jeder wirtschaftlichen Betätigung ist das Risiko bzw. die Möglichkeit, eine falsche Entscheidung zu treffen, verbunden.

▶ *Unternehmensexterne Risiken:* Hierzu gehört die ökonomische, sozio-kulturelle, technische und staatliche Umwelt des Unternehmens, die nur bedingt vom Management beeinflussbar ist.

▶ *Natürliche Risiken:* Zu den natürlichen Risiken gehören Schäden aufgrund von Wasser, Feuer, Blitzschlag, Schnee, usw.

▶ *Technische Risiken:* Diese entstehen durch die Verwendung von Technologien, "die nicht oder noch nicht geeignet sind, eine kostengünstige Produktion zu ermöglichen"[4] bzw. durch das Versäumnis, adäquate Technologien zu benutzen.

▶ *Sozio-kulturelle Faktoren,* wie beispielsweise Sprache, Temperament, Tradition, Religion und Ausbildungsstand der Bevölkerung, sind langfristig relativ unveränderbar und müssen für den überschaubaren Zeitraum von vier bis acht Jahren als ein Faktum angesehen werden. Die sozio-kulturellen Risiken sind in jede Risikoanalyse als konstante Grösse aufzunehmen.

---

[1]   BALLEIS, S. 85.

[2]   CALLIES, S. 44.

[3]   Vergl. BALLEIS, S. 93 ff.

[4]   EBENDA, S. 94.

▶ *Politisches Risiko:* Unter politischem Risiko versteht man die Folgen eines politischen Ereignisses, wie etwa Krieg, Revolution, Staatsstreich, Enteignung, Besteuerung, Abwertung der Währung, Devisenkontrollen und Importrestriktionen.[1]

Zudem unterscheidet Balleis zwischen politischen Risiken, die durch innen- bzw. aussenpolitische Ereignisse hervorgerufen werden. Bei den aussenpolitischen Ereignissen differenziert er zwischen friedlichen und gewaltsamen Prozessen.[2]

Unter den genannten Risiken ist das politische Risiko für JVs am bedeutendsten. Die Wirtschafts-, Finanz-, Arbeits-, und Sozialpolitik können Zündstoff für politische Ereignisse und somit zum politischen Risiko werden. Kobrin/Basek/Blank/La Palobara[3] haben 1980 455 amerikanische Unternehmen schriftlich befragt und festgestellt, dass politische Stabilität zu den wichtigsten Determinanten für ausländische Direktinvestitionen zählt.[4]

Determinanten	Prozent
Political stability	79,5
Foreign investment climate	79,5
Profit remittances and exchange controls	69,4
Taxation	51,4
Expropriation	28,4
Political party attitudes towards foreign investors	24,2
Labor strikes and unrest	21,1
Public sector activities	13,2
Public image of the firm	5,3

Tab. 11: Wichtigste Determinanten für ausländische Direktinvestitionen

---

[1]　　Vergl. BALLEIS, S. 86.

[2]　　Vergl. EBENDA, S. 124 f.

[3]　　Quelle: KOBRIN/BASEK/BLANK/LA PALOBARA, S. 41.

[4]　　Vergl. BALLEIS, S. 32 f.

Das Landesrisiko setzt sich aus den vorgenannten Risiken zusammen, die jeweils unterschiedlich bewertet werden. "Euromoney's assessment of country risk makes use of three categories. These are: analytical indicators 40% [Anm. d. Verf.: 20% political risk, 10% economic risk, and 10% economic indicators]; credit indicators 20% [Anm. d. Verf.: 15% payment record and 5% ease of rescheduling]; and market indicators 40% [Anm. d. Verf.: 15% access to bond markets, 10% availability of short-term finance, and 15% access to and discount available on forfaiting]. These offer a broad but sensitive evaluation of the relative risks faced by exposure in these countries".[1]

Auf dieser Grundlage ergibt sich auf einer Skala von 0 bis 100 (0 = hohes Risiko, 100 = kein Risiko) für ausgewählte osteuropäische Länder nachstehende Rangfolge:[2]

Land	1990 Bewertung (Punkte)	1990 Rang	1991 Bewertung (Punkte)	1991 Rang
Tschechoslowakei	61,7	1	54,1	1
Ungarn	60,8	2	52,0	2
Polen	43,0	5	40,5	3
Rumänien	43,3	4	30,7	4
UdSSR	53,4	3	22,9	5

Tab. 12: Länderrisikobewertung für osteuropäische Staaten

Der Vergleich der Jahre 1990 zu 1991 zeigt bei allen osteuropäischen Ländern eine Verschlechterung der Landesrisikobewertung.[3] Die Bewertung hängt mit der veränderten wirtschaftlichen Einschätzung dieser Länder zusammen. Nach den Revolutionen in den osteuropäischen Ländern im Jahre 1989 war das Jahr 1990 von Euphorie gekennzeichnet. Wachsender Ost-Westhandel, steigende Investitionsbereitschaft westlicher Industrieländer,

---

[1]   EUROMONEY, S. 175.

[2]   Quelle: EBENDA, S. 172.

[3]   Vergl. EUROMONEY, S. 172.

Erhöhung der Bruttosozialprodukte der ost- und westeuropäischen Länder und somit eine Steigerung des allgemeinen Wohlstandes waren scheinbar in greifbarer Nähe.

Erst im Laufe des Jahres 1990 wurden nach eingehender Sondierung die schweren volkswirtschaftlichen Probleme der osteuropäischen Länder evident. Deshalb wurde das Landesrisiko dieser Länder 1991 höher bewertet. Im internationalen Vergleich[1] befindet sich die Tschechoslowakei trotz dieser Punktabwertung im vorderen Drittel (Rang) der analysierten Länder:[2]

Land	1990 Bewertung (Punkte)	1990 Rang	1991 Bewertung (Punkte)	1991 Rang
Japan	91,9	1	95,7	1
Indonesien	65,7	34	57,3	32
Brunei	72,1	28	56,5	33
Mexiko	58,6	47	55,8	34
Tschechoslowakei	61,7	39	54,1	35
Süd-Afrika	55,0	51	54,0	36
Saudi Arabien	60,0	43	53,9	37
Israel	49,9	60	53,8	38
Irak	18,4	128	1,9	130

Tab. 13: Landesrisikobewertung der CSFR im Vergleich zu anderen Staaten

Während Japan mit 95,7 Punkten das geringste Landesrisiko aufweist, wird der Irak seit dem Golfkrieg mit dem höchsten Länderrisiko bewertet.

Betrachtet man nur die wirtschaftliche Entwicklung der CSFR, so verschlechterte sich ihre Positionierung.[3] Die CSFR befand sich 1991 am Ende des zweiten Drittels unter den 120

---

[1]   Vergl. EUROMONEY, S. 171.

[2]   Quelle: EBENDA, S. 171.

[3]   Quelle: EBENDA, S. 175 f.

bewerteten Ländern, wie aus Tabelle 14 zu entnehmen ist. Die stark rückläufige Entwicklung des Bruttosozialprodukts von über 9% dürfte ebenso zur negativen Beurteilung beigetragen haben wie die veränderte Einschätzung der allgemeinen wirtschaftlichen Situation in den osteuropäischen Ländern.

Rang 1991	Land	Bewertung der volks-wirtschaftlichen Situation Skala 1 - 10 1991	1993	BSP-Wachstum 1991	Durchschnittl. BSP-Wachstum 1980-1989	Pro-Kopf Einkommen 1989 ($)
1	Japan	7,63	7,74	3,9%	4,0%	23.810
58	Ungarn	4,12	6,25	-4,5%	1,6%	2.590
93	CSFR	3,27	4,93	-9,1%	1,7%	3.450
99	Polen	3,07	4,30	-3,8%	2,5%	1.790
120	UdSSR/GUS	1,61	2,63	-11,6%	1,9%	5.552
122	Rumänien	1,47	2,28	-10,5%	2,9%	4.117
126	Irak	0,89	1,95	-50,0%	n.a.	1.975

Tab. 14: Künftige wirtschaftliche Entwicklung der CSFR im Vergleich zu anderen Staaten

Die unterschiedliche Bewertung der CSFR in Tabelle 13 (Rang 35) und Tabelle 14 (Rang 93) zeigt, wie wichtig politische Stabilität für ein Land wie die Tschechoslowakei ist. Aber gerade diese, 1990 noch vorhandene und 1991 bereits reduzierte Vertrauensbasis, wurde 1992 durch den Rücktritt von Staatspräsident Havel und die Separationsbestrebungen der Slowakei weiter demontiert.

4.3. Rahmenbedingungen für Joint Ventures

4.3.1. Rechtliche Rahmenbedingungen

Die Schaffung von rechtlichen Rahmenbedingungen, die die Ausübung von wirtschaftlichen Aktivitäten für in- und ausländische Unternehmen gleichermassen steuern, war eine der vorrangigen Aufgaben der Regierung in den Jahren 1990 bis 1992. Da Rechtssicherheit zu den fundamentalsten Forderungen ausländischer Investoren gehört, bemühte sich die Regierung in den vergangenen zwei Jahren durch die Verabschiedung eines Handelsgesetzbuches sowie zahlreicher Investitionsschutz- und Doppelbesteuerungsabkommen, diesen gesteigerten Bedürfnissen nach Rechtssicherheit Rechnung zu tragen. Obwohl die Tschechoslowakei auf dem Weg zur Rechtsstaatlichkeit ist, kann sie derzeit aber noch nicht als Rechtsstaat im westlichen Sinne eingestuft werden. Bis zur Erreichung dieses Zieles werden noch einige Jahre vergehen.

Zum besseren Verständnis der durch das Handelsgesetzbuch festgelegten rechtlichen Rahmenbedingungen für JVs sind zunächst die Themen Investitionsschutz (Kap. 4.3.1.1.), Doppelbesteuerung (Kap. 4.3.1.2.) sowie die JV-Vertragsgestaltung (Kap. 4.3.1.3.) voranzustellen.

4.3.1.1. Investitionsschutzabkommen

"It is a general international principle that no State is obliged to admit foreign investment".[1] Falls ein Staat jedoch ausländische Investitionen zulässt, gilt ein gewisses Standardregelwerk, welches sich in den vergangenen Jahrzehnten entwickelt hat und gemäss dem ausländische Investitionen bzw. ausländische Investoren behandelt werden. "Protection in the host country's domestic legislation is a weighty consideration for a foreign investor in the economies in transition, given the fact that earlier regimes had nationalized without compensation and that intergovernmental agreements on compensation had taken many years

---

[1]　UNCTC, S. 334.

and only afforded partial recompense".[1] "Czech and Slovak Law stipulates that in case of expropriation, recompense corresponding to the actual value of the property affected will be paid to the investor".[2]

Über die Verankerung des Schutzes ausländischer Investitionen im tschechischen und slowakischen Recht[3] hinaus, schloss die Tschechoslowakei in den vergangenen Jahren bilaterale Investitionsschutzabkommen mit folgenden Ländern ab:[4]

- Australien
- Belgien
- Dänemark
- Deutschland
- Finnland
- Frankreich
- Griechenland
- Grossbritannien
- Italien

- Kanada
- Luxemburg
- Niederlande
- Norwegen
- Österreich
- Schweden
- Schweiz
- Spanien
- U.S.A.

Über ähnliche Abkommen wird derzeit mit

- Island,
- Israel,
- Kuwait,
- Türkei und den
- Vereinigten Arabischen Emiraten

verhandelt. Derartige Investitionsschutzabkommen sichern in der Regel ausländischen Investoren auf Gegenseitigkeit folgendes zu:

▶ "Inländerbehandlung und Meistbegünstigung,

▶ Enteignung nur zum allgemeinen Wohl gegen Entschädigung zum tatsächlichen Wert transferierbarer Valuta und mit dem Recht auf Nachprüfung im ordentlichen Gerichtsverfahren,

---

[1]   UNITED NATIONS. ECONOMIC COMMISSION FOR EUROPE,
      Foreign Direct Investment, S. 81.

[2]   EBENDA.

[3]   Vergl. BABURKOVA/GEILING, S. 21.

[4]   Vergl. MINISTRY FOR ECONOMIC POLICY OF THE CZECH REPUBLIC, Direct
      Foreign Investment, February 1992, S.22.

▸ Schiedsgerichtsbarkeit,

▸ Gültigkeit auch im politischen Konfliktfall".[1]

In Bezug auf die Schiedsgerichtsbarkeit ist im allgemeinen die Vereinbarung gemäss JV-Vertrag massgebend. Gilt eine derartige Vereinbarung, so ist, falls eine aussergerichtliche Einigung nicht zu dem gewünschten Erfolg führt, zuerst das zuständige Amtsgericht und in Folge das übergeordnete Kreisgericht (Handelsgericht), das Nationalgericht in Prag bzw. in Bratislava und letztlich das Verfassungsgericht in Brünn zuständig. "In addition to the usual settlement procedures for inter-state disputes arising from the interpretation of bilateral agreements, all the agreements concerned provide for the settlement by arbitration of disputes between an investor and the host country. Usually, such arbitration is by ad hoc procedure before the Arbitration Institute of the Stockholm Chamber of Commerce ...".[2] Relativ häufig einigen sich die JV-Partner auf einen Gerichtsstandort, der nicht in einem der beiden Herkunftsländer der Partner, sondern in einem Drittland liegt.[3]

4.3.1.2. Doppelbesteuerungsabkommen

Das Risiko, in mehr als einem Land Steuern auf das gleiche Einkommen zu zahlen, wäre eher ein Hemmschuh als ein Motivationsfaktor für ausländische Direktinvestitionen. Die Existenz von Doppelbesteuerungsabkommen hilft dem ausländischen Investor, seine Steuerbelastung vorherzusagen und verbessert dadurch die Investitionsbereitschaft. Nach dem Doppelbesteuerungsabkommen mit der Bundesrepublik Deutschland reduziert sich der Steuersatz von 25% auf 5%, wenn der Anteil der deutschen Gesellschaft am JV 25% übersteigt, in allen anderen Fällen auf 15%. Bisher hat die Tschechoslowakei Doppelbesteuerungsabkommen mit

---

[1]   GLASMACHER, S. 39.

[2]   UNITED NATIONS. ECONOMIC COMMISSION FOR EUROPE,
Foreign Direct Investment, S. 125.

[3]   INTERVIEW PROKRES.

folgenden Ländern abgeschlossen:[1]

- Belgien	- Japan
- Brasilien	- Jugoslawien
- China	- Niederlande
- Dänemark	- Nigeria
- Deutschland	- Norwegen
- Finnland	- Österreich
- Frankreich	- Schweden
- Griechenland	- Spanien
- Grossbritannien	- Sri Lanka
- Indien	- U.S.A.
- Italien	- Zypern

Desweiteren wurden Abkommen mit

- Kanada,
- Luxemburg,
- Marokko,
- Portugal und
- Tunesien

bereits unterzeichnet, aber noch nicht ratifiziert. Geplant ist weiterhin der Abschluss von Doppelbesteuerungsabkommen mit

- Ägypten,	- Korea,
- Algerien,	- Malaysia,
- Australien,	- Schweiz,
- Indonesien,	- Syrien und
- Israel,	- Thailand.

4.3.1.3. JV-Vertragsgestaltung

Voraussetzung für die Gründung eines JVs ist der Abschluss von mindestens zwei Verträgen. Es handelt sich hierbei um den JV-Vertrag und den Gesellschaftsvertrag sowie ggf. einem zusätzlichen Management-, Lizenz-, Investitionsvertrag etc. Die Inhalte der einzelnen Verträge werden im folgenden weiter behandelt.

---

[1] Vergl. MINISTRY FOR ECONOMIC POLICY OF THE CZECH REPUBLIC, Direct Foreign Investment, February 1992, S. 23.

Bei einem *JV-Vertrag* handelt es sich um eine formlose, privatrechtliche Vereinbarung zwischen Partnern, die sich an einem Unternehmen beteiligen bzw. ein Unternehmen gründen. Dieser Vertrag wird i.d.R. vor dem Gesellschaftsvertrag abgeschlossen und ist dem Gesellschaftsvertrag sowie den anderen genannten Verträgen übergeordnet. Der JV-Vertrag regelt im allgemeinen alle wirtschaftlichen, technischen, kaufmännischen und rechtlichen Aspekte der Zusammenarbeit der Partner. Dieser JV-Vertrag enthält vor allem Regelungen, die aus Gründen der Geheimhaltung nicht im Gesellschaftsvertrag veröffentlicht werden sollten.

Eine detaillierte Übersicht aller Punkte, die ein JV-Vertrag beinhalten sollte, kann im Anhang Pkt. 8.4., Inhalte eines JV-Vertrages, eingesehen werden. Die Textboxen 11 und 12 fassen die wichtigsten Inhaltspunkte zusammen:[1]

A. Zielsetzung des JVs

B. Set-up Phase

      (1) Zeitlicher Rahmenplan

      (2) Finanzieller Rahmenplan

      (3) Personalbesetzung

      (4) Schaffung der Produktionsvoraussetzungen

Textbox 11: Inhalte eines JV-Vertrages, 1. Teil

---

[1]   Quelle: EBENROTH, S. 266; LANGEFELD-WIRTH, S. 115 f., 125 ff., S. 177 ff.; SEIBERT/BENCI, S. 60; SIEGWART/SIEGHOLD, S. 69 ff.

C. Betriebsphase

  (1) Produkte

  (2) Vermarktung

  (3) Rohstoffbeschaffung

  (4) Personalpolitik

  (5) Finanz- und Rechnungswesen

  (6) Gewinnverwendung

D. Auflösung der Gesellschaft

Textbox 12: Inhalte eines JV-Vertrages, 2. Teil

Es ist durchaus denkbar, dass der JV-Vertrag im Einzelfall eine vom Gesellschaftsvertrag abweichende Anzahl von Parteien umfasst. Falls mehrere Partner verschiedene Unternehmensbereiche innerhalb der Organisationsstruktur übernehmen, kann es notwendig sein, einen Basis-JV-Vertrag zu formulieren, um dann in mehreren Nebenverträgen die jeweiligen Aufgaben der Partner zu definieren.

So hat z.B. die JV-Unternehmensberatungsgesellschaft Interconsult/Bratislava[1] positive Erfahrungen mit der schriftlichen Festlegung der Inhalte von JV-Positionen gemacht. Auch sollte im JV-Vertrag vereinbart werden, dass bei Widersprüchen zwischen JV-Vertrag und Gesellschaftsvertrag letzterer geändert wird. Wie detailliert die Regelungen definiert werden, hängt häufig vom Umfang des JVs, dem (Vertrauens-) Verhältnis der Partner, der Höhe des Kapitalinvestments etc. ab.

Der *Gesellschaftsvertrag*, in der Literatur auch Gesellschaftssatzung genannt, beschreibt die interne Organisation des JVs sowie die Beziehungen der Gesellschafter untereinander. "Die Satzung stellt insofern das 'Lebensgesetz der Vereinigung' dar".[2]

Gemäss §110 des tschechoslowakischen Handelsgesetzbuches muss der Gesellschaftsvertrag einer Gesellschaft mit beschränkter Haftung folgende inhaltliche Komponenten enthalten:

---

[1] INTERVIEW SELECKY.

[2] EBENROTH, S. 267.

(1) Handelsnamen und Sitz der Gesellschaft;

(2) Ernennung der Gesellschafter mit Angabe des Namens und Sitzes der juristischen Person oder des Namens und Wohnsitzes der natürlichen Personen;

(3) Unternehmensgegenstand (Tätigkeiten);

(4) Höhe des Stammkapitals und der Einlage eines jeden Gesellschafters bei der Gründung der Gesellschaft einschliesslich der Art und Frist der Einlagenzahlung und den Gegenstand, sofern es sich um Sacheinlagen handelt;

(5) Namen und Wohnsitze der ersten Geschäftsführer der Gesellschaft und die Art ihrer Vertretungsbefugnisse;

(6) Namen und Wohnsitz des ersten Aufsichtsrats, sofern er bestellt wurde.

Textbox 13: Inhalte eines GmbH-Gesellschaftsvertrages

Der Gesellschaftsvertrag einer Aktiengesellschaft muss gemäss §163 des Handelsgesetzbuches die folgenden Komponenten enthalten:

(1) Handelsnamen, Sitz und Unternehmensgegenstand (Tätigkeiten);

(2) vorgeschlagenes Grundkapital;

(3) Anzahl der Aktien und ihren Nennbetrag; falls Aktien verschiedener Gattungen ausgegeben werden sollen, ihre Bezeichnung und die Beschreibung der mit ihnen verbundenen Rechte;

(4) gezeichnete Einlagen der einzelnen Gründer;

(5) Bestimmung des Gegenstandes der Sacheinlage und seine durch eine amtliche Schätzung belegte Bewertung, sofern eine Sacheinlage für Schaffung des Grundkapitals eingesetzt werden soll.

Textbox 14: Inhalte eines AG-Gesellschaftsvertrages

Soll eine Gesellschaft aufgrund der Aufforderung zur Aktienzeichnung gegründet werden, muss der Gesellschaftsvertrag ausserdem enthalten:

(1) Ort und Zeitpunkt der Aktienzeichnung;

(2) Vereinbarung über die Vorgehensweise beim Zeichnen von Aktien, die das Grundkapital überschreiten;

(3) Ort und Zeitpunkt für die Einzahlung eines Teiles der gezeichneten Aktien und ihre Höhe;

(4) Art der Einberufung zur Vollversammlung der Aktienzeichner.

Textbox 15: Gründung der Gesellschaft aufgrund der Aufforderung zur Aktienzeichnung

Da JV-Unternehmungen in der Tschechoslowakei fast ausschliesslich als Gesellschaft mit beschränkter Haftung bzw. als Aktiengesellschaft gegründet werden, bleiben die Ausführungen des nächsten Kapitels auf diese beiden Gesellschaftsformen beschränkt.

Vollständigkeitshalber soll jedoch erwähnt werden, dass das tschechoslowakische Handelsgesetzbuch auch folgende Gesellschaften behandelt:

§§ 76 - 92:	Offene Handelsgesellschaft;
§§ 93 - 104:	Kommanditgesellschaft;
§§ 221 - 260:	Genossenschaft;

In *Nebenverträgen zum JV-Vertrag* können u.a. in einem Managementvertrag "die Verteilung und Übertragung von Managementrechten, -pflichten und -kontrollen"[1] geregelt werden. Dabei ist es möglich, dass einer der Gesellschafter des JV-Unternehmens gegen ein entsprechendes Entgelt das Management der Firma übernimmt oder eine aussenstehende dritte Firma den Auftrag von den Gesellschaftern erhält, das JV-Unternehmen zu leiten. Im ersten Fall "liegt eine Kombination von Managementvertrag und Finanzierungs-Joint Venture vor".[2]

---

[1]   SEIBERT/BENCI, S. 62.

[2]   AHN, S. 88.

Im zweiten Fall handelt es sich um einen Dienstleistungsvertrag. Es ist darauf zu achten, dass in der vertraglichen Regelung die Managementinhalte genauestens beschrieben und abgegrenzt sowie die Verhältnisse zwischen den Gesellschaftern unmissverständlich festgelegt werden.

4.3.2. Regelungen des Handelsgesetzbuches

SITZ

Der Sitz der juristischen Person und der Ort der Unternehmen von natürlichen Personen ist gem. Handelsgesetzbuch (HGB) §2, Abs. 3, "die Adresse, die als Sitz oder Ort der Unternehmung im Handels- oder Gewerberegister oder in einer anderen Evidenz eingetragen ist".[1,2]

VERMÖGEN

§ 6 des HGBs unterscheidet drei Arten von Vermögen. "Unter persönlichem Vermögen wird ... die Summe von Vermögenswerten verstanden ..., die dem Unternehmer gehören und seiner Geschäftätigkeit dienen oder dafür bestimmt sind".[3] So "... wird der Komplex des geschäftlichen Vermögens und die dem Unternehmer im Zusammenhang mit dem Unternehmertum erwachsenen Verbindlichkeiten als Geschäftsvermögen ... bezeichnet".[4] "Reines Geschäftsvermögen ist das Vermögen nach Abzug der dem Unternehmer im Zusammenhang mit dem Unternehmen erwachsenen Verbindlichkeiten".[5]

HANDELSNAMEN

Gemäss §8 HGB ist der Name "unter dem der Unternehmer .. bei seiner unternehmerischen Tätigkeit anfallende Rechtshandlungen ausübt"[6] der Handelsname des Unternehmens. §9 des HGB legt fest, dass der Handelsname einer natürlichen Person aus Vor- und Familienname besteht. Bei Handels- und Genossenschaften gilt der Name, der im Handelsregister eingetragen ist.

---

[1] BABURKOVA/GEILING, S. 15.
  Bei dem vorliegenden Werk handelt es sich um die deutsche Übersetzung der tschechoslowakischen Wirtschaftsgesetze. Sie ist nicht rechtsverbindlich und wurde nicht vom Justizministerium autorisiert.

[2] Vergl. auch die englische Übersetzung der tschechoslowakischen Wirtschaftsgesetze durch KUNZ/SVORCIK.

[3] BABURKOVA/GEILING, S. 15.

[4] EBENDA.

[5] EBENDA, S. 16.

[6] EBENDA.

UNTERNEHMUNGEN AUSLÄNDISCHER PERSONEN

§21 des HGBs beinhaltet die grundlegenden Bestimmungen für die wirtschaftliche Betätigung von Unternehmungen ausländischer Personen und wird aufgrund seiner Wichtigkeit in dieser Arbeit in seiner ganzen Länge zitiert:

"(1) Ausländische Personen können auf dem Territorium der Tschechischen und Slowakischen Föderativen Republik unter den gleichen Bedingungen und in demselben Umfang wie tschechoslowakische Personen unternehmerisch tätig sein, sofern aus dem Gesetz nicht etwas anderes hervorgeht.

(2) Unter ausländischer Person wird für die Zwecke dieses Gesetzes eine natürliche Person mit dem Wohnsitz oder eine juristische Person mit ihrem Sitz ausserhalb der Tschechischen und Slowakischen Republik verstanden. Unter tschechoslowakischer juristischer Person wird für die Zwecke dieses Gesetzes eine juristische Person mit dem Sitz auf dem Territorium der Tschechischen und Slowakischen Föderativen Republik verstanden.

(3) Unter unternehmerischer Tätigkeit einer ausländischen Person auf dem Territorium der Tschechischen und Slowakischen Föderativen Republik werden für die Zwecke dieses Gesetzes Unternehmungen dieser Person verstanden, wenn sie ein Unternehmen oder seine [Anm. d. Verf.: richtig: "eine"] Organisationseinheit auf dem Territorium der Tschechischen und Slowakischen Föderativen Republik hat.

(4) Die Berechtigung einer ausländischen Person auf dem Territorium der Tschechischen und Slowakischen Föderativen Republik im Umfang des in das Handelsregister eingetragenen Gegenstandes der Unternehmung unternehmerisch tätig zu sein, entsteht mit dem Tage der Eintragung dieser Person in das Handelsregister, ggf. der Eintragung einer Organisationseinheit ihres im Handelsregister eingetragenen Unternehmens. Der Antrag zur Eintragung in das Handelsregister wird von der ausländischen Person gestellt".[1]

---

[1]   BABURKOVA/GEILING, S. 20.

Gemäss §24, Vermögensbeteiligung ausländischer Personen an tschechoslowakischen juristischen Personen, Abs. 1, kann eine ausländische Person "zwecks unternehmerischer Tätigkeit sich an der Gründung einer tschechoslowakischen juristischen Person beteiligen, oder sich als Gesellschafter oder Mitglied an einer schon gegründeten tschechoslowakischen juristischen Person beteiligen. Sie kann auch selbst eine tschechoslowakische juristische Person gründen oder zum einzigen Gesellschafter einer tschechoslowakischen juristischen Person werden, ... ".[1]

HANDELSREGISTER

Das Handelsregister ist ein öffentliches Verzeichnis, in welches folgende Angaben eingetragen werden (§28):[2]

a) Handelsname, bei juristischen Personen der Sitz, bei natürlichen Personen der Wohnort und der Ort der Unternehmung, wenn er sich vom Wohnort unterscheidet;

b) Identifikationsnummer [Anm. d. Verf.: jedes Unternehmen erhielt schon in der Vergangenheit eine Identifikationsnummer];

c) Gegenstand des Unternehmens (Tätigkeiten);

d) Rechtsform der juristischen Person;

e) Name und Wohnort der Person oder der Personen, die statutares Organ oder seine Mitglieder sind, mit Angabe der Art der Handlungsberechtigung für die juristische Person;

f) Bezeichnung, Sitz und Gegenstand des Unternehmens (Tätigkeiten) des Zweigbetriebes, der Name seines Leiters und sein Wohnsitz;

g) Name des Prokuristen und dessen Wohnsitz;

h) Bei Gesellschaften mit beschränkter Haftung die Namen und Wohnsitze der Gesellschafter, ggf. den Handelsnamen oder die Bezeichnung und den Sitz der juristischen Person als Gesellschafter mit Angabe der Höhe des Grundkapitals, der Höhe der Einlage eines jeden Gesellschafters und des Umfanges der Einzahlung sowie auch die Namen und Wohnsitze der Mitglieder des Aufsichtsrats, falls einer bestellt wurde.

---

[1]　　BABURKOVA/GEILING, S. 21.

[2]　　Vergl. EBENDA, S. 22 f.

i) Bei Aktiengesellschaften die Höhe des Grundvermögens, die Art und der nominale Wert der einzelnen Aktien sowie auch die Namen der Mitglieder des Aufsichtsrates.

BUCHFÜHRUNG

Die Buchführung der Unternehmen wird im Hauptstück IV, §§35-40, des HGBs beschrieben. Die wichtigsten Bestimmungen sind:

▸ "Die im Handelsregister eingetragenen Unternehmer ... verrechnen im System der doppelten Buchführung ... ".[1]

▸ "Buchhaltungsperiode ist ein Kalenderjahr".[2]

▸ "Die Aktiengesellschaften müssen über eine ordentliche und ausserordentliche, von einem Rechnungsprüfer nach Sondervorschrift geprüfte Rechnungsbilanz verfügen".[3]

Im §56, Handelsgesellschaften und Genossenschaften, differenziert das HGB zwischen Handelsgesellschaften auf der einen Seite und den Genossenschaften auf der anderen Seite. Zu den Handelsgesellschaften gehören die "... offene Handelsgesellschaft, die Kommanditgesellschaft, die Gesellschaft mit beschränkter Haftung und die Aktiengesellschaft ...".[4] Auf Genossenschaften soll im folgenden nicht weiter eingegangen werden.

4.3.2.1. Gesellschaft mit beschränkter Haftung

GRUNDLEGENDE BESTIMMUNGEN

Die Gesellschaft mit beschränkter Haftung kann von einer Person gegründet werden, darf maximal jedoch nur 50 Gesellschafter umfassen (§105, Abs. 2 und 3). "Der Wert des Stammkapitals der Gesellschaft muss mindestens KCS 100.000 betragen".[5] "Der Wert der

---

[1]   BABURKOVA/GEILING, S. 25, §36.

[2]   EBENDA, §38.

[3]   EBENDA, §39, Abs.1

[4]   EBENDA, S. 31.

[5]   EBENDA, S. 48, §108 Abs.1

Einlage des Gesellschafters muss mindestens KCS 20.000 betragen".[1] Jeder Gesellschafter ist verpflichtet zum Zeitpunkt der Eintragung der Gesellschaft in das Handelsregister, seine jeweilige Geldeinlage bis zu mindestens 30% einzuzahlen. Der Gesamtwert der eingezahlten Geldwerteinlagen muss insgesamt mindestens KCS 50.000 betragen (§111, Abs. 1). Wird hingegen die Gesellschaft von nur einer Person gegründet, muss das Stammkapital in voller Höhe eingezahlt werden (§111, Abs. 2). "Falls Sacheinlagen gewährt werden sollen, muss im Gesellschaftsvertrag der Gegenstand der Einlage, die Art seiner Bewertung in Geld und der Betrag, der auf die Einlage des Gesellschafters verrechnet wird, angeführt werden".[2] Gemäss §110[3] muss der Gesellschaftsvertrag sechs Komponenten enthalten, die bereits in Textbox 11 dargestellt wurden.

RECHTE UND PFLICHTEN DER GESELLSCHAFTER

"Der Gesellschafter ist verpflichtet die Einlage ... spätestens .. innerhalb von fünf Jahren nach dem Entstehen der Gesellschaft ... einzuzahlen".[4] Laut §114, Abs. 1, HGB repräsentiert der Geschäftsanteil "Rechte und Pflichten des Gesellschafters und die dementsprechende Beteiligung an der Gesellschaft".[5] §15, Abs.1, legt fest, dass die Gesellschafter durch einen Vertrag ihren Geschäftsanteil auf einen anderen Gesellschafter übertragen können, sofern sie dafür die Zustimmung der Vollversammlung erhalten. "Die Gesellschafter üben ihre, die Leitung der Gesellschaft betreffenden Rechte und die Kontrolle ihrer Tätigkeit auf der Vollversammlung in dem im Gesellschaftsvertrag, ggf. in der Satzung angeführten Umfang und in dort angeführter Art aus".[6] Bei der Gründung einer Gesellschaft mit beschränkter Haftung ist ein Rücklagefonds mindestens in Höhe von 5% des Grundvermögens zu schaffen. Der Fonds ist jährlich um mindestens 5% des Reingewinnes zu erhöhen "bis die im

---

[1]   BABURKOVA/GEILING, §109 Abs.1

[2]   EBENDA, S. 48, §109 Abs.3

[3]   Vergl. EBENDA, S. 48.

[4]   EBENDA, S. 49, §113 Abs.1

[5]   EBENDA, S. 50.

[6]   EBENDA, S. 51, §122 Abs.1

Gesellschaftsvertrag oder in der Satzung bestimmte Höhe des Rücklagefonds erreicht ist, mindestens aber bis zur Höhe von 10% des Stammkapitals".[1]

ORGANSCHAFTEN DER GESELLSCHAFT

"Die Vollversammlung der Gesellschafter ist höchstes Organ der Gesellschaft".[2] Sie beschliesst den Jahresabschluss, die Gewinnausschüttung, den Gewinn- und Verlustausgleich, die Satzungsänderungen, Änderungen des Stammkapitals, die Ernennung bzw. Abberufung der Geschäftsführer und der Aufsichtsratsmitglieder etc. "Die Vollversammlung ist beschlussfähig, wenn alle Gesellschafter, die wenigstens die Hälfte der Stimmen haben, anwesend sind".[3] Die Vollversammlung muss mindestens einmal pro Jahr einberufen werden (§128, Abs.1), wobei der Termin und die Tagesordnung der Vollversammlung mindestens 15 Tage vor dem Tag der Durchführung den Gesellschaftern schriftlich mitzuteilen ist (§129, Abs.1). "Statutares Organ der Gesellschaft ist/sind ein oder mehrere Geschäftsführer".[4] "Die Geschäftsführer werden von der Vollversammlung aus den Reihen der Gesellschafter oder anderer natürlicher Personen ernannt".[5] Ein Aufsichtsrat wird dann bestellt, falls dies im Gesellschaftsvertrag festgelegt wurde (§137). Die Aufgaben des Aufsichtsrats sind den §§138-140 zu entnehmen.

VERÄNDERUNGEN DES GESELLSCHAFTSVERTRAGES

Unter diesen Abschnitt fallen die Aufstockung und Herabsetzung des Stammkapitals und das Erlöschen der Beteiligung an der Gesellschaft durch die Aufhebung der Beteiligung des Gesellschafters durch das Gericht (§148), das Ausscheiden des Gesellschafters (§149) und den Ausgleich (§150).

---

[1] BABURKOVA/GEILING, S. 52, §124 Abs.1

[2] EBENDA, S. 52, §125.

[3] EBENDA, S. 53, §127.

[4] EBENDA, S. 54, §133 Abs.1

[5] EBENDA, S. 55, §133 Abs.3

AUFLÖSUNG UND LIQUIDATION DER GESELLSCHAFT

Die Gesellschafter können entweder "vom Gericht die Auflösung der Gesellschaft aus den im Gesellschaftsvertrag bestimmten Gründen und auf die darin festgesetzte Art fordern"[1] oder die Auflösung der Gesellschaft durch Liquidation und Ernennung eines Liquidators bestimmen.

4.3.2.2. Aktiengesellschaft

GRUNDLEGENDE BESTIMMUNGEN

In den §§154-161 werden die typischen Elemente einer Aktiengesellschaft sowie die Aktiengesellschaft selbst (§154) definiert. Eine Beschreibung der Rechte des Aktionärs und der formellen Bestandteile einer Aktie in §155 folgen. §156 geht auf die Unterschiede zwischen Namens- und Inhaberaktien, §158 auf die Belegschaftsaktien und §159 auf die Vorzugsaktien ein. §160 behandelt die Ausgabe von Schuldscheinen durch die Gesellschaft und §161 die Bestimmungen des Erwerbs von Aktien durch die Gesellschaft, die zuvor von der Gesellschaft ausgegeben wurden.

GRÜNDUNG UND ENTSTEHUNG DER GESELLSCHAFT

"Die Gesellschaft kann von einem Gründer gegründet werden, wenn der Gründer eine juristische Person ist, andernfalls auch von zwei oder mehr Gründern".[2] "Wenn die Gesellschaft von zwei oder mehr Gründern gegründet wird, unterzeichnen sie einen Gründungsvertrag. Wenn die Gesellschaft von nur einem Gründer gegründet wird, unterschreibt er eine Gründungsurkunde".[3] Im dritten Absatz dieses Paragraphen wird ein Mindestbetrag von CSK 1.000.000 als Wert des Grundkapitals der Gesellschaft festgelegt.[4]

---

[1] BABURKOVA/GEILING, S. 59, §152.

[2] EBENDA, S. 62, §162 Abs.1

[3] EBENDA, §162 Abs.2

[4] Vergl. EBENDA, §162 Abs.3

Die Komponenten, die ein Gesellschaftsvertrag oder eine Gründungsurkunde enthalten muss, wurden bereits in Textbox 12 aufgelistet. Handelt es sich zusätzlich um eine Aufforderung zur Aktienzeichnung sind die Punkte der Textbox 13 zu beachten.

In den §§164-168[1] ist die Gründung der Gesellschaft aufgrund der Aufforderung zur Aktienzeichnung, die Unwirksamkeit der Aktienzeichnung bei Nichterreichung der vorgeschlagenen Grundkapitalhöhe sowie die Pflichten der Aktienzeichner und Gründer im Gesetz festgelegt.

"Die Aktienzeichner, die ihre in §165 und §168 festgesetzten Pflichten erfüllt haben, sind berechtigt, an der Gründungsversammlung teilzunehmen".[2] §170 beschreibt die Voraussetzungen zur Einberufung der Gründungsversammlung (Aktien müssen in Höhe des vorgeschlagenen Grundkapitals gezeichnet sein).

Die beschlussfähige Gründungsversammlung (Aktienzeichner mit mindestens der Hälfte der gezeichneten Aktien) entscheidet über die[3]

    a) Gründung der Gesellschaft,
    b) Bestätigung der Satzung der Gesellschaft,
    c) Gesellschaftsorgane, zu deren Wahl die Vollversammlung berechtigt ist.

"Falls sich die Gründer im Gründungsvertrag einigen, dass sie in einer bestimmten Relation das gesamte Grundkapital der Gesellschaft abzahlen werden",[4] handelt es sich um eine Gesellschaftsgründung ohne Aufforderung zur Aktienzeichnung. Die Abhaltung einer Gründungsvollversammlung ist gegenstandslos. Die Rechte und Pflichten, die die Gründungsvollversammlung bei einer Gesellschaftsgründung mit Aufforderung zur Aktienzeichnung hat, gehen nun auf die Gründer über.

---

[1]   Vergl. BABURKOVA/GEILING, S. 63 ff.

[2]   EBENDA, S. 65, §169 Abs.1

[3]   Vergl. EBENDA, §171 Abs.1

[4]   EBENDA, S. 66, §172 Abs.1

Das HGB schreibt 11 Punkte vor, die die Satzung einer Aktiengesellschaft beinhalten muss:[1]

(1) Handelsnamen und Sitz der Gesellschaft;

(2) Unternehmensgegenstand (Tätigkeiten);

(3) Höhe des Stammkapitals und Art der Bezahlung der Aktien;

(4) Anzahl und Nennbetrag der Aktien und die Bestimmung, ob die Aktien auf den Namen oder den Inhaber lauten;

(5) Einberufung der Vollversammlung, ihre Befugnisse und die Art ihrer Entscheidungen;

(6) Anzahl der Mitglieder des Vorstandes, des Aufsichtsrates oder anderer Organe, sowie die Abgrenzung ihrer Befugnisse und die Art der Entscheidung;

(7) Höhe des anfänglichen Rücklagefonds und die Höhe, bis zu der die Gesellschaft verpflichtet ist, ihn zu ergänzen, und die Art dieser Ergänzung;

(8) Art der Gewinnaufteilung;

(9) Folgen der Verletzung der Pflicht, rechtzeitig die gezeichneten Aktien zu bezahlen;

(10) Erhöhung und Herabsetzung des Grundkapitals und

(11) Vorgehenweise bei der Ergänzung und Änderung der Satzung.

Textbox 16: Inhalte einer Gesellschaftssatzung

§175 regelt die Voraussetzungen zur Entstehung der Gesellschaft. "Nach der Eintragung der Gesellschaft in das Handelsregister stellt die Gesellschaft dem Zeichner einen Zwischenschein aus".[2] "Der Zwischenschein wird von der Gesellschaft dem Aktionär, nach Bezahlung des Nennbetrages der durch den Zwischenschein ersetzten Aktie, ausgetauscht".[3] Der gesamte

---

[1] BABURKOVA/GEILING, S. 66 f., §173.

[2] EBENDA, S. 68, §176 Abs.1

[3] EBENDA, §176 Abs.5

Nennbetrag ist vom Zeichner spätestens innerhalb eines Jahres nach der Gründung der Gesellschaft oder gemäss Gesellschaftsvertrag zu bezahlen. Kommt der Zeichner dieser Pflicht nicht nach, werden Verzugszinsen in Höhe von 20% p.a., soweit nicht anderes im Gesellschaftsvertrag geregelt ist, fällig (§177 Abs.2).

RECHTE UND PFLICHTEN DER AKTIONÄRE

Gemäss §178 Abs.1 HGB hat der Aktionär "ein Anrecht auf einen Anteil am Gewinn der Gesellschaft (Dividende)"[1] und ist gem. §179 Abs.1 "nicht verpflichtet, der Gesellschaft die ... Dividende zurückzugeben".[2] Auch kann der Aktionär weder während des Bestehens der Gesellschaft noch bei ihrer Auflösung "die Rückgabe seiner Kapitaleinlagen"[3] verlangen. Zu seinen Rechten gehört die Teilnahme an den Vollversammlungen, den Abstimmungen bei den Vollversammlungen, das Verlangen von Erklärungen durch Vorstands- oder Aufsichts-ratsmitglieder, das Einbringen von Vorschlägen (§180) sowie die Festsetzung des Gewinn-anteils der Vorstands- und Aufsichtsratsmitglieder (§178 Abs.3). Besitzt ein Aktionär mehr als 10% des Grundkapitals einer Gesellschaft, kann dieser den Vorstand um die Einberufung einer ausserordentlichen Vollversammlung zur Besprechung der unterbreiteten Angelegenheit ersuchen.[4]

GESELLSCHAFTSORGANE

Die *Vollversammlung* ist höchstes Organ der Gesellschaft (§184 Abs.1) und wird mindestens einmal im Jahr einberufen (§184 Abs.2). "Die Vollversammlung ist beschlussfähig, wenn die Aktionäre anwesend sind, die Aktien mit einem Nennbetrag haben, der insgesamt mehr als 30% des Grundkapitals der Gesellschaft repräsentiert ...".[5] Sie "entscheidet mit Stimmen-mehrheit der anwesenden Aktionäre ..."[6] über

---

[1]   BABURKOVA/GEILING, S. 69.

[2]   EBENDA.

[3]   EBENDA, S. 69, §179 Abs.2

[4]   Vergl. EBENDA, S. 69, §181.

[5]   EBENDA, S. 71, §185 Abs.1

[6]   EBENDA, §186 Abs.1

a) Satzungsänderungen,

b) Erhöhung oder Herabsetzung des Grundkapitals,

c) Ausgabe von Schuldscheinen,

d) Wahl und Abberufung der Aufsichtsrats- und Vorstandsmitglieder und

e) Annahme des Jahresabschlusses, Gewinnaufteilungsvorschlag und Höhe der Tantiemen.[1]

Der *Vorstand*

- sichert die ordentliche Buchführung (§192 Abs.1),
- legt der Vollversammlung den Jahresabschluss vor (§192 Abs.1),
- unterbreitet einen Vorschlag zur Gewinnverteilung (§192 Abs.1),
- legt der Vollversammlung den Bericht über die unternehmerische Tätigkeit vor (§192 Abs.2),
- berichtet über den Stand des Gesellschaftsvermögens (§192 Abs.2) und
- beruft ausserordentliche Vollversammlungen ein (§193).

Der Vorstand muss mindestens aus drei Personen bestehen. Ein Mitglied des Vorstandes wird dann zum Vorstandsvorsitzenden gewählt und (vergl. §194, Abs.3) "ist ein statutares, die Gesellschaft leitendes und für sie handlungsbefugtes Organ".[2]

Der *Aufsichtsrat* besteht auch aus mindestens drei Mitgliedern. "Mitglied des Aufsichtsrats kann nur eine natürliche Person sein".[3] Falls die Gesellschaft z.Zt. der Wahlen mehr als 50 Vollzeitbeschäftigte hat, wird ein Drittel der Aufsichtsratsmitglieder von den Angestellten und Arbeitern der Gesellschaft, zwei Drittel von der Vollversammlung gewählt (§200 Abs.1). Der Aufsichtsrat beaufsichtigt im wesentlichen die unternehmerische Tätigkeit des Vorstandes. Er legt ein Aufsichtsratsmitglied fest, welches die Gesellschaft in gerichtlichen Verfahren gegen Vorstandsmitglieder vertritt. Weiterhin wird durch den Aufsichtsrat der Jahresabschluss sorgfältig geprüft (§198) und die Ergebnisse der Prüfung sowie sonstige Kontrolltätigkeiten der Vollversammlung bekannt gegeben (§201 Abs.1).

---

[1]   Vergl. BABURKOVA/GEILING, §187 Abs.1

[2]   EBENDA, S. 73, §191 Abs.1

[3]   EBENDA, S. 75, §200 Abs.4

ERHÖHUNG DES GRUNDKAPITALS

"Über die Erhöhung des Grundkapitals entscheidet aufgrund des Antrages des Vorstandes die Vollversammlung mit Zweidrittel-Stimmenmehrheit der anwesenden Aktionäre".[1] Es stehen insgesamt drei Möglichkeiten zur Verfügung:

1. Erhöhung des Grundkapitals durch Zeichnung neuer Aktien;
2. Bedingte Erhöhung des Grundkapitals;
3. Erhöhung des Grundkapitals aus dem Vermögen der Gesellschaft;

Voraussetzung für die *Erhöhung des Grundkapitals durch Zeichnung neuer Aktien* ist die vollständige Einzahlung aller früher gezeichneten Aktien (§203 Abs.1). "Sofern aus der Satzung nichts anderes hervorgeht, haben die bisherigen Aktionäre ein Vorkaufsrecht auf die Aktienzeichnung zur Erhöhung des Grundkapitals, und das in dem Verhältnis, in dem ihre Aktien am bisherigen Grundkapital beteiligt sind".[2] Nachdem mindestens 30% des Nennbetrages der neuen Aktien einbezahlt wurden, kann der Vorstand die Erhöhung des Grundkapitals in das Handelsregister eintragen lassen. "Falls die Gesellschaft ohne Aufforderung zur Aktienzeichnung gegründet worden ist, und alle Aktionäre sich über den Umfang der Beteiligung an der Erhöhung des Grundkapitals einigen, kann das Grundkapital ohne Veröffentlichung der Aufforderung zur Zeichnung von Aktien erhöht werden".[3]

Bei der *bedingten Erhöhung des Grundkapitals* handelt es sich um die Ausgabe von Schuldscheinen, die nur durch die Zweidrittel-Mehrheit der Vollversammlung entschieden werden kann.

Bei der *Erhöhung des Grundkapitals aus dem Vermögen der Gesellschaft* kann die Vollversammlung entscheiden, "dass ein das Grundkapital überschreitender, nicht zweckgebundener Teil des Gewinns oder eines anderen Vermögens der Gesellschaft, zur Erhöhung des Grundkapitals der Gesellschaft verwendet wird".[4] In diesem Fall erhalten die

---

[1]   BABURKOVA/GEILING, S. 76, Abschnitt V, §202 Abs.1

[2]   EBENDA, S. 77, §204 Abs.2

[3]   EBENDA, §205.

[4]   EBENDA, S. 78, §208.

Aktionäre entweder entsprechend ihrem Anteil neue Aktien oder der Nennwert ihrer alten Aktien wird erhöht (§209 Abs.1).

HERABSETZUNG DES GRUNDKAPITALS

Auch zur Herabsetzung des Grundkapitals, die seitens des Vorstandes bei der Vollversammlung beantragt werden kann, ist eine Zweidrittel-Mehrheit der an der Vollversammlung anwesenden Aktionäre erforderlich (§211 Abs.1). In keinem Fall darf das Grundkapital unter die gesetzlich festgelegte Höhe von CSK 1.000.000 fallen (§211 Abs.2). "Die Herabsetzung des Grundkapitals erfolgt durch die Herabsetzung des Nennbetrages der Aktien oder dadurch, dass eine bestimmte Anzahl von Aktien aus dem Umlauf gezogen wird".[1]

Bei der Herabsetzung des Nennbetrages gibt es zwei Durchführungsmöglichkeiten:

(1) Austausch der alten Aktien gegen neue Aktien mit niedrigerem Nennwert oder durch

(2) Vermerk des geringeren Nennbetrages auf den alten Aktien "mit den Unterschriften zweier für die Gesellschaft zeichnungsberechtigter Vorstandsmitglieder".[2]

Werden Aktien aus dem Umlauf gezogen, ergeht vom Vorstand bzw. durch einen in der Vollversammlung festgelegten Losentscheid die Aufforderung an die Aktionäre, die Aktien vorzulegen. Die Aktien werden dann von der Gesellschaft zu dem geringeren Nennpreis aufgekauft. Falls die Aktien trotz Aufforderung nicht rechtzeitig vorgelegt werden, erklärt der Vorstand diese Aktien für ungültig (§214 Abs.2). Die Entscheidung über die Herabsetzung des Grundkapitals muss in das Handelsregister eingetragen werden. Der Antrag auf Eintragung ist binnen 30 Tagen nach Entscheidung durch die Vollversammlung zu stellen (§213 Abs.4).

RÜCKLAGEFONDS

Die Bestimmungen zur Bildung eines Rücklagefonds unterscheiden sich bei der Aktiengesellschaft im Verhältnis zur Gesellschaft mit beschränkter Haftung nur in einem Punkt. "Die

---

[1]   BABURKOVA/GEILING, S. 79, §213 Abs.1

[2]   EBENDA, §213 Abs.2

minimale Höhe des Rücklagefonds beträgt 10% des Grundkapitals. Dieser Fonds wird jährlich mit dem in der Satzung festgesetzten Betrag, jedoch mindestens mit 5% des Reingewinnes bis zur Erreichung der in der Satzung bestimmten Höhe des Rücklagefonds, mindestens jedoch auf 20% des Grundkapitals, ergänzt".[1]

AUFLÖSUNG UND LIQUIDATION DER GESELLSCHAFT

Für die Auflösung, die Liquidation und das Erlöschen der Aktiengesellschaft gelten die Bestimmungen des §68.[2] Falls der Liquidator nicht vom Gericht ernannt wurde, entscheidet die Vollversammlung, welcher Liquidator eingesetzt werden soll. "Nach Befriedigung aller Gläubiger wird der Liquidationsüberschuss unter die Aktionäre in dem Verhältnis verteilt, das dem Nennbetrag ihrer Aktien entspricht, sofern die Satzung nichts anderes bestimmt".[3]

Die Einführung des tschechoslowakischen Handelsgesetzbuches zum 1.1.1992 ersetzt eine Vielzahl von nur mässig aufeinander abgestimmten Einzelgesetzen. Es bildet die gesetzliche Grundlage für die meisten wirtschaftlichen Aktivitäten und ist auf dem deutschen und österreichischen HGB aufgebaut. Die inhaltliche Nähe zu den beiden genannten ausländischen Handelsgesetzbüchern erklärte Herr Kratochvil, Direktor der tschechischen Agentur für ausländische Investitionen und Beratung, mit den starken Handelsbeziehungen zu den beiden Ländern. "Eine Anpassung unseres Gesetzes an bereits bewährte Gesetze kann kein Fehler sein".[4]

Die in diesem Kapitel aufgeführten Regelungen des HGBs stellen eine Auswahl der wichtigsten, für die Gründung einer GmbH und einer AG relevantesten Gesetzespassagen dar. Kapitel 4.3.2. ermöglicht dem Leser ohne Hinzuziehung des HGB oder von Rechtsexperten einen Einblick in die gesetzlichen Rahmenbedingungen der CSFR.

---

[1]   BABURKOVA/GEILING, S. 81, §217 Abs.1

[2]   Vergl. EBENDA, S. 36.

[3]   EBENDA, S. 81, §220 Abs.1

[4]   INTERVIEW KRATOCHVIL.

4.4. Besteuerung der Gesellschaften

> *"Die Steuerbelastung eines Auslandsengagements ist nie der allein ausschlaggebende Gesichtspunkt für die Wahl eines Auslandsstandortes ..., sicherlich aber ein wichtiger"*.[1]

Im Rahmen dieses Kapitels wird das bis Ende 1992 gültige Steuersystem als auch das im Juni 1992 durch das Parlament verabschiedete und zum 1.1.1993 wirksam werdende Steuergesetz ausführlich dargestellt.

4.4.1. Derzeitige Steuerregelung

KÖRPERSCHAFTSSTEUER

Gesellschaften, die einen Jahresumsatz von unter CSK 200.000 ausweisen, werden mit einem Steuersatz von 20% besteuert. Diese Regelung soll gerade Ein-Mann-Unternehmen mit geringem Startkapital die ersten Schritte erleichtern. Unternehmen mit einem Umsatz von über CSK 200.000 und einem oder mehreren ausländischen Partnern, die zusammen mehr als 30% des Grundkapitals der Gesellschaft zeichnen, unterliegen einem verringerten Steuersatz von 40%. Hält/Halten der/die ausländische/n Partner 30% oder weniger des Grundkapitals der Gesellschaft, wird das Unternehmen wie alle anderen juristischen Personen in der Tschechoslowakei mit 55% besteuert.

UMSATZSTEUER

Die derzeitige Umsatzsteuer ist mit der Mehrwertsteuer in den westlichen Ländern vergleichbar. "Das Unternehmen zahlt diese Steuer auf den Verkauf von Gütern aus eigener Produktion oder Erwerb sowie auf den Verkauf von Importwaren".[2] Diese Waren werden seit dem 01.01.1990 in vier Kategorien eingeteilt. Deren Steuersätze betragen:

---

[1]   LANGEFELD-WIRTH, S. 98.

[2]   FÖDERALE AGENTUR FÜR AUSLÄNDISCHE INVESTITIONEN IN DER CSFR, S. 13.

0% für Lebensmittel, Erdölprodukte und Energie,
11% für Baumaterialien aller Art,
20% für die Mehrzahl der produzierten Güter und
29% für Autos, Kosmetika und Kleidung.

Eine Umsatzsteuer von mehr als 29% müssen für Tabak, Spirituosen und Luxusprodukte bezahlt werden.

LOHNSTEUER

Unternehmen im Sekundärsektor müssen 50% der Sozialnebenkosten für ihre Mitarbeiter tragen. Der Beitragssatz für Unternehmen im Dienstleistungssektor liegt lediglich bei 20%.[1]

SONSTIGE STEUERN

"Dividenden werden in der CSFR allgemein mit 25% besteuert, auch wenn sie nicht ins Ausland transferiert werden. Aufgrund eines Doppelbesteuerungsabkommens z.B. zwischen der Bundesrepublik Deutschland und der CSFR ... findet dieser Steuersatz keine Anwendung";[2] die Steuer beträgt nur 5% bei einer ausländischen Beteiligung an der Gesellschaft über 25% bzw. 15% bei einer Beteiligung unter 25%. Dementsprechendes gilt für die Niederlande (0-10%), für Österreich (10%) etc.[3] Bei den tschechoslowakischen Partnern, sofern sie juristische Personen sind, werden die Dividenden dem Gewinn zugerechnet, welcher wiederum der Körperschaftssteuer (55%) unterliegt.

Für Copyright, Lizenzgebühren und technische Hilfsleistungen im Rahmen von technischen Kooperationen gilt ein Steuersatz von 30%.

---

[1]   Vergl. FÖDERALE AGENTUR FÜR AUSLÄNDISCHE INVESTITIONEN IN DER CSFR, S. 12.

[2]   BUNDESSTELLE FÜR AUSSENHANDELSINFORMATION, Tschechoslowakei, S. 12.

[3]   Vergl. KLEIN, S. 3.

4.4.2. Zukünftige Steuerregelung

Noch vor den Wahlen im Juni 1992 bereitete das Föderale Finanzministerium unter Leitung des damaligen Finanzministers Klaus eine grundlegende Reform des Steuersystems in der CSFR vor. Die Reform soll dem Land eine solide Einkommensbasis garantieren und gleichzeitig das CSFR-Steuersystem den Systemen der anderen EG-Länder näher bringen. Ein internes Arbeitspapier des Föderalen Finanzministeriums sieht folgende Punkte als die Hauptziele der Steuerreform:

- "to set up a unified tax system conform to the market oriented economy;
- to enable flexible link between revenues and expenses of the state budget on one [Anm. d. Verf.: besser: the] hand and the gross domestic product on the other hand;
- to reduce a tax quota on the average level in EEC countries. This quota should be reduced for up to 10 points from present around 55% to 45%;
- to create equal conditions for the competition among the investors irrespective of the type of ownership and the country of origin of the capital;
- to support private business activities aimed especially on the restructuring of the economy, creating new jobs and on environmentally beneficial production";[1]

KÖRPERSCHAFTSSTEUER

Die Körperschaftssteuer wird die Einkommenssteuer, die landwirtschaftliche Gewinnsteuer und die Beitragszahlungen der Staatsunternehmen an den Staatshaushalt ersetzen. Nach heftigen Diskussionen im Parlament, in denen die slowakischen Abgeordneten eine Körperschaftssteuer in Höhe von nur 40% forderten, einigten sich die Parlamentarier auf 45%. Gleichzeitig wurde aber eingestanden, "that National Parliaments of both republics will have the right to increase or decrease the rate of the tax for up to 10 points excluding of course the withholding taxes".[2] Aufgrund der Maxime "create equal conditions for the investor irrespective of the type of ownership and the country of origin of the capital" verloren Unternehmen, bei denen ausländische Partner mehr als 30% des Grundkapitals zeichneten, einen Steuervorteil in Höhe von 5%. Diese Gleichstellung mit inländischen Unternehmen

---

[1]   Internes Arbeitspapier des FÖDERALEN FINANZMINISTERIUMS, S. 1.

[2]   FÖDERALES FINANZMINISTERIUM der CSFR, S. 7f.

bedeutet für viele JV-Unternehmen einen Rückschlag. Der Nachteil soll nun mit Hilfe von fiskalen Anreizen, die beide Republiken den ausländischen Investoren bieten, kompensiert werden. "Die Finanzministerien der Tschechischen und Slowakischen Teilrepublik sind befugt, neugegründeten Unternehmen auf Antrag vollständige oder teilweise Steuerbefreiung zu gewähren".[1] Die Zeitdauer wird mit bis zu drei Jahren angegeben.

LOHN- GEHALTSSTEUER

"The present tax on the volume of wages paid by employers as a form of contribution to the existing social security scheme will be replaced by obligatory contribution to the newly designed system of social and pension-insurance funds".[2] Dieses System ist vergleichbar mit dem der westlichen Industrieländer.

MEHRWERTSTEUER

"The value added tax and the global income tax will be spinal cord of the tax system".[3] Anstelle von vier Umsatzsteuersätzen wird ab dem 01.01.1993 nur noch ein Mehrwertsteuersatz von 23 % erhoben. Ausgenommen hiervon sind Lebensmittelprodukte, die nur mit 5 % besteuert werden. Mit der Einführung der Mehrwertsteuer unternimmt die Tschechoslowakei einen weiteren Versuch, sich den westeuropäischen Ländern anzunähern.

EINKOMMENSSTEUER

"The rates of individual income tax go progressively from 15 % on yearly profits up to CSK 60.000 to 55 % on profits over CSK 1.080.000".[4] Die Einkommenssteuer hängt darüberhinaus von einer Reihe anderer Faktoren, wie Alter, Familienstatus und Anzahl der Kinder, ab.

Gemäss dem stellvertretenden Finanzminister der Slowakei, Herrn Tkac[5], sollen Bürger mit

---

[1]   FÖDERALE AGENTUR FÜR AUSLÄNDISCHE INVESTITIONEN IN DER CSFR, S. 12.

[2]   FÖDERALES FINANZMINISTERIUM DER CSFR, S. 2.

[3]   EBENDA.

[4]   EBENDA, S. 4.

[5]   INTERVIEW TKAC.

einem jährlichen Einkommen von unter CSK 24.000 nicht besteuert werden. Daneben gibt es Steuerfreibeträge von CSK 9.000 pro Kind bis maximal 4 Kinder, von CSK 12.000 für Verheiratete und CSK 6.000 für körperlich Behinderte. Für Vollinvaliden gelten Steuerfreibeträge von CSK 12.000 und für Schwerstinvaliden von CSK 36.000.[1]

IMPORTSTEUER

Als Gründungsmitglied der GATT erhebt die CSFR Einfuhrzoll nach dem jeweils geltenden Tarifbuch. Die Steuersätze für Handelswaren sind im Zolltarifbuch für Handelswaren festgeschrieben, die Steuersätze für andere Waren werden fallweise erhoben. Das Zolltarifbuch unterscheidet zwischen allgemeinen und speziellen Tarifen. Allgemeine Tarife werden nur in Fällen angewandt, in denen auf die Ware kein vertraglicher Tarif festgelegt ist oder in denen für die entsprechenden internationalen Verträge keine Vergünstigungen vereinbart sind. Der durchschnittliche Zolltarif beträgt 4½% und gilt für die meisten in die CSFR eingeführten Handelswaren. Da die Zollsätze mehrheitlich durch die GATT eingeschränkt sind, werden sich die Zolltarife in der CSFR auch zukünftig nur im Rahmen der international vereinbarten Steuersätze bewegen.[2]

ABSCHREIBUNG AUF ANLAGEN

Ausrüstungen und Maschinen, die in Industrieländern im allgemeinen über 10 Jahre abgeschrieben werden, sollen künftig nach den Richtlinien des Föderalen Finanzministeriums[3] im ersten Jahr mit 40% des Einkaufspreises, im zweiten mit 30% und im dritten Jahr mit 20% abgeschrieben werden. Dies ergibt zusammen eine Abschreibung von 90% innerhalb der ersten drei Jahre. Auch bei der Abschreibung von Gebäuden, gewöhnlich 20 oder 30 Jahre in westlichen Industrieländern, gelten wesentlich kürzere Zeiten, die sich jedoch von Republik zu Republik unterscheiden.

---

[1]   INTERVIEW KNITL.

[2]   Vergl. SLOWAKISCHE AGENTUR FÜR AUSLÄNDISCHE INVESTITIONEN UND ENTWICKLUNG, S. 16.

[3]   Vergl. FÖDERALES FINANZMINISTERIUM DER CSFR, S. 3.

SONSTIGE STEUERN

"Dividends and participations on profit received will not be included in the taxable income. They will be taxed by withholding tax in the moment of their distribution".[1] "Withholding tax at rate of 35% will be levied from income of non-residents in the form of royalties, copyrights, and similar payments and payments for technical assistance and services at a rate of 25% from interests, premiums, securities and lottery prices".[2]

SOFORT ABZUGSFÄHIGE KOSTEN

Die neue Steuerreform erlaubt Unternehmen, die gesamten Werbekosten sowie 1% für repräsentative Zwecke als Steuerfreibetrag von der Steuerbasis abzuziehen.

Freiberufler dürfen sogar 10% ihres Umsatzes als Steuerfreibetrag in ihre Steuererklärung einsetzen, wenn karitative, kulturelle und wissenschaftliche sowie Umwelt-, Ausbildungs- und Sportinstitutionen in der CSFR oder städtische Behörden mit finanziellen Zuwendungen unterstützt werden.[3]

FREIHANDELSZONEN

Ein weiterer fiskaler Anreiz stellen die Freihandelszonen (vorerst nur in Nord-Mähren) dar. Unternehmen die vorwiegend importieren, veredeln und dann exportieren, unterliegen weder der Import- noch der Exportsteuer. Die Entwicklung der Freihandelszonen wird im Kap. 4.8.1., Regionalförderung, eingehend behandelt.

---

[1]   FÖDERALES FINANZMINISTERIUM DER CSFR, S. 7.

[2]   EBENDA, S. 6.

[3]   Vergl. FÖDERALES FINANZMINISTERIUM DER CSFR, S. 3 u. S. 7.

4.5. Fragen der Gewinnbehandlung

GEWINNVERTEILUNG

Wie bereits in den beiden vorhergehenden Kapiteln dargestellt, muss der Reservefonds bei Gesellschaften mit beschränkter Haftung jährlich mit 5% des nach Steuern verbliebenen Reingewinns bedient werden, bis eine Höhe von 10% des Grundkapitals erreicht ist. Im Falle der Aktiengesellschaft sind Rücklagen (=Reservefonds) bis zu einer Höhe von 20% des Grundkapitals zu bilden. Darüberhinaus gehende Gewinne können bei AGs zur Erhöhung des Grundkapitals (vergl. Kap. 4.3.2.2.) verwendet werden. Wird eine Erhöhung nicht in Betracht gezogen, kann der überschüssige Gewinn bei der GmbH unter den Partnern, bei der AG unter den Aktionären, nach Ausschüttung der Tantiemen an die Vorstands- und Aufsichtsratsmitglieder, in Form von Dividenden verteilt werden.

VERLUSTVORTRAG

Das neue Steuersystem erlaubt Handelsgesellschaften und Genossenschaften, die Verluste eines Jahres auf die folgenden fünf Jahre vorzutragen.

GEWINNREINVESTIERUNG

Falls ein Unternehmen nach Dotierung des Rücklagefonds den Jahresüberschuss in den darauffolgenden zwei Jahren in das Unternehmen reinvestiert, räumt der Staat dem Unternehmen eine Prolongierung der zu zahlenden Steuern ein. Diese Regelung gilt allerdings nur für die ersten drei Jahre nach Unternehmensgründung. "In the first year 60% of the tax may be deferred in the second and third year 40% and 20% respectively".[1]

GEWINNTRANSFER

War gerade früher der Gewinntransfer aus den osteuropäischen Staaten in die westlichen Industrienationen eine diffizile Angelegenheit, hat sich die Situation mittlerweile wesentlich verändert. So galt lange Zeit, dass der ausländische Partner nur dann seinen Gewinnanteil ins Ausland transferieren durfte, wenn der entsprechende Devisenbetrag vom JV erwirtschaftet wurde. "By September 1991 the CSFR ... permitted full and unconditional repatriation of

---

[1]   FÖDERALES FINANZMINISTERIUM DER CSFR, S. 3.

profits and capital ...".[1] Meier empfiehlt allerdings "im Hinblick auf einen reibungslosen Gewinntransfer, eine Klausel in den JV-Vertrag aufzunehmen, nach der auf Wunsch des westlichen Teilhabers, die Überweisung seines Gewinnanteils in Gestalt von Erzeugnissen des Gemeinschaftsbetriebes erfolgen kann".[2]

SCHUTZ GEGEN GEWINNVERLAGERUNG

Ahn[3] schreibt, dass eine UNO-Studie über den internationalen Warenhandel multinationaler Unternehmen ergab, dass über 25 % der internationalen Warengeschäfte auf der Intra-Firmen Ebene abgewickelt werden. Dies unterstreicht die Bedeutung der Transfer-Praxis und lässt den Umfang der Gewinnverlagerungsbestrebungen erkennen. Während ausländische Unternehmen im allgemeinen an niedrigen Transferpreisen für die vom JV-Unternehmen erstellten Produkten interessiert sind, haben Lokalpartner grosses Interesse an höheren Exportpreisen, um für sich im Inland mehr Gewinne realisieren zu können. Der Lokalpartner, der meist auch Minderheitspartner bzw. Minderheitsaktionär des JV-Unternehmens ist, hat drei Möglichkeiten, sich gegen Gewinnverlagerungsbestrebungen des Mehrheitsaktionärs zu schützen:

1. Festlegung der Preisgestaltung im JV-Vertrag, um eine Gewinnverlagerung zu verhindern. Werden im Laufe des Betriebes des JVs neue Produkte in die Produktpalette aufgenommen, so können sog. Entgeltklauseln vereinbart werden, die die Interessenlage des Lokalpartners entsprechend berücksichtigen.

2. Vereinbarung eines Ausgleichsanspruches des Minderheitsaktionärs gegenüber dem Mehrheitsaktionär, der aufgrund seiner Position die Möglichkeit zur verdeckten Gewinnverlagerung hat.

3. Verankerung von Sperrminoritäten im JV-Vertrag mit dem Ziel, Mitspracherechte durch Vetorechte bei der Gewinnverteilung zu sichern.

Textbox 17: Möglichkeiten für Minderheiten zum Schutz gegen Gewinnverlagerungsbestrebungen

---

[1]   UNITED NATIONS. ECONOMIC COMMISSION FOR EUROPE, Foreign Direct Investment, S. 81.

[2]   MEIER, Sowjetische Joint Ventures mit westlichen Partnern, 1987 - 1989, S. 30.

[3]   Vergl. AHN, S. 242.

4.6. Arbeitsmarkt und Löhne

Das Arbeitsgesetz (65/1965) und dessen jüngste Erweiterung (3/1991) regeln die Arbeits-
verhältnisse in der CSFR. Ein Arbeitsverhältnis kann wie im Westen auf einen befristeten
wie auch unbefristeten Zeitraum geschlossen werden. Der *Arbeitsvertrag* darf eine Probezeit
von maximal 3 Monaten vorsehen. Der befristete Arbeitsvertrag endet mit Ablauf der
vereinbarten Zeitdauer, das unbefristete Arbeitsverhältnis im günstigsten Fall im gegenseitigen
Einverständnis oder durch Kündigung, die zwei Monate im voraus dem Arbeitgeber bzw. dem
Arbeitnehmer mitgeteilt werden muss. Handelt es sich um eine Kündigung durch den
Arbeitgeber, so muss der Betriebsrat bzw. die Gewerkschaft von diesem Schritt informiert
werden.

Die *Wochenarbeitszeit* beträgt für Beschäftigte unter 16 Jahren 33 Wochenstunden, für
Beschäftigte über 18 Jahren 42,5 Stunden, kann aber durch den Arbeitsvertrag besonders
geregelt werden. Überstunden sind bis zu 8 Stunden pro Woche oder 150 Stunden pro Jahr
erlaubt. Werden diese Überstundengrenzen überstiegen, bedarf es "einer Billigung durch die
zentrale Autorität. Die Regierung der Tschechischen und Slowakischen Föderativen Republik
darf aber für Unternehmen mit ausländischer Beteiligung andere Bedingungen festschrei-
ben".[1]

Die Anzahl der *Urlaubstage* beträgt bei Beschäftigten der Staatsbetriebe mit einem Alter unter
33 Jahren mindestens 20 Tage, für Beschäftigte über 33 Jahren 25 Tage. Wie auch die
Wochenarbeitszeit, ist die Anzahl der Ferientage darüberhinaus Verhandlungssache.[2]

Das offizielle *Ruhestandsalter* für Männer beträgt 60 Jahre und für Frauen 57 Jahre. Für
jedes Kind darf eine Frau jeweils ein Jahr früher in den Ruhestand gehen, d.h. bei einem
Kind mit 56 und bei 5 Kindern mit 52 Jahren. 52 Jahre ist gleichzeitig das früheste
Pensionsalter für die Frau.[3]

---

[1]   FÖDERALE AGENTUR FÜR AUSLÄNDISCHE INVESTITIONEN IN DER CSFR, S. 26.

[2]   INTERVIEW KNITL.

[3]   INTERVIEW KNITL.

Albeseder schreibt, dass "die *Fehlzeiten* (Krankenstände und unentschuldigtes Fernbleiben) von tschechoslowakischen Arbeitnehmern ..., für westliche Unternehmer gerade unvorstellbar hoch [sind]. Sie machen etwa 20 Tage pro Arbeiter und Jahr aus. In manchen Betrieben werden bis zu 30% Prozent der Arbeitszeit als unproduktiv abgeschrieben".[1] Der Verfasser kann diese Beobachtung bestätigen, muss sie allerdings auf Staatsbetriebe beschränken.

Kleinere, neu gegründete Unternehmen, speziell im Dienstleistungsbereich, haben mit derartigen Fehlzeiten nicht zu kämpfen. Zum einen sind die Möglichkeiten, sich in einem Kleinstunternehmen "zu verstecken", weitaus geringer als in einem Grossunternehmen. Zum anderen ist die Arbeitslosigkeit hoch und die Anzahl der offenen Stellen gering. Dadurch können es sich immer weniger Beschäftigte leisten, durch Fehlzeiten aufzufallen. Zudem ist eine völlig andere Dynamik bei neugegründeten Unternehmen festzustellen, da die Gründer, beziehungsweise Gründungspartner von Anfang an hohe Ansprüche an ihre Beschäftigen stellen. Staatsbetriebe hingegen stehen viel grösseren Problemen gegenüber. Zu niedrige Auslastung führt zu einer geringeren Produktivität und schlechter Arbeitsmoral. Selbst bei guter Auftragslage dürfte es ein schwieriges Unterfangen sein, die Arbeitsproduktivität der in den Staatsbetrieben Beschäftigten auf westliches Niveau zu heben.

Aber nicht nur die Arbeitsproduktivität, sondern auch die *Qualität der Arbeitskräfte* ist beim Umbau der Wirtschaft von besonderer Bedeutung. Es ist zutreffend, dass in der CSFR kein Mangel an qualifizierten Arbeitskräften besteht, aber "more crucially, good managers are scarce. This is a primary obstacle to reconstructing in the short-term and a real headache for managers of any East-West Joint Venture".[2] Diese Bemerkung des Vizepräsidenten und Direktors von Arthur D. Little in Brüssel ist zutreffend. Bildungsdefizite bei Führungskräften wurden von lokalen und ausländischen Weiter- und Fortbildungsinstitutionen direkt nach der Wende erkannt. Mittlerweile werden zahlreiche Seminare angeboten, deren Preis-Leistungs-

---

[1] ALBESEDER/KLEIN/SZUESICH, S. 40.

[2] OLIVIER, S. 10.

verhältnisse jedoch stark variieren. Schmassmann hält "eine elementare Ausbildung von Unternehmern und Managern in Osteuropa .. von überragender Wichtigkeit".[1] Allerdings benötigt ein JV lokale Manager trotz ihrer Defizite in westlichen Managementmethoden, wie die folgende Aussage von Beamish bestätigt: "The use of local managers rather than expatriates is recommended, to ensure the MNE acquires the necessary knowledge of the local economy, politics and culture. As one international vice-president noted, 'in many LDCs it takes about 20 years to really understand the local system - and we just can't leave our (expatriate) managers there that long'".[2]

Auch in der CSFR ist, wie in anderen osteuropäischen Staaten, eine steigende *Arbeitslosigkeit* zu verzeichnen. "Although unemployment will raise from its' present low level, it is expected that on the average it can be contained to less than 350.000 people (some 4.5 per cent of the labour force)".[3] Dies schrieb Finanzminister Klaus an Michel Camdessus, Managing Dircetor des International Monetary Fund (IMF), am 17.12.1990. Zum 31.12.1991, also ein Jahr später, betrug die Arbeitslosenzahl 500.230, wobei 217.525 Arbeitslose auf die tschechische Republik und 282.705 Arbeitslose auf die slowakische Republik entfielen. Die Arbeitslosigkeit entwickelte sich in den Jahren 1991 und 1992 wie folgt:[4]

---

[1]   SCHMASSMANN, S. 11.

[2]   BEAMISH, S. 66.

[3]   HANDELSKAMMER SCHWEIZ-TSCHECHOSLOWAKEI,
       Memorandum to World Bank, S. 6.

[4]   Quelle: CHARAP/DYBA/KUPKA, S. 24; INTERVIEW KNITL.

	Tschechische Republik	Slowakische Republik	CSFR Total
01/1991	1,1%	2,4%	1,5%
03/1991	1,7%	3,7%	2,3%
06/1991	2,6%	6,3%	3,8%
09/1991	3,8%	9,6%	5,6%
12/1991	3,8%	10,7%	6,0%
01/1992	3,7%	12,3%	6,5%

Tab. 15: Arbeitslosigkeit in der CSFR 1991/1992

Die Arbeitslosigkeit ist in der ländlichen Slowakei bedeutend höher als in der industrialisierten tschechischen Republik. Mit Ausnahme von Bratislava (7,1%) beträgt die Arbeitslosigkeit in der Slowakei rund 13%. Die Landkreise Cadca und Bardejov mit 19,97% bzw. 19,9% Arbeitslosigkeit, sind die am schlimmsten betroffenen Gegenden. Es ist davon auszugehen, dass die Zahlen in der Slowakei in den nächsten 18 Monaten vorallem nach der Trennung von der tschechischen Republik noch weiter steigen werden.

LÖHNE

Um einer Lohn-/Preisspirale vorzubeugen, verordnete 1990 das Föderale Ministerium für Arbeit und Soziales nach schwierigen Gesprächen mit den Gewerkschaften eine Lohngesetzgebung (269/1990), nach der im ersten Quartal 1991 die Löhne um 5% im Sekundär- und Tertiärsektor bzw. um 6% im Staatssektor angehoben werden durften. In den darauffolgenden Quartalen erhöhten sich die Löhne auf Grundlage des Lebenskostenindex, kompensierten aber nur etwa 50% der Inflationsrate. Gleichzeitig legte eine Tariftabelle mit 21 Tarifklassen die Gehälter/Löhne der Staatsbediensteten fest. Der Grundtarif der höchsten Tarifklasse betrug CSK 7.700,-. Dieser Grundtarif wurde "durch einen persönlichen Zuschlag aufgebessert, der von CSK 300,- bis CSK 2.200,-"[1] reichte. Die Zahl der Tarifklassen wurde ab dem

---

[1] FÖDERALE AGENTUR FÜR AUSLÄNDISCHE INVESTITIONEN IN DER CSFR, S. 26.

01.05.1992 auf 12 reduziert. Die Spannweite reicht von CSK 2.200,- bis CSK 8.310,-, ergänzt durch persönliche Zuschläge von CSK 300,- bis CSK 6.000,-.[1]

Diese Lohn- und Gehaltstabelle ist bindend für Staatsunternehmen und ist richtungsweisend für kürzlich privatisierte oder neugegründete Unternehmen. Im Jahr 1992 liegt das durchschnittliche Lohnniveau bei CSK 4.480,- monatlich, was ca. DM 263,- bei einem Wechselkurs von 17 : 1 oder ca. US$ 160,- bei einem Wechselkurs von 28 : 1 entspricht.

Staatsunternehmen mit über 20 Beschäftigten, die sich nicht an die geltenden Lohnvorschriften halten, sind "einer Strafbesteuerung von 250 - 750 Prozent"[2] ausgesetzt. Im Juli 1991 veröffentlichte das Tschechische Ministerium für Wirtschaftspolitik und Entwicklung eine Übersicht[3] der aktuellen Löhne und Gehälter:

Beruf	CSK	U.S. Dollar
Werkzeugmacher	3.500 - 6.900	125 - 246
Ingenieur	3.700	132
Elektriker	3.700	132
Elektronik Ingenieur	4.500	161
Vorarbeiter	3.600	129
Sekretärin	1.900 - 3.300	68 - 118
Leiter Finanzen	5.100	182

Tab. 16: Löhne und Gehälter ausgewählter Berufe

Von Juli 1991 bis Juli 1992 stiegen die Löhne um ca. 20%. Ungeachtet dieses Anstieges, der zukünftig in der tschechischen Republik stagnieren, in der slowakischen Republik hingegen aufgrund des Wahlausganges und der daraus resultierenden Wirtschafts- und Finanzpolitik sich weiter nach oben bewegen wird, besteht kein Zweifel, dass die Tschechoslowakei auf absehbare Zeit im internationalen Lohnkostenvergleich konkurrenzfähig bleiben wird.

---

[1]   INTERVIEW KNITL.

[2]   LOTTER, S. 1.

[3]   Quelle: MINISTRY FOR ECONOMIC POLICY AND DEVELOPMENT OF THE CZECH REPUBLIC, Investors Guide, Part 4, Annex I.

Aufgrund der überproportional vielen unproduktiven Kräfte sind u.U. Massenentlassungen zur Sanierung der Unternehmen notwendig geworden. Kündigt der Arbeitgeber dem Arbeitnehmer, so muss er diesem eine Abfindung in Höhe von zwei Monatslöhnen bezahlen. In manchen Bereichen, in denen sich die Gewerkschaften bereits erfolgreich positioniert haben, sind bis zu drei Monatsgehälter Abfindung zu zahlen. Arbeiter und Angestellte, die entlassen wurden, erhalten vom Staat während der ersten 6 Monate nach der Entlassung 65% des letzten Netto-Gehaltes. Für die darauffolgenden 6 Monate verringert sich dieser Satz auf 60%.

Dieses Kapitel soll durch eine Passage aus dem Vortrag von Dr. Werner Schmassmann, Vorsitzender des Geschäftsausschusses für Osteuropa, der Firma Ciba-Geigy, vor der Kommission des Ständerates am 13. Nov. 1990 in Bern abgeschlossen werden:

"Im Raume der Leibeigenschaft und des Terrors bestand für die Masse der Bevölkerung die Freiheit im Drückebergertum und im Schlendrian; diese stellten praktisch die einzige Möglichkeit dar, sich Freiräume zu verschaffen. Im kommunistischen Sozialstaat bestand Freiheit mithin auch darin, alles und jedes vom Staate oder von den anderen zu erwarten und selber möglichst wenig beizutragen".[1]

---

[1]   SCHMASSMANN, S. 2 ff.

4.7. Joint Venture Entwicklung in der CSFR

Einleitend werden Meinungen von Fachleuten zur JV-Entwicklung in der CSFR wiedergegeben, die in Interviews gegenüber dem Verfasser geäussert wurden.

"Czechoslovakia visibly differed from other socialist countries with its reluctance to admit foreign capital in the economy restricting the activities of joint ventures ...".[1] Dies bestätigte Herr Novák, Gründer der ersten beiden JVs in der früheren CSSR und gleichzeitig Gründungsmitglied des JV-Clubs in der CSFR.

Im Jahr 1980 erreichte der Wunsch nach Videorecordern bei der Bevölkerung einen Höhepunkt. Die tschechoslowakische Haushaltsgeräte- und Elektronikfirma Tesla war damals nicht in der Lage, diese Geräte herzustellen. Um nicht Unmut in der Bevölkerung heraufzubeschwören, erlaubte die Regierung eine Kontaktaufnahme zu westlichen Unternehmen. Drei Firmen standen zur Auswahl: Philips, Toshiba und Grundig. Philips gewann das Tauziehen um ein JV, aber bis zur tatsächlichen Gründung vergingen noch mehrere Monate. Erst nachdem Breschnew, anlässlich eines Besuches von Regierungschef Jakes in Moskau, in einer Rede JVs mit westlichen Unternehmen begrüsste, wurde das JV-Unternehmen tatsächlich gegründet. Zwischenzeitlich wurde noch ein JV - die neue Firma hiess Tesex - zwischen einer dänischen Firma und Tesla/Labortechnik in Brünn initiiert. Der Beitrag von Tesla zum JV bestand in Patenten, die in der Denkweise des alten politischen Systems "Eigentum des Volkes" waren und daher kostenlos eingebracht werden konnten.[2]

Die Befürwortung von JV-Gründungen oblag damals ausschliesslich der Regierung. Erst 1987 wurde das Gesetz über ausländische Vermögensbeteiligungen verabschiedet und die JV-Entwicklung erhielt einen gesetzlichen Rahmen.

Auch nach der Revolution - das bestätigte Herr Novák - kann man in der CSFR bei Neugründungen nach westlicher Definition, nicht von JVs sprechen. "JVs sind der Mantel,

---

[1]   MALEKI, S. 228.

[2]   INTERVIEW NOVAK.

um Steuern zu reduzieren, bzw. für die Dauer von zwei Jahren eine völlige Steuerbefreiung zu erhalten".[1] Für Herrn Bures, Präsident der tschechoslowakischen Industrie- und Handelskammer "sind JVs eher etwas für Abenteurer".[2] "Viele Leute erfüllen sich jetzt einen jahrzehntelangen Traum: sie besitzen eine Visitenkarte und nennen sich Präsident".[3] Herr Novák führt noch weitere Motive für JV-Gründungen an. Viele JVs dienen alleine dem Zweck, das tschechoslowakische Unternehmen aufzukaufen und der westlichen Konkurrenz zuvor zu kommen. Nach erfolgtem Kauf wird der Betrieb meistens stillgelegt. Andere JVs entstehen nur, um dem Staat dringend notwendiges ausländisches Kapital zuzuführen. Je mehr ausländisches Kapital eingenommen wird, desto weniger muss sich der Staat verschulden. Je geringer der Verschuldungsgrad, desto leichter ist es, Mittel vom IWF und anderen internationalen Fonds zu erhalten.

Betrachtet man die Grösse der JV-Unternehmungen, so fällt auf, das es viele kleine, aber wenige grosse gibt.[4] Minister Dyba präzisiert: "The majority of these ventures, however, represent small enterprises with a capital contribution of CSK 100.000 or less and a capital contribution exceeding CKS 1.000.000 was registered with only about 400 enterprises".[5] Hinsichtlich der Herkunft der Investoren stellte Tkác fest " ... these countries [Anm. d. Verf.: Germany and Austria] are more prepared to take risks, because they are so much more familiar with the environment".[6] "American companies tend to move much more cautiously than some parts of western Europe, seeking much more detailed company data and development planning ...".[7]

---

[1] INTERVIEW NOVAK.

[2] INTERVIEW BURES.

[3] EBENDA.

[4] Vergl. ESCHENBACH, S. 75.

[5] DYBA, S. 5.

[6] SIMMONDS, S. 40.

[7] EBENDA.

JV-STATISTIK: ANZAHL DER JV-UNTERNEHMEN[1]

Zeitpunkt	Tschechische Republik	Slowakische Republik	CSFR Total
31.12.1989	-	-	55*
31.12.1990	-	-	1200*
28.02.1991	1638	486	2124
30.05.1991	2222	665	2896
31.07.1991	2261	676	2937
31.08.1991	2266	680	2946
31.12.1991	3055**	2982**	7037**

Tab. 17: Anzahl der JVs in der CSFR, 1989-1991

Der Vize-Direktor der Forschungs-, Beratungs-, und Informationsagentur Interconsult, Bratislava, Herr Selecky, schätzte im Gegensatz zu Herrn Zeljenka die Anzahl der JVs in der CSFR Anfang 1992 auf ca. 3600 Unternehmen. Seiner Erfahrung nach werden rund ein Drittel, ca. 1.200, dieser Unternehmen aus vielfältigen Gründen (Partnerprobleme, Konkurs etc.) wieder schliessen müssen. Die Mehrzahl der überlebenden JV-Unternehmen, ca. 2.000, können als typische Ein- oder Zwei-Mann-Unternehmen bezeichnet werden. Nur die verbleibenden 400 Betriebe bilden, seiner Meinung nach, JVs im eigentlichen Sinne.

JV-STATISTIK: HÖHE DER KAPITALINVESTITIONEN IN JV-UNTERNEHMEN

Informationen in Bezug auf die Höhe des von Ausländern oder Ausländern und Inländern gemeinsam in JV-Unternehmen investierten Grundkapitals sind höchst widersprüchlich. Folgende Grafik kann den Ausführungen von Sack[2] entnommen werden (Stand September 1991):

---

[1]   Quelle: CHARAP, S. 32.
*   Quelle: FEDERAL STATISTIC OFFICE, zitiert in MLADEK, S. 35.
**   Quelle: INTERVIEW ZELJENKA.

[2]   Quelle: SACK, S. 19.

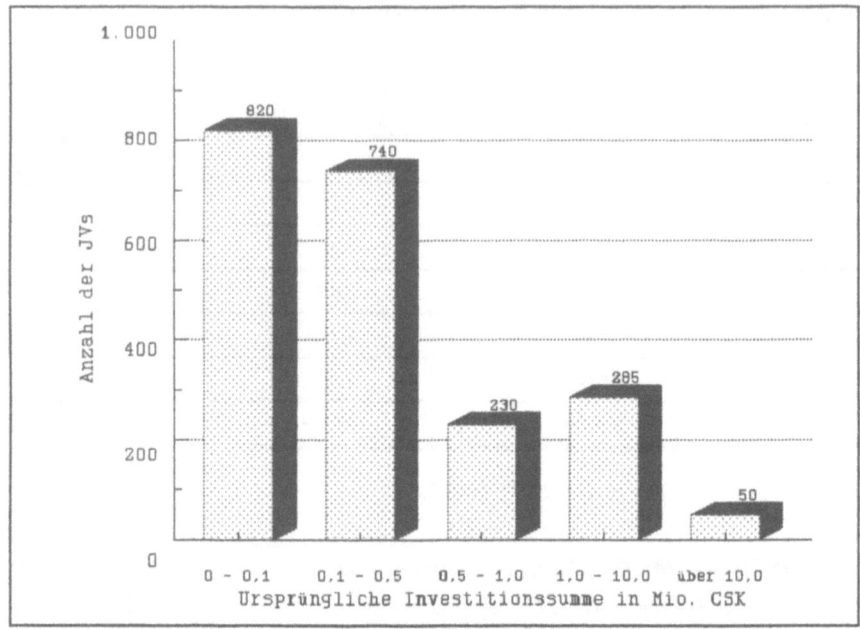

Abb. 4: Anzahl der JVs, gegliedert nach der ursprünglichen Investitionssumme

Die Graphik, die sich auf Quellen des Föderalen Finanzministeriums stützt, steht im Widerspruch zu den Angaben des Föderalen Amtes für Statistik,[1] das bereits 120 JV-Unternehmen mit einem Grundkapital von über CSK 10 Mio. per 30.06.91 registriert hatte. Der ausländische Kapitalanteil an JV-Investitionssummen änderte sich in den Jahren 1988 bis 1991. "The statutory capital of the functioning enterprises affiliated with companies from abroad declined from almost 49% for firms established in 1988 to about 45% for those founded in 1989. Since than, however, the increasing trend has prevailed. In 1990, the year in which almost 60% of all the operational foreign investment projects were started, the overall share of foreign partners in capitalization increased to 48%, while in the first quarter of 1991 the respective indice rose to over 75%".[2] Diese Entwicklung bedeutet, dass "the total

---

[1]   Vergl. MLADEK, S. 35.

[2]   UNITED NATIONS. ECONOMIC COMMISSION FOR EUROPE, Statistical Survey of Recent Trends in Foreign Investments in Eastern European Countries, S. 9.

sum of the capital of the existing joint ventures has not exceeded the sum of CSK 27 billion, while the foreign capital is represented by less than CKS 12 billion".[1]

Die ausländischen Kapitalinvestitionen lagen weit hinter den Erwartungen der Regierung zurück. Dies bestätigten auch Presseveröffentlichungen: "Compared with the first six months of 1991, the second half year has brought no substantial increase in the influx of foreign capital".[2]

JV-STATISTIK: HERKUNFTSLÄNDER DER AUSLÄNDISCHEN INVESTOREN

Die meisten ausländischen Investoren kommen aus westeuropäischen Industrienationen (85,5%).[3] "Of these, 39,5% of companies have foreign parents from the EC-countries and 44,7% from the EFTA-countries"[4] (Stand 01.05.1991).

---

[1]   DYBA, S. 6.

[2]   CZECHOSLOVAK MARKET, S. 4.

[3]   Vergl. UNITED NATIONS: ECONOMIC COMMISSION FOR EUROPE, Statistical Survey of Recent Trends in Foreign Investments in Eastern European Countries, S. 10.

[4]   EBENDA.

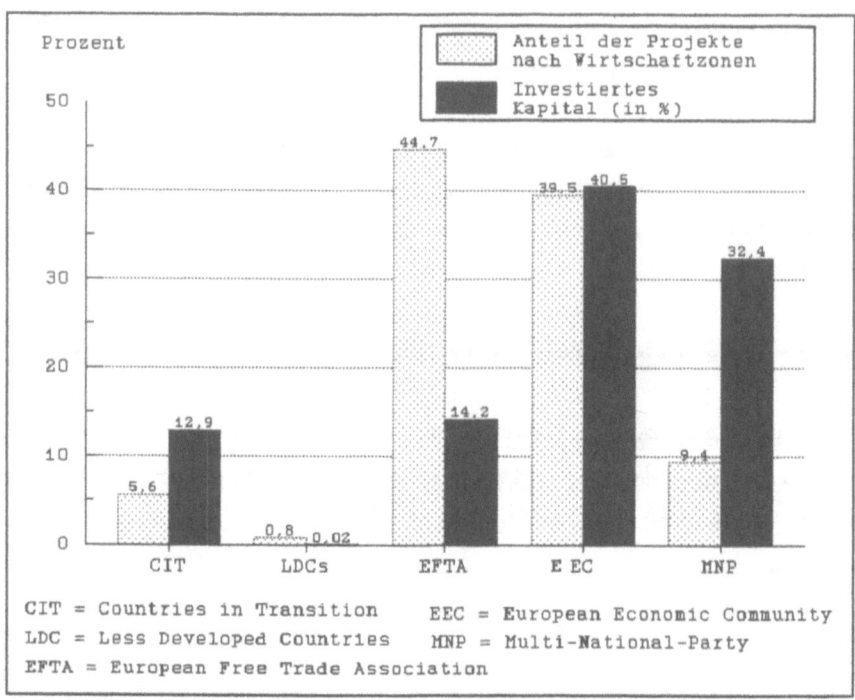

Abb. 5: *Herkunft des in der CSFR investierten Kapitals nach Wirtschaftszonen*

Gleichzeitig stellt die Studie[1] fest, dass nur weniger als 1% JVs zwischen tschecho-slowakischen Unternehmen und Firmen der Dritten Welt und mit japanischen Firmen überhaupt noch keine JVs abgeschlossen wurden. Die Zusammenfassung von FDI-Projekten mit Partnern aus zwei oder mehreren Wirtschaftszonen unter "MNP (Multi-National-Party)" erklärt den hohen Anteil (32,4%) investierten Kapitals in dieser Kategorie in der CSFR.

Eine vom Wirtschaftsministerium der Slowakei herausgegebene "Hit-Liste"[2] zeigt in absteigender Reihenfolge die Häufigkeit von JV-Gründungen mit ausländischen Investoren.

---

[1]   Quelle: UNITED NATIONS: ECONOMIC COMMISSION FOR EUROPE, Statistical Survey of Recent Trends in Foreign Investments in Eastern European Countries, Annex I, S. 3.

[2]   INTERVIEW ZELJENKA.

Danach nimmt Deutschland, gefolgt von Österreich und der Schweiz, die Spitzenstellung bei JV-Gründungen oder Beteiligungen ein.

1. Deutschland	11. Ungarn
2. Österreich	12. Russland
3. Schweiz	13. Polen
4. Italien	14. Kanada
5. U.S.A.	15. Jugoslawien
6. Niederlande	16. Finnland
7. Grossbritannien	17. Dänemark
8. Schweden	18. Bulgarien
9. Frankreich	19. Syrien
10. Belgien	

JV-STATISTIK: INVESTITIONSSUMMEN DER AUSLÄNDISCHEN INVESTOREN

Das in der CSFR in JV investierte Kapital betrug Ende 1990 ca. CSK 27.000 Mio., wobei der Anteil der ausländischen Partner bei CSK 12.000 Mio. lag. 64 Prozent dieser ausländischen Investitionen ist in den sechs grössten JVs konzentriert. Die in Tabelle 18[1] aufgeführten Kronenbeträge geben die Gesamtaufwendungen für das jeweilige JV-Projekt an:

Firma (JV)	Herkunftsland (JV-Partner)	CSK in Mio.
Skoda-Volkswagen	Deutschland	9.600
Galvunion	Belgien	1.900
Linde-Technoplyn	Deutschland	1.600
Eurotel Praha	Niederlande	1.100
Volkswagen Bratislava	Deutschland	1.100
Aluminium Decin	Schweiz	1.100

Tab. 18: Investitionssummen der grössten JV-Projekte in der CSFR

Das JV zwischen Skoda und Volkswagen ist mit Abstand das grösste JV-Projekt in der CSFR.

---

[1] Quelle: UNITED NATIONS INDUSTRIAL DEVELOPMENT ORGANISATION, Industry Report, Czechoslovakia, S. 19.

Volkswagen investierte als grösster ausländischer Anleger CSK 3.770 Mio. in der CSFR, wie aus folgender Tabelle zu entnehmen ist:[1]

Firma (Auslandspartner)	Herkunftsland	CSK in Mio.
Volkswagen	Deutschland	3.772
Atlantic Wast B.V.	Niederlande	840
Linde A.G.	Deutschland	830
Glaverbel S.A.	Belgien	763
Brighton International Ltd.	U.S.A.	570
Alusuisse-Lonza Holding Ltd.	Schweiz	560
Lucas Automotive Ltd.	Grossbritannien	355
Siemens A.G.	Deutschland	180
Beta Film	Deutschland	173
Messer Griesheim GmbH	Deutschland	153
Wheelabrator-Allevard Ltd.	Frankreich	153
Recholding	Luxemburg	107

Tab. 19: JV-Investitionssummen der grössten ausländischen Investoren in der CSFR

Die Grössenordnung der anderen ausländischen Investitionen liegt zwischen CSK 800 und CSK 500 Mio. bzw. CSK 200 und CSK 100 Mio. Hervorzuheben ist, dass 5 deutsche Investoren zu den 12 grössten JV-Kapitalgebern gehören, hingegen keine österreichischen Unternehmen, obwohl diese nach den deutschen Unternehmen am zweithäufigsten in der CSFR vertreten sind.

---

[1]   Quelle: UNITED NATIONS INDUSTRIAL DEVELOPMENT ORGANISATION, Industry Report, Czechoslovakia, S. 19.

JV-STATISTIK: JVs NACH BRANCHEN

Branchen	Prozent
Dienstleistungen	20 - 22
Handel	20
Konsumgüterindustrie	11
Metallverarbeitende Industrie	7 - 9
Chemische Industrie	10
Bauindustrie	5 - 6
Maschinenbau	15 - 17
Land- und Forstwirtschaft	3,5
Hotels und Restaurants	3
Holz- und Papierverarbeitung	6 - 7
Telekommunikation und Transport	6

Tab. 20: Gliederung der JV-Unternehmen nach Branchen

Eine Analyse der Tabelle 20[1] lässt folgende Schlussfolgerungen zu: 40 - 42% der JV-Unternehmen sind im Dienstleistungsbereich und Handel tätig, zusammen mit den Prozentsätzen artverwandter Bereiche (Hotels- und Restaurants sowie Telekommunikation und Transport) erhält man das Ergebnis, dass über 50% der JVs im Tertiärsektor angesiedelt sind.

Werden die Prozentsätze aller in den Sekundärsektor fallender Branchen zusammengefasst, ergibt sich ein ähnliches Ergebnis wie im Tertiärsektor.

Den kleinsten Anteil hat der Primärsektor mit ca. 3,5% der JV-Unternehmen.

JV-STATISTIK: GLIEDERUNG DER JVs NACH REGIONEN

Während relativ viel Informationsmaterial über die Anzahl der JV-Unternehmen, die Herkunft der ausländischen Investoren und die Höhe der ausländischen Direktinvestitionen zur Verfügung steht, findet man nur wenige Unterlagen über die geographische Verteilung der JV-Unternehmen in der Tschechoslowakei. Über die Standorte der JV-Unternehmen in der CSFR geben nur die Veröffentlichungen des Amtes für Statistik und eine von der Economic

---

[1]   Quelle: UNITED NATIONS: ECONOMIC COMMISSION FOR EUROPE,
       Statistical Survey of Recent Trends in Foreign Investments in Eastern
       European Countries, S. 5. ff.
       Anmerkung: Die Summe der aus der Quelle entnommenen Prozentsätze übersteigt,
       ohne Angaben von Gründen, 100%.

Commission for Europe vom August 1990 bis Mai 1991 in 228 JVs durchgeführte Umfrage Auskunft. Danach sind "35% [Anm. d. Verf.: of the JVs] are located in the capitals of the Czech and Slovak republics. As many as ... 26% conduct operations from Prague and 29% from Bratislava".[1] Bevorzugte Investitionsstandorte für Produktionsbetriebe sind Plzen, Ceské Budejovice, Ustí nad Labem, Hradec Králové, Liberec, Pardubice und Nitra. Prag und Bratislava eignen sich hingegen wegen der relativ höheren Lohnkosten nicht als Produktions-standorte.

Ca. 80% der JVs werden in der tschechischen Republik, dagegen nur 20% in der slowakischen Republik gegründet. Allein auf Bratislava, der Hauptstadt der Slowakei, entfallen 14%. Für dieses Ungleichgewicht ist vor allem die weiter fortgeschrittene Industrialisierung und Infrastruktur in der tschechischen Republik verantwortlich.

---

[1]   UNITED NATIONS: ECONOMIC COMMISSION FOR EUROPE,
        Statistical Survey of Recent Trends in Foreign Investments in Eastern European Countries,
        Annex I, S. 10.

JV-STATISIK: AUSLÄNDISCHE INVESTITIONEN IN OSTEUROPA

Zum Abschluss dieses Kapitels wird die JV-Entwicklung in der CSFR im Verhältnis zu anderen osteuropäischen Ländern aufgezeigt.[1]

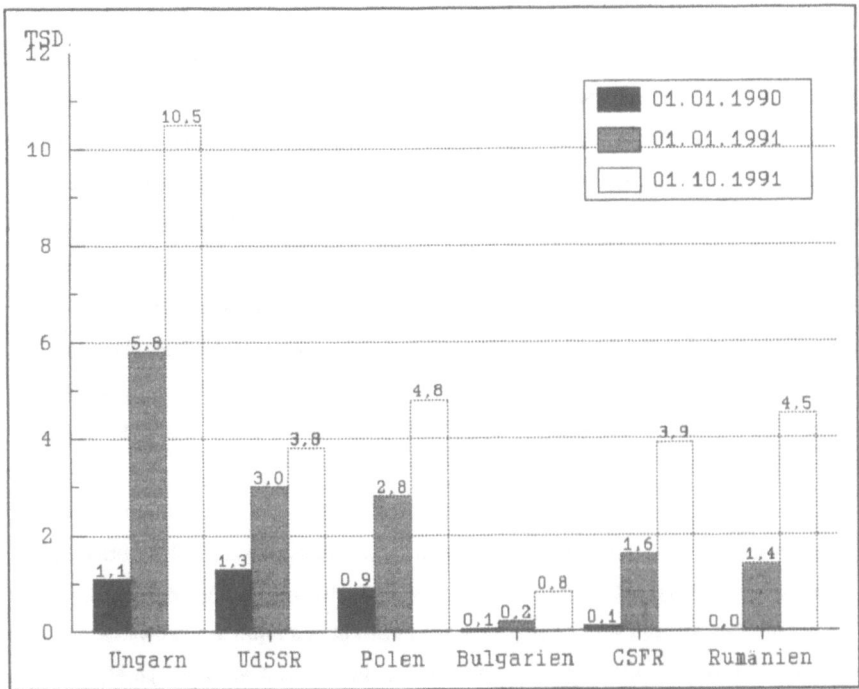

Abb. 6: Entwicklung der Anzahl ausländischer Investitionsprojekte in Osteuropa

Im Vergleich zu anderen osteuropäischen Staaten entwickelten sich JVs in der CSFR erst im Jahre 1991. Während die Regierungen in Ungarn und Polen bereits 1970 bzw. 1980 Kooperationen mit westeuropäischen Unternehmen zuliessen, kam es in der CSFR erst 1990 zu einer Liberalisierung der entsprechenden Gesetze. Die Anzahl der JVs in der UdSSR sind, verglichen mit der Grösse des Landes, eher bescheiden. Diese Entwicklung ist der noch nicht geklärten politischen Situation in der GUS zuzuschreiben.

---

[1]　Quelle: UNITED NATIONS: ECONOMIC COMMISSION FOR EUROPE,
　　Statistical Survey of Recent Trends in Foreign Investments in Eastern European Countries,
　　Annex I, S.1

4.8. Förderung von ausländischen Investitionen in der CSFR

Der Analyse von Programmen zur Förderung von ausländischen Investitionen in der CSFR werden einige allgemeine Überlegungen vorangestellt.

Zusammen mit den Regierungen der anderen osteuropäischen Länder unterstreicht die CSFR bei der CSCE in Bonn Ende März 1990 die Bedeutung von ausländischen Direktinvestitionen für ihr Land. "... they declared, on the subject of industrial co-operation, that such 'means of foreign direct investment will have a positive influence on managerial and technical know-how, the extent of investments, the quality of production, the exchange and application of technology and marketing opportunities'".[1] Desweiteren hob die Regierung in Prag wiederholt hervor, "dass sie private ausländische Direktinvestitionen in der Tschechoslowakei gegenüber staatlicher Kredithilfe bevorzugt".[2] Auf die Frage nach der Bedeutung von JVs für die Volkswirtschaft in der CSFR, antwortete Herr Válek, ein Berater von Finanzminister Klaus: "Nach meiner Ansicht sind Direktinvestitionen für die CSFR von grösster Bedeutung".[3]

Die internationale FDI-Entwicklung der letzten Jahre sollte auch die CSFR hoffen lassen. Gingen in den 60er Jahren noch zwei Drittel der ausländischen Direktinvestitionen von den U.S.A., ein Drittel von Europa und gerade zwei Prozent von Japan aus, so waren es in den 80er Jahren bereits 13,6% von Japan, 53,5% von Europa und nur noch 26,8% von den U.S.A.[4] Die Verlagerung der Aktivitäten von ausländischen Direktinvestoren von den U.S.A. nach Europa ist nur ein Aspekt. Zudem ist festzustellen, dass der Gesamtumfang der Direktinvestitionen der führenden westlichen Industrieländer, Frankreich, Bundesrepublik Deutschland, Japan, Grossbritannien und der Vereinigten Staaten, in den letzten Jahren stark

---

[1]   UNITED NATIONS. ECONOMIC COMMISSION FOR EUROPE, Foreign Direct Investment, S. 1.

[2]   FRENSCH, Die tschechoslowakische Wirtschaft an der Wende zu den Neunziger Jahren, S. 278.

[3]   INTERVIEW VALEK.

[4]   Vergl. UNITED NATIONS. ECONOMIC COMMISSION FOR EUROPE, Foreign Direct Investment, S. 6.

zugenommen hat:[1]

1983:	US$	35,8 Mrd.,
1984:	US$	41,4 Mrd.,
1985:	US$	52,1 Mrd.,
1986:	US$	84,7 Mrd.,
1987:	US$	132,6 Mrd.,
1988:	US$	155,4 Mrd. und
1989:	US$	187,1 Mrd.

Die dynamische Entwicklung der ausländischen Direktinvestitionen übertrifft bei weitem das Wachstum des Weltexportes und des Welt-Bruttosozialproduktes. Im Zeitraum von 1983 bis 1989 wuchsen die ausländischen Direktinvestitionen um 29% pro Jahr, d.h. dreimal schneller als die Weltexporte (9,4%) und fast viermal schneller als das Welt-Bruttosozialprodukt (7,8%).[2]

Die Chancen für die CSFR, in der Zukunft noch stärker von den ausländischen Direktinvestitionen zu profitieren, stehen also gut. Voraussetzung hierfür ist, dass die CSFR

- die Rechtssicherheit weiter ausbaut;
- überzeugende Reformprogramme in die Wege leitet;
- die Privatisierung vorantreibt;
- die Lohn-/Preisspirale im Griff behält sowie
- über einen attraktiven Katalog von Fördermassnahmen verfügt.

"The Czech and Slovak Federal Republic, ..., has given priority in its reform programme to macro-economic stabilization, thereby achieving the lowest rate of inflation in comparison with other reforming countires [Anm. d. Verf.: richtig: countries], but has tended to ignore its foreign investment regime, which was more or less established in 1988 and which now lags behind other countries. Suffice to note that enterprises with foreign participation investing in the country do so within the framework of the pre-1989 joint venture law. This may account for the country's rather limited success in attracting foreign investment so far".[3]

---

[1]   Quelle: UNITED NATIONS. ECONOMIC COMMISSION FOR EUROPE, Foreign Direct Investment, S. 6.

[2]   Vergl. UNITED NATIONS. ECONOMIC COMMISSION FOR EUROPE, Foreign Direct Investment, S. 7.

[3]   EBENDA, S. 84.

Die Regierung der CSFR unternimmt grosse Anstrengungen, die Investitionsanreize weiter zu erhöhen. Ausgehend von einer übergeordneten Strukturpolitik, die gemäss der Organisation for Economic Co-Operation and Development auf folgenden Prioritäten beruht:

- "securing resource-saving character of economic development,
- environmentally favourable action of structural changes,
- speeding up the development of infrastructure,
- adaptation to the changes in conditions for getting decisive energy and raw material inputs,
- rational (comprehensive) use of domestic raw materials".[1]

werden Förderungsmassnahmen über Regional-/ und andere Programme angeboten, die in den beiden nächsten Kapiteln ausführlich behandelt werden.

---

[1]   BUCER/PRIKRYL/TOMASEK, S. 20.

4.8.1. Regionalförderung

Zur Regionalförderung äusserten sich Herr Prikryl, Direktor für Regionalpolitik des Tschechischen Ministeriums für Wirtschaftspolitik und Entwicklung und Herr Prof. Bucek, Vize-Präsident der Kommission für Wirtschaftsstrategie der slowakischen Republik. Die nun folgenden Ausführungen stützen sich auf die Ergebnisse dieser Interviews.

Frage: "Herr Prikryl, bitte beschreiben Sie die Entwicklung der tschechischen Regionalpolitik seit der Revolution".

Antwort: Nach der Revolution starteten wir auf diesem Gebiet bei "Null". Im ersten Halbjahr 1990 besass die Regionalpolitik noch einen geringen Stellenwert, da die politischen Kräfte mit der Bildung von Parteien und der Aufstellung von Parteiprogrammen für die Wahlen im Juli 1990 beschäftigt waren. In der zweiten Jahreshälfte 1990 begann man, Förderprogramme, darunter auch Regionalförderprogramme, für das Jahr 1991 zu erstellen. Retrospektiv gesehen, waren die Förderprogramme für 1991 noch sehr rudimentär. Notwendige Mittel standen nicht zum Jahresanfang, sondern erst im Laufe des Jahres und dazu in sehr geringem Umfang zur Verfügung, sodass manche Förderprogramme bereits im Herbst 1991 wieder eingestellt werden mussten. Aus diesen unzufriedenstellenden Vorkommnissen zogen wir unsere Lehren und können nun für das Jahr 1992 auf ein besseres Förderkonzept verweisen.

Frage: "Im Rahmen Ihres Konzeptes zur Regionalentwicklung unterscheiden Sie verschiedene Problemregionen. Welche sind das?"

Antwort:

1. Strukturschwache Gebiete mit wenig konkurrenzfähigen Unternehmen;
2. Strukturschwache Gebiete mit geringem Pro-Kopf Einkommen und hoher Arbeitslosigkeit;
3. Gebiete in einer Tiefe von 10-15 km entlang der Staatsgrenze;
4. Gebiete mit unterentwickelter Infrastruktur;
5. Stark umweltgeschädigte Gebiete.

Als besonders förderungswürdig gelten 4 Regionen:

1. Karviná, Ostrava mesto, Frydek-Místek, Opava, Novy Jícín, Bruntál;
2. Most, Chomutov, Teplice, Louny;
3. Príbram, Trebíc, Vsetín, Kladno;
4. Tachov.

Frage: "Herr Prikryl, auf welche Probleme stossen Sie bei der Umsetzung bzw. Durchsetzung Ihrer Regionalpolitik?"

Antwort: Die tschechische und slowakische Republik unterteilen sich in Gemeinden als unterste, Kreise als mittlere und Nationalräte bzw. die entsprechenden Ministerien als oberste Verwaltungsstufe. Während die Gemeindevertreter und die Repräsentanten der nationalen Parlamente vom Volk gewählt werden, wird die Verwaltung der Kreise von den nationalen Parlamenten bzw. den entsprechenden Ministerien eingesetzt.

Dazu schreibt die Organisation for Economic Co-Operation and Development: "In most European countries, regional policy is conducted on regional level under the authority of elected territorial self-governing bodies which are accountable to their voters for the development of the given area ..., however, this level is still missing ...".[1]

Antwort (Fortsetzung): Die Kreise müssen zwar über Einnahmen und Ausgaben Rechenschaft ablegen, sind aber nicht für den wirtschaftlichen Erfolg verantwortlich. Ihre Hauptaufgabe besteht in der Verwaltung der Kreise, ohne dabei einen bedeutenden politischen Faktor darzustellen. Und gerade dieser Umstand ist unser schwerwiegendstes Problem. Regionalpolitik kann nur funktionieren, wenn die Richtlinien hierfür vom Nationalrat erlassen werden, die Regionalpolitik von den Gemeinden umgesetzt und von den übergeordneten Kreisen kontrolliert wird. Dazu müsste aber, wie bereits erwähnt, eine zweite politische Stufe zwischen den Gemeinden und den Nationalräten geschaffen werden. Zwei Möglichkeiten sind denkbar: Entweder werden drei Länder (Böhmen, Mähren und Schlesien) oder insgesamt 22 Kreise mit klaren Kompetenzen nach westeuropäischen Muster geschaffen. Eine solche zusätzliche politische Ebene wäre auch auf anderen Gebieten der Verwaltung von Bedeutung.

---

[1] BUCER/PRIKRYL/TOMASEK, S. 14.

Die Neustrukturierung des politischen Systems ist allerdings ein langer Prozess. Daher wird die Verteilung von regionalen Kompetenzen auch mittelfristig das grösste Problem der Regionalpolitik bleiben.

Ein weiteres Problem sehe ich im Zusammenhang mit der Höhe der zur Verfügung stehenden Mittel in der Definition des Regionalbegriffes, der bei uns weiter als im Westen gefasst werden muss. Zum einen heisst Regionalförderung Unterstützung der unternehmerischen Tätigkeiten in den Problemgebieten, zum anderen, und darin unterscheidet sich unsere Politik von der des Westens, Schaffung einer landesweiten, ausgeglichenen öffentlichen Infrastruktur. D.h., die Bevölkerung, die in einem strukturschwächeren Landesteil wohnt, soll nur in geringem Mass Einbussen im Bezug auf die Infrastruktur, das kulturelle Angebot und die Versorgung mit verschiedenen sozialen Einrichtungen hinnehmen müssen. All die genannten Punkte müssten schon längst mittels eines Gesetzes zur Regionalpolitik festgelegt sein. Eine entsprechende Gesetzesvorlage liegt bereits seit Anfang 1991 dem Nationalrat vor, wurde aber aufgrund der Tragweite für das politische System bisher noch nicht verabschiedet.

Frage: "Finanzminister Klaus vertritt die Meinung, der Markt wird die regionalen Unterschiede ausgleichen, Förderprogramme verhindern nur eine freie Marktentwicklung. Herr Prikryl, welche Meinung vertreten Sie diesbezüglich?"

Antwort: "Zwischen den politischen Parteien gibt es bezüglich der Regionalpolitik keine grundlegenden Meinungsverschiedenheiten. Alle politischen Kräfte sehen die Notwendigkeit von Förderprogrammen. Wir unterstützen Unternehmer, die ein vernünftiges Unternehmens-konzept ausgearbeitet haben und bereit sind, Risiken zu tragen. Auch Herr Klaus unterstützt eine vernünftige Regionalpolitik. Es können nicht nur ökonomische Kriterien gelten. Der Markt kann regionale Unterschiede nicht vollständig beseitigen. Durch die Einmischung in die Marktwirtschaft in Form von Förderprogrammen wird im Gegenteil sichergestellt, dass die Marktwirtschaft auch wirklich funktionieren kann."

Frage: "Herr Prikryl, welche Regional-Förderprogramme existieren, was sind die Voraus-setzungen und welche Förderungsleistungen bietet die Republik?"
Antwort: "Es existiert derzeit nur ein Regional-Förderprogramm."

Voraussetzungen:

- Geschäfts-/Wohnsitz in einer der 4 förderungswürdigen Regionen;
- Schaffung von mehr als fünf Arbeitsplätzen;
- Unternehmenstätigkeit im Sekundär- oder Tertiärsektor;
- Wiederverwertbarkeit bzw. leichte Abbaubarkeit der
  Produktionsabfälle;

Staatliche Fördermassnahmen:

- Kreditvolumen   : maximal CSK 10 Mio.;
- Kreditzinssatz   : 7%;
- Bürgschaftsbank   : Bürgt für 70% des Kreditvolumens.

Textbox 18: Regional-Förderprogramm (1992)

Herr Prof. Bucek, Vize-Präsident der Kommission für Wirtschaftsstrategie der Slowakischen Republik, äusserte sich in einem Interview zur Regionalförderung der Slowakei.

Frage: "Herr Prof. Bucek, welche Regional-Förderprogramme existieren für die Slowakei, was sind die Fördervoraussetzungen und welche Förderleistungen bietet die Republik?"

Antwort: "In der Slowakei existiert bis dato noch kein direktes regionales Förderprogramm. Durch die geplante Verbesserung der Infrastruktur besteht allerdings eine indirekte Regionalförderung. Die Bedeutung der Infrastruktur lässt sich an der Tatsache ermessen, dass ca. 70% aller JVs der Slowakei in Bratislava gegründet werden, der wirtschaftlich bereits am besten gestellten Region. Geographische Vorteile, wie kurze Entfernungen zum Flughafen Wien/Schwechart sowie zum Rhein-Main-Donau Kanal, fördern vor allem den Standort von Bratislava. Unterentwickelte Infrastruktur sowie fehlende Hochschulen, Hotels und Geschäfte im östlichen und südlichen Teil der Republik schreckten ausländische Investoren bisher ab. Von 38 Kreisen in der Slowakei wurden 11 Kreise als rückständig identifiziert. Zur Unterstützung dieser Gebiete werden 1992 CSK 1,5 Mrd. aus dem Budget für föderale Rüstung in die Slowakei fliessen."

Zur Unterstützung der Regionalpolitik und um den Forderungen nach Regionalförderung Nachdruck zu verleihen, wurde im April 1990 eine "Permanent Conference for Spatial and

Regional Development (RegiCon)" gegründet. Die RegiCon setzt sich aus einem Vorstand, einem Sekretariat, Spezialausschüssen und einer Plenarversammlung zusammen. Das Sekretariat koordiniert die Aktivitäten der RegiCon, welche folgende Bereiche umfassen:

- Entwicklung der Prinzipien, Ziele und Instrumente der Regionalpolitik;

- Kooperation mit dem Ausland;

- Forschung und Wissenschaft;

- Entwicklung von Informationssystemen;

- Aus- und Weiterbildung und Öffentlichkeitsarbeit;

- Bodennutzungs- und Umweltplanung.[1]

Wie Herr Prikryl[2] erklärte, trägt die Öffentlichkeitsarbeit der RegiCon zur Schärfung des Umweltbewusstseins der Bevölkerung bei. Desweiteren erlaubt der permanente Charakter der RegiCon die Ausarbeitung von Richtlinien zur Regionalpolitik. Inwieweit diese Richtlinien/-Vorschläge der RegiCon realisiert werden, muss einschränkend hinzugefügt werden, ist unmittelbar abhängig von den zur Verfügung stehenden Finanzen.

---

[1]   BUCER/PRIKRYL/TOMASEK, S.14.

[2]   INTERVIEW PRIKRYL.

4.8.2. Sonderförderprogramme

Für besonders förderungswürdige Branchen im Rahmen der Strukturpolitik werden vier Förderprogramme

- ► für kleinere und mittlere Betriebe des Sekundärsektors und Baugewerbes,
- ► für kleinere und mittlere Betriebe des Sekundärsektors und Handwerkes,
- ► zur Energieeinsparung und
- ► für Energiegewinnungsanlagen

angeboten, die den nachfolgenden Textboxen entnommen werden können:

Textbox 19: Förderprogramm für kleinere und mittlere Unternehmen des Sekundärsektors und Baugewerbes

Voraussetzungen:

- Vorlage eines detaillierten Unternehmenskonzeptes;
- Maximal 500 Beschäftigte;
- Rohstoffe/Produkte aus der CSFR;
- Produktqualität nach westlichen Standards;
- Exportfähige Produkte;
- Arbeitsintensive Produktherstellung;
- Einsatz moderner Technologien;
- Schaffung neuer Arbeitsplätze;
- Recyclebare oder leicht abbaubare Produktionsabfälle;

Staatliche Fördermassnahmen:

- Bürgschaftsbank   : Bürgt für 70% des Kreditvolumens;
- Kreditvolumen   : maximal CSK 10 Mio.;
- Kreditzinssatz   : 7%;

*Textbox 20: Förderprogramm für kleinere und mittlere Unternehmen des
Sekundärsektors und Handwerkes*

Voraussetzungen:

- Industrielle Herstellung und/oder Nutzung von

    *inlandspatentierten Produkten/Technologien;
    *in tschechoslowakischen Forschungsinstituten entwickelten
    Produkten/Technologien;
    *Produkten/Technologien nach Auslandslizenzen;

- Keine Unterstützung von Beratungsunternehmen/Projekte im
Baubereich;

Staatliche Fördermassnahmen:

- Bürgschaftsbank	: Bürgt für 70% des Kreditvolumens;
- Kreditvolumen	: Projektabhängig, Laufzeit 3 bis 4 Jahre;
- Kreditzinsen	: 7% unter marktüblichen Zinssatz;
- Steuerbefreiung	: 1 - 2 Jahre, falls Gewinnsteuer;
	des Unternehmens < CSK 1 Mio.;

Textbox 21: Förderprogramm zur Energieeinsparung

Voraussetzungen:

- Installation von energiesparenden Heizungsanlagen;
- Massnahmen zur Wärmedämmung;
- Einführung energiesparender Produktionstechnologien;
- Juristische, natürliche und Privatpersonen;

Staatliche Fördermassnahmen:

- Föderungsmittel	: Projektabhängig;
- Förderbudget für 1991	: CSK 80 Mio.;

Textbox 22: Förderungsprogramm für Energiegewinnungsanlagen

Voraussetzungen:

- Energieerzeugung mit Wind-, Wasserkraft oder Solaranlagen;
- Renovierung bestehender Wasserkraftwerke;

Staatliche Fördermassnahmen:

- Förderungsmittel	: Projektabhängig, Übernahme der Kreditzinsen;
- Förderbudget 1991	: CSK 100 Mio.;

Aus Sicht von Minister Dyba[1] müssen bei der Umwandlung der Stahl- und Kohleindustrie, speziell im Gebiet von Ostrava/Karvina, die Regional- und Sonder-Förderpolitik ineinandergreifen. Er vertritt die Auffassung, dass dank niedriger Lohnkosten im Bergbau die Kohleindustrie wieder profitabel werden kann. Ausserdem will man von der verfehlten Strukturpolitik im Bergbau in der BRD lernen. Ähnlich wie in der Stahl- und Kohleindustrie sollen in anderen strukturschwachen Branchen mit Hilfe von westlichen Beratungsunternehmen "Masterpläne" zur Restrukturierung der Industrien entworfen werden. Diese Pläne sollen dann, nachdem sie von den Nationalparlamenten bzw. entsprechenden Ministerien befürwortet worden sind, durch die Gemeinden in Zusammenarbeit mit den Beratungsunternehmen umgesetzt werden. Minister Dyba vertritt die Meinung, dass die Kosten für westliche Beratungsunternehmen im Rahmen der Ost-West-Hilfsprogramme durch die jeweiligen nationalen Regierungen bezahlt werden sollen.

Der Erfolg der vorgestellten Förderprogramme kann durch den Zuspruch der Antragsteller und die Zufriedenheit der die Förderprogramme in Anspruch nehmenden Unternehmen sowie den Zielerfüllungsgrad der bestehenden Regional-/Sonderförderprogramme gemessen werden. Der Erfolg des letzten und gleichzeitig wichtigsten Aspektes wird jedoch erst in einigen Jahren bewertet werden können.

---

[1]   INTERVIEW DYBA.

4.8.3. Jungunternehmerförderung

Für Jungunternehmer bzw. Existenzgründer wurde das Start-Programm entwickelt, das Unternehmen aller Sektoren und Branchen in Anspruch nehmen können.

Textbox 23: Start-Programm

Voraussetzungen:

- Vorlage eines detaillierten und ausgereiften Unternehmenskonzeptes;
- Unternehmensgründung vor weniger als einem Jahr;
- 10 bis 25 Beschäftigte;
- Ökologisch verträgliche Produktion;

Staatliche Leistungen:

- Kreditvolumen	: Maximal CSK 5 Mio.; Maximal CSK 10 Mio. für Unternehmen im Sekundärsektor;
- Bürgschaftsbank	: Bürgt für 70% des Kreditvolumens;
- Vorzugszins	: 50% des Kreditvolumens zu 7% und 50% des Kreditvolumens zum Marktzins;
- Kreditlaufzeit	: Maximal 4 Jahre;

4.8.4. Beratungsdienste

Die tschechoslowakische Industrie- und Handelskammer ist mit ihrer 140 jährigen Tradition die älteste Organisation, die selbständige Unternehmer und Gewerbetreibende in der CSFR berät. Während der kommunistischen Herrschaft mussten alle Staatsunternehmen Mitglied der IHK sein und regelmässig Mitgliedsbeiträge entrichten. Seit der Revolution wird die Position der Kammer durch die Gründung zahlreicher Konkurrenz-/Beratungsunternehmen zunehmend geschwächt.

Seit über eineinhalb Jahren liegt den Nationalparlamenten ein Gesetzesvorschlag zur Neupositionierung der IHK vor, der aber bisher noch nicht verabschiedet wurde. Ursache für die schleppende Bearbeitung ist die ungeklärte Frage nach der Finanzierung und Abgrenzung der Aufgabengebiete der IHK. Herr Dr. Bures, Präsident der Industrie- und Handelskammer in Prag, sieht in der Schaffung eigener Beratungsdienste den Versuch verschiedener Ministerien, ihre eigene Position gegenüber anderen Ministerien zu stärken. Er befürchtet, dass auf diese Art und Weise finanzielle Mittel den Beratungsdiensten der einzelnen Ministerien und nicht, wie früher, der IHK zu Verfügung stehen werden.[1]

Laut Herrn Neugebauer, Leiter des Zentrums zur Förderung kleiner und mittlerer Unternehmen in Prag, hat das Innenministerium bereits in den Gewerbeämtern Beratungsstellen für Gewerbetreibende eingerichtet. Auch das tschechische Ministerium für Handel und Tourismus hat Kooperationsbörsen und Kontaktzentralen gegründet. Ausserdem will das tschechische Ministerium für Wirtschaftspolitik und Entwicklung in Böhmen und Mähren 60 weitere Zentren mit jeweils zwei Mitarbeitern einrichten. Da jedes Ministerium versucht, ein eigenes Netz mit Beratungsstellen aufzuziehen, befürchtet Herr Neugebauer die Schaffung einer neuen Bürokratie.[2]

Dabei sollte insbesondere Existenzgründern so unbürokratisch wie möglich geholfen werden. Der Vize-Minister des föderalen Wirtschaftsministerium, Herr Mladek, vertritt die Ansicht, dass die öffentlichen Beratungsstellen, speziell die Agenturen für ausländische Investitionen,

---

[1] INTERVIEW BURES.

[2] INTERVIEW NEUGEBAUER.

halb in staatlicher, halb in privater Hand sein sollten.[1] Minister Dyba geht sogar noch einen Schritt weiter. "The role of a contact, information and mediation center should be assumed by Agencies for Foreign Investment established at the Ministries of Economy. It turns out, however, that the integration of agencies in the State Administration apparatus has not been the most convenient choice and the only correct solution seems to be the gradual independence and privatization".[2]

Neben den beschriebenen Beratungsdiensten existieren weiterhin die Föderale Agentur für ausländische Investitionen, die Tschechische Agentur für ausländische Investitionen und die Slowakische Agentur für ausländische Investitionen und Entwicklung.[3] Diese drei Agenturen wurde im Gegensatz zu den anderen Beratungsdiensten ausschliesslich für ausländische Investoren eingerichtet. Die föderale Agentur wurde im Oktober 1990, die slowakische Agentur im November 1990 und die tschechische Agentur im Januar 1991 gegründet. Die Agenturen bieten ausländischen Investoren umfangreiches Informationsmaterial und Fachberatung. Sie verfügen über Mitarbeiter mit guten deutschen, englischen und französischen Sprachkenntnissen, haben Kontakte zu Ministerien, tschechoslowakischen Firmen, städtischen Behörden und anderen Beratungsdiensten. So vielfältig die Kontakte mit anderen Stellen in der Tschechoslowakei sind, so unterentwickelt sind die Kontakte zwischen den Agenturen. Absprachen bezüglich einer Kompetenz- und Aufgabenteilung sowie eines regelmässigen Informationsaustausches existieren praktisch nicht.

Herr Schejbal, Leiter der Föderalen Agentur für Ausländische Investitionen, möchte mit seiner Agentur weltweit "Investment Promotion" für den Standort Tschechoslowakei betreiben und sieht seine Agentur als ersten Anlaufpunkt für ausländische Investoren. Intensive Gespräche, z.B. Kooperationverhandlungen, sollen, seiner Meinung nach, von den nationalen Agenturen durchgeführt werden, da diese vor Ort arbeiten und damit über mehr Detailwissen verfügen.[4]

---

[1]   INTERVIEW MLADEK.

[2]   DYBA, S. 8.

[3]   S. Anhang 8.2., Adressen.

[4]   INTERVIEW SCHEJBAL.

Zusammenfassend kann festgestellt werden, dass die Zahl der staatlichen und privaten Beratungsunternehmen ständig steigt, die Qualität der Beratungsdienste schwankt und die Berater in branchenspezifischen Fragen vielfach überfordert sind.

5. EMPIRISCHE UNTERSUCHUNG

5.1. Forschungsmethodik

In Anlehnung an Schnell[1] wurde diese empirische Untersuchung in neun Phasen unterteilt:

- Auswahl des Forschungsproblems;
- Theoriebildung;
- Bestimmung der Untersuchungsform;
- Auswahl der Untersuchungseinheiten;
- Datenerhebung;
- Datenerfassung;
- Datenanalyse;
- Publikation;

Diese Gliederung wurde mit Ausnahme der Phase "Publikation" übernommen.

5.1.1. Auswahl des Forschungsproblems

Wie im Vorwort bereits zum Ausdruck gebracht, sehen viele osteuropäische Firmen in der Kooperation mit einem westlichen Unternehmen die Lösung ihrer betriebswirtschaftlichen Probleme und damit eine schnellere und reibungslosere Umstellung ihres Betriebes von der Planwirtschaft auf die Gesetze der Marktwirtschaft.

Die empirische Untersuchung wurde auf die CSFR ausgerichtet, weil dieses Land nach Meinung des Verfassers eines der aussichtsreichsten Kandidaten beim Übergang zur Marktwirtschaft ist.

Die Bedeutung von JV-Unternehmungen wird weiterhin verstärkt durch die sinkende Bereitschaft internationaler Bankenkonsortiien und Unterstützungsfonds, den osteuropäischen Ländern finanzielle Mittel auf dem Weg zur Marktwirtschaft zur Verfügung zu stellen.

---

[1]   Vergl. SCHNELL/HILL/ESSER, S. 110.

5.1.2. Theoriebildung

Das intensive Studium der Fachliteratur und die Erfahrungen des Autors, die aus Beratungen von Staatsbetrieben sowie bereits privatisierten Staatsunternehmen stammen, bildeten die Grundlage für die Aufstellung von Hypothesen, die eine Beurteilung der Chancen und Risiken von JVs in der CSFR ermöglichen sollten. Die 24 Hypothesen sind in einer Übersicht in den beiden folgenden Textboxen zusammengestellt.

Hypothese 1:	*Die Mehrzahl der gegründeten JV-Unternehmen sind kleine Unternehmen mit weniger als 20 Mitarbeitern.*
Hypothese 2:	*Die verbreitetste JV-Gesellschaftsform in der CSFR ist die GmbH.*
Hypothese 3:	*Der Umsatz der Aktiengesellschaften ist grösser als der der Gesellschaften mit beschränkter Haftung.*
Hypothese 4:	*JV-Gründungen/-Beteiligungen finden schwerpunktmässig in Prag und Bratislava statt.*
Hypothese 5:	*Der Tätigkeitsschwerpunkt von JVs liegt in der Produktion.*
Hypothese 6:	*JVs werden ohne vorangegangene Geschäftsbeziehungen gegründet.*
Hypothese 7:	*Über 80% der gebildeten JVs bestehen nur aus zwei Partnern/ Gesellschaftern.*
Hypothese 8:	*Die meisten JVs in der CSFR werden mit deutschen Partnern gegründet.*
Hypothese 9:	*Vertragsverhandlungen zur Gründung einer AG dauern länger als bei einer GmbH.*
Hypothese 10:	*Deutsche Muttergesellschaften haben gegenüber Muttergesellschaften aus anderen Ländern insgesamt am meisten Kapital in JVs in der CSFR investiert.*

Textbox 24: Hypothesenübersicht, 1. Teil

Hypothese 11: Bei den JVs in der CSFR handelt es sich vorwiegend um Kleinstunternehmen mit Kleinstinvestitionen.

Hypothese 12: Absatzwirtschaftliche Motive stehen bei ausländischen Unternehmen bei der Gründung von JVs im Vordergrund.

Hypothese 13: Bessere Exportmöglichkeiten stellen das Hauptmotiv zur JV-Gründung für inländische Unternehmen dar.

Hypothese 14: Bei überwiegend ausländischer Kapitalbeteiligung hält ein Ausländer die Position des JVGM.

Hypothese 15: Die Aus- und Weiterbildung von JV-Führungspersonal ist noch von untergeordneter Bedeutung.

Hypothese 16: Die dominierende Geschäftssprache ist Englisch.

Hypothese 17: Umsatz- und Gewinnzuwachs sind für in- und ausländische JVGM gleichermassen die wichtigsten Erfolgsfaktoren.

Hypothese 18: Die Finanzbuchhaltung stellt derzeit den bedeutendsten Problembereich der JV-Unternehmen dar.

Hypothese 19: Die Anzahl unzufriedener Inlands-JV-Partner ist hoch.

Hypothese 20: Es bestehen keine klaren Vorstellungen über das Angebot staatlicher Unterstützungsleistungen.

Hypothese 21: Die Gefahren ausländischer Direktinvestitionen werden hoch eingeschätzt.

Hypothese 22: Vor einer JV-Gründung werden zur Beratung überwiegend die IHK und staatliche Beratungsstellen aufgesucht.

Hypothese 23: Die Qualität der Beratungsstellen ist nicht ausreichend.

Hypothese 24: Die wirtschaftlichen Zukunftsaussichten der CSFR werden positiv beurteilt.

Textbox 23: Hypothesenübersicht, 2. Teil

5.1.3. Bestimmung der Untersuchungsform

Zur Bestimmung einer geeigneten Untersuchungsform wurden die Untersuchungsformen der empirischen Sozialwissenschaften sorgfältig gegeneinander abgewogen. Da aus Gründen der Validität und Repräsentativität eine Vergleichbarkeit der einzelnen Umfrageergebnisse angestrebt wurde, schied das mündliche Interview aus und liess die schriftliche Befragung als geeignete Alternative erscheinen.

Der Verfasser entschied sich schliesslich für die *schriftliche Befragung mit persönlicher Unterstützung*. Ausschlaggebend für diese Entscheidung waren Hinweise, dass die Rücklaufquote einer schriftlichen Befragung in der CSFR im allgemeinen bei nur 3 bis 5 % liegt. Gründe hierfür waren, dass schriftliche Befragungen nicht nur wenig verbreitet waren, sondern bedingt durch die Erfahrungen der Vergangenheit die unbegründete Angst bestand, dass die Antworten gegen den Befragten verwendet werden. Vorteil der schriftlichen Befragung mit persönlicher Unterstützung war, dass der Fragebogen dem Interviewten persönlich übergeben, der Zweck der Befragung noch näher erläutert und inhaltliche Unklarheiten sofort beseitigt werden konnten. Nach der schriftlichen Befragung erhielten die Teilnehmer die Gelegenheit, dem Verfasser ihre im Zusammenhang mit dem JV auftretenden Probleme mitzuteilen.

Neben der schriftlichen Befragung mit persönlicher Unterstützung wurden noch 43 weitere strukturierte offene Gespräche zur JV-Thematik mit Professoren und wissenschaftlichen Mitarbeitern von Universitäten, Rechtsanwälten sowie Vertretern des öffentlichen Lebens, von Banken, Unternehmensberatungen, Agenturen und politischen Vereinigungen geführt. Die Aussagen und Angaben dieses Personenkreises wurden ebenso wie die Hinweise der Umfrageteilnehmer in den Kommentaren und Analysen des Kapitels 5.2. berücksichtigt, ohne in die zahlenmässige Auswertung aufgenommen zu werden. Die meisten Interviews dauerten durchschnittlich zwei Stunden, manche vier Stunden oder länger und wurden alle vom Verfasser persönlich durchgeführt. Die Interviews waren nur schwach strukturiert, um so einen tieferen Einblick in bereits bekannte Problemkreise sowie Zugang zu neuen Problematiken zu gewinnen.

5.1.4. Auswahl der Untersuchungseinheiten

Die theoretische Grundgesamtheit der zum Befragungszeitpunkt (November 1991) bestehenden JV-Unternehmen lag nach unterschiedlichen Schätzungen (vergl. Kap. 4.7., Joint Venture Entwicklung in der CSFR, JV-Statistik: Anzahl der JV-Unternehmen) zwischen 3.000 und 5.000 Betrieben. Weder das föderale Amt für Statistik noch die tschechische, slowakische oder föderale Agentur für ausländische Investitionen noch verschiedene Ministerien der beiden Republiken waren in der Lage, dem Verfasser die zum Zeitpunkt der Befragung tatsächliche Anzahl von EJVs in der CSFR zu nennen. Eine klare Abgrenzung der Grundgesamtheit im Sinne der Statistik war aus diesem Grund nicht möglich (vergl. S. 176, Textbox 26, Pkt 3).

Die einzig verfügbare Liste, die erst nach intensiven Recherchen gefunden und eigens für den Verfasser aktualisiert wurde, stammte von der Investment Bank in Prag. Diese alphabetisch nach Firmennamen geordnete Liste umfasste 787 Unternehmen mit ausländischer Beteiligung. Mit Hilfe der angegebenen prozentualen Verteilung der Unternehmensanteile zwischen den Gesellschaftern konnten 100%ige ausländische Tochtergesellschaften von bi-/multilateralen EJVs getrennt werden. Damit verringerte sich die Anzahl von 787 um 196 auf 591 Firmen.

Die beiden einzigen EJVs aus der Ost- und Mittelslowakei wurden aus Praktikabilitätsgründen von der Untersuchung ausgeschlossen; somit reduzierte sich die Anzahl von 591 um 2 auf 589 Unternehmen. Von diesen 589 Unternehmen (= Basis) wurden 183 Unternehmen aufgesucht. Für die Auswahl der Unternehmen war deren Erreichbarkeit, d.h. der mit dem Aufsuchen der Unternehmen direkt verbundene finanzielle und zeitliche Aufwand, entscheidend.

An dieser Stelle ist anzumerken, dass aufgrund der nicht definierbaren Grundgesamtheit und den insgesamt ungenügenden Informationen über die Grundgesamtheit den Anforderungen an eine Stichprobenkonstruktion (vergl. S. 176, Textbox 26, Pkt. 3) nicht entsprochen werden kann und sich damit eine Auswertung des empirischen Materials mittels schliessender Statistik verbietet.[1]

---

[1]   GESPRÄCH STIER.

(1)   Die Stichprobe muss ein verkleinertes Abbild der Grundgesamtheit hin-
      sichtlich der Heterogenität der Elemente und hinsichtlich der Repräsen-
      tativität der für die Hypothesenprüfung relevanten Variablen sein.

(2)   Die Einheiten oder Elemente der Stichprobe müssen definiert sein.

(3)   Die Grundgesamtheit sollte abgrenzbar und empirisch definierbar sein.

(4)   Das Auswahlverfahren muss abgrenzbar sein und Forderung 1 erfüllen.

Textbox 26: Anforderungen an eine Stichprobenkonstruktion

Von den 183 aufgesuchten Unternehmen mussten 37 Unternehmen subtrahiert werden, da bei diesen eine Befragung nicht durchführbar war. Die Gründe waren vielfältig:

Das Unternehmen
- war ohne Angabe der neuen Adresse verzogen;
- existierte, doch nicht als EJV;
- hatte aufgehört zu bestehen;
- war unter einer falschen Adresse aufgeführt;
- war nicht bereit, ein Interview zu geben und begründete dies mit schlechten Erfahrungen aus der kommunistischen Ära.

Die Anzahl der interviewten JVs bestand letztlich aus 146 EJVs, dies entspricht einer Rücklaufquote von 79,8% der aufgesuchten JVs und 24,8% der Basis (= 589 Firmen). Die 146 befragten Führungskräfte der JV-Unternehmen bekleiden folgende Positionen:

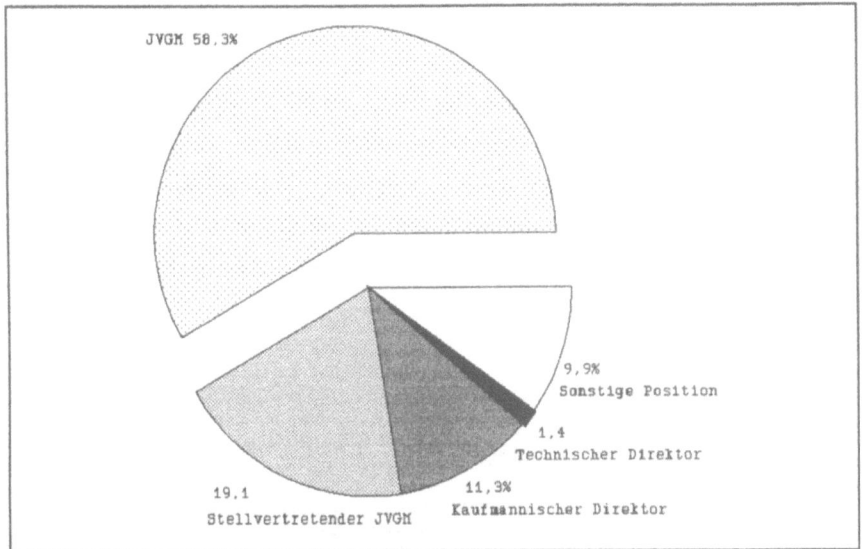

Abb. 7: *Zusammensetzung der Erhebungsgesamtheit*

Die Zusammensetzung der Erhebungsgesamtheit zeigt, dass die Fragebögen zu ca. 90% von Mitgliedern der Geschäftsleitung ausgefüllt wurden. Es darf somit angenommen werden, dass die Antworten die Erfahrungen der Entscheidungsträger in JV-Unternehmen wiedergeben und somit die *Validität* der empirischen Resultate gewährleistet ist.

Aussagen zur *Repräsentativität* können nicht getroffen werden. Da aber knapp 25% der "ermittelbaren" JV-Unternehmen interviewt wurden, ist davon auszugehen, dass von der ermittelten Verteilung der Merkmale der Auswahl auf die Verteilung der Merkmale der Basis zu schliessen ist und die empirische Untersuchung somit zumindest ein adäquates Bild der augenblicklichen JV-Situation in der CSFR vermittelt.

Einschränkungen, wie eine Mindestbetriebsdauer des JVs oder der Ausschluss von JVs aus bestimmten Branchen oder mit mehr als zwei JV-Partnern, wurden nicht vorgenommen, um die Erhebungsgesamtheit nicht weiter zu dezimieren.

5.1.5. Datenerhebung

Nach dem Studium der Primär- und Sekundärliteratur und der Hypothesenfestsetzung wurde die erste Fassung eines Fragebogens zur Datenerhebung erstellt. Dem Datenerhebungsinstrument wurde ein Anschreiben[1] der Forschungsstelle für Internationales Management beigefügt, welches über das Ziel und den Zweck der Umfrage aufklärte, eine vertrauliche Behandlung der Informationen zusicherte und dem Teilnehmer für seine Mitarbeit dankte. Der Fragebogen untergliederte sich in drei Teile:[2]

1. Angaben zum JV-Unternehmen;
2. Angaben zu den Muttergesellschaften;
3. Angaben zur CSFR-Volkswirtschaft;

Die im ersten Abschnitt des Umfragebogens aufgeführten Fragen wurden bewusst einfach gehalten, um die Teilnehmer nicht bereits zu Befragungsbeginn zu überfordern und damit das Interview zu gefährden.

Der Fragebogen besteht vorwiegend aus geschlossenen Fragen mit Einfach- oder Mehrfachauswahl.[3] Hervorzuheben ist ein spezieller Typ von geschlossenen Fragen, der eine Gewichtung vorgegebener Antworten mit Hilfe einer 5-stufigen Skala vorsieht, wobei die Skala z.B. von sehr wichtig bis völlig unwichtig reicht. Der Fragebogen enthält zudem zwei offene Fragen, die den Auskunftspersonen Raum zur Abgabe von persönlichen Stellungnahmen geben. Bei firmeninternen Fragen, z.B. nach der Umsatzhöhe der JV-Unternehmen, wurden im letzten Teil des Fragebogens sog. "Back-up-Fragen" eingebaut, mit denen sich die Konsistenz bzw. Ehrlichkeit der Antworten der Auskunftspersonen überprüfen liess. An dieser Stelle sei vorweggenommen, dass erfreulicherweise die Konsistenz bei diesen Back-up-Fragen bei über 97% lag. Auf eine klare inhaltliche und formale Gestaltung des Fragebogens wurde ebenso geachtet, wie auf die präzise Formulierung der Fragen.

---

[1]   Vergl. Kap. 8.1., Fragebogen.

[2]   Vergl. EBENDA.

[3]   Vergl. HAFERMALZ, S. 209.

Nachdem die erste Fassung des Datenerhebungsinstruments nach eingehender Diskussion in der Forschungsstelle für Internationales Management entsprechend korrigiert wurde, übersetzten zwei tschechische Studenten und zwei slowakische Studenten der Hochschule St. Gallen die deutsche Version des Fragebogens in die jeweiligen Landessprachen.[1] Beide Versionen wurden nochmals durch eine diplomierte Übersetzerin auf Übereinstimmung mit der deutschen Version hin überprüft, bevor eine Testbefragung Anfang November 1991 stattfand.

Die Testbefragung ergab, dass im westlichen Sprachgebrauch weit verbreitete Begriffe, wie Return on Investment, Gewinnthesaurierung, etc., näher erläutert werden mussten. Sie konnten nur in umschriebener Form in den tschechischen bzw. slowakischen Fragebogen aufgenommen werden.

5.1.6. Datenerfassung

Nach den durchaus erfreulichen Ergebnissen der *Testbefragung* wurde die empirische Untersuchung in den Monaten November/Dezember 1991 und Januar/Februar 1992 durchgeführt. In den Städten Cheb, Pilzen, Prag, Brünn, Bratislava und Karvina wurde die Umfrage von Wirtschafts- und Jurastudenten der jeweiligen Universitäten übernommen, die zuvor in einer dreistündigen Einführungsveranstaltung mit dieser Aufgabe vertraut gemacht wurden. Der Verfasser revanchierte sich bei den Studenten für ihre geleistete Arbeit mit einer halbtägigen Veranstaltung zum Thema "Foreign Direct Investments und JVs". Die Befragungsaktion wurde zu 75% von den Studenten durchgeführt, den restlichen Anteil übernahm der Verfasser, wobei dieser vorzugsweise JV-Unternehmen in ländlichen Regionen besuchte, die nur mit dem Personenkraftwagen erreichbar waren.

Durchschnittlich blieb etwa jeder fünfte Interviewanlauf erfolglos.[2] Z.T. konnten die JV-Geschäftsführer abends zu Hause erreicht werden, da die von der Investment Bank gestellte

---

[1]   Vergl. Kap. 8.1., Fragebogen.

[2]   Vergl. Kap. 5.1.4., Auswahl der Untersuchungseinheiten.

Liste auch die Adressen der JV-Geschäftsführer enthielt. Erst wenn der dritte Versuch erfolglos blieb, wurde von einem Interview Abstand genommen.

Da die Interviews als schriftliche Befragung mit persönlicher Unterstützung durchgeführt wurden, lag die Quote der vollständig beantworteten Fragebögen ausserordentlich hoch. Nur in Einzelfällen fühlten sich JV-Führungskräfte zur Beantwortung einer Frage nicht in der Lage. Daher ist bei der Darstellung der Untersuchungsergebnisse grundsätzlich von 146 Ergebnissen auszugehen. In abweichenden Fällen wird explizit auf die zugrundeliegende Anzahl von Antworten hingewiesen.

5.1.7. Datenanalyse

Die Analyse der Daten fand in Bowling Green/Ohio statt. Im ersten Schritt wurde für jede Variable und jede ihrer Ausprägungen eine fortlaufende Nummer vergeben und in einem *"Codebuch"* zusammengefasst. Die Resultate der Fragebögen wurden mittels Computer auf einen Datenträger (Diskette) übertragen und anschliessend auf Schreib-, Kodier- und Übertragungsfehler überprüft und bereinigt.

Die Auswertung wurde mit dem SPSS-Programmpaket auf der Grossrechneranlage der Bowling Green State University vorgenommen. Für jede der ca. 300 Variablen errechnete das Programm mit Methoden der deskriptiven Statistik automatisch die absolute und relative Häufigkeit, den Modus (Häufigkeitswert), den Median (Zentralwert), den Durchschnittswert (arithmetisches Mittel) und die durchschnittliche Abweichung, die Standardabweichung, die Varianz und die minimal und maximal beobachteten Werte (Spannweite) der Variablen. Für die Darstellung der Ergebnisse wurde grundsätzlich auf absolute und relative Häufigkeiten sowie auf Durchschnittswerte zurückgegriffen.

Parallel dazu wurden im Rahmen der Datenanalyse über 80 Variablenpaare auf Beziehungen hin untersucht. Dazu wurde jeweils eine Nullhypothese H^0 und eine relevante Alternativhypothese H^1 festgelegt. Konfidenzniveau (die Wahrscheinlichkeit, mit der es zu einer fälschlichen Abweichung von H^0 kommen darf) wurde bei allen untersuchten Zusammenhängen mit $\alpha = 0,05$ angesetzt. Da die Wertebereiche der untersuchten Variablen in den meisten Fällen in disjunkte Mengen eingeteilt waren, wurde vorwiegend mit dem chi^2-Anpassungstest gearbeitet, wobei chi^2 stets ein Mass für die Abweichung der wahren Verteilung von der hypothetischen ist.[1]

Einzig bei dem Variablenpaar "Gesellschaftsform" und "Umsatz" konnte eine gewisse Tendenz festgestellt werden.[2] In allen anderen untersuchten Fällen wurden keine Abhängigkeiten festgestellt. Hinzu kam, dass eine weitergehende Differenzierung der empirischen Daten nachträglich nicht möglich war. Die Darstellung der Ergebnisse hätte die Arbeit nur belastet, dem Leser aber keine zusätzlichen Erkenntnisse gebraccht. Die Ursache für die unzufriedenstellende "Ausbeute" kann durchaus in dem zu geringen Datenumfang liegen.

Zur Darstellung der Untersuchungsergebnisse wurden Häufigkeitstabellen und zwei- bzw. mehrdimensionale Matrixverteilungen mit Hilfe von Word-Perfect-Software, Graphiken, wie Kreissektorendiagramme, horizontale und vertikale Balkendiagramme, mit Freelance-Software erstellt.

---

[1]   Vergl. BRONSTEIN/SEMENDJAJEW, S. 169.

[2]   Vergl. Kap. 5.2.1.1., Beschreibung der JV-Unternehmen.

Die Darstellung und Interpretation der Untersuchungsergebnisse ist folgendermassen
aufgebaut:

- *Hypothese*
- *Ergebnis*
- *Interpretationen*

Diese Systematik wird an mehreren Stellen durchbrochen. So wurden etwa bei der Hälfte der
Ergebnisse *keine* Hypothese vorangestellt, weil das Ergebnis nur eine Variante eines anderen,
bereits beschriebenen Ergebnisses darstellt oder es als Resultat einer Frage aus dem
Fragebogen erscheint, die mit der Absicht gestellt wurde, zusätzliche, die Hypothese
unterstützende Informationen zu erhalten. Auf Interpretationen wurde immer dann verzichtet,
wenn die Ergebnisse selbsterklärend waren. Vorwiegend die besonders interessanten und
missverständlichen Ergebnisse wurden genauer interpretiert.

5.2.1. Analyse der untersuchten Joint-Venture Unternehmen
5.2.1.1. Beschreibung der JV-Unternehmen

- *Gründungsjahr der Joint Ventures*
- *Ergebnis:*

Gründungsjahr	Absolut	Prozent
vor 1986	0	0
1987	0	0
1988	3	2,1
1989	7	4,8
1990	58	39,7
1991	78	53,4

Tab. 21: Gründungsjahr der JV-Firmen

Der Gründungszeitpunkt lag bei über der Hälfte der JV-Firmen im Jahr 1991.

▶ *Interpretationen:*

Mit Hilfe von Tabelle 21 lässt sich sehr gut die dynamische Entwicklung der JV-Gründungen erkennen. 6,9% der untersuchten JV-Unternehmen bestanden bereits *vor* der Öffnung der CSFR, wurden also vor 1990 gegründet. Dieses empirische Ergebnis entspricht den offiziell vorliegenden Zahlen.[1] Demnach fallen in den Zeitraum bis zum 31.12.89 7,8% der JV-Gründungen. Der geringe Prozentsatz lässt sich damit erklären, dass JVs in der CSFR erst seit 1982 zulässig waren und erst 1987 einen gesetzlichen Rahmen erhielten.[2] Es ist anzunehmen, dass der kräftige Anstieg der JV-Gründungen in den Jahren 1990 und 1991 der Liberalisierung der CSFR-Wirtschaft, der Stabilisierung der tschechoslowakischen Legislative und dem Beginn des ökonomischen Reformprogrammes zuzuschieben ist.

> ▶ *Hypothese 1:*   *Die Mehrzahl der gegründeten JV-Unternehmen sind kleine*
> *Unternehmen mit weniger als 20 Mitarbeitern.*

▶ *Ergebnis:*

Anzahl der Mitarbeiter	Absolut	Prozent
unter 20	116	79,4
20 - 49	14	9,6
50 - 99	7	4,8
100 - 299	5	3,4
300 - 999	3	2,1
1.000 - 4.999	1	0,7
über 5.000	0	0,0

Tab. 22: Mitarbeiteranzahl der JV-Firmen

Die grosse Mehrheit der JV-Unternehmen beschäftigt weniger als 20 Mitarbeiter und ca. 14% der Unternehmen weniger als 100 Beschäftigte. Nur ein Unternehmen (0,7%) der

---

[1]   Vergl. Kap. 4.7., Joint Venture Entwicklung in der CSFR, JV-Statistik: Anzahl der JV-Unternehmen.

[2]   Vergl. Kap. 4.7., Joint Venture Entwicklung in der CSFR.

verbleibenden 6% der Unternehmen verfügte in der empirischen Untersuchung über einen Mitarbeiterstamm von mehr als 1000 Angestellten und Arbeitern.

▶ *Interpretationen:*

Das empirische Ergebnis deckt sich mit den Aussagen von Minister Dyba: "The majority ... represents small companies"[1] und Herrn Selecky: "Die Mehrzahl der JV-Unternehmen können als typische Ein- oder Zwei-Mann-Unternehmen bezeichnet werden".[2] Gerade die letzte Aussage kann, wenn auch nicht durch die schriftliche Befragung, so zumindest durch die persönlichen Eindrücke bei den besuchten JV-Unternehmen vor Ort, bestätigt werden. Häufig machten beengte räumliche Verhältnisse und fehlende Standortalternativen eine Vergrösserung der Belegschaft unmöglich. *Die empirischen Ergebnisse widersprechen der aufgestellten Hypothese nicht.*

▶ *Jährlicher Umsatz der JV-Unternehmen*

▶ *Ergebnis:*

Umsatzhöhe in TSD. CSK	Absolut	Prozent
unter CSK 200	20	13,7
CSK 200 - 1.999	37	25,3
CSK 2.000 - 4.999	15	10,3
CSK 5.000 - 9.999	13	8,9
CSK 10.000 - 49.999	21	14,4
CSK 50.000 - 499.999	25	17,1
über CSK 500.000	15	10,3

Tab. 23: Umsatz der JV-Firmen

Einem jährlichen Umsatz von unter CSK 2 Mio., beziehungsweise unter DM 120.000, weisen 39% der Unternehmen aus. Im Bereich von CSK 2 bis 50 Mio. (CSK 50 Mio. entspricht etwa DM 3 Mio.) liegen weitere 33,6% der Unternehmen. Immerhin 15 Unternehmen geben einen Umsatz von über DM 30 Mio. (CSK 500 Mio.) an.

---

[1]   Vergl. Kap. 4.7., Joint Venture Entwicklung in der CSFR.

[2]   EBENDA.

▶ *Interpretationen:*

Unternehmen, deren Umsätze in die ersten beiden Umsatzstufen fallen, gehören meist in die vorhin schon erwähnte Kategorie der Ein- und Zwei-Mann-Unternehmen. Häufig handelt es sich um eine Neben- oder Feierabendtätigkeit im Vertriebsbereich, die, falls entwicklungs- fähig, laut Aussage einiger Interviewter, später zur Haupttätigkeit ausgebaut werden soll. Aussagen bezüglich der restlichen Umsatzstufen können nicht gemacht werden.

> ▶ *Hypothese 2:*　　*Die verbreitetste JV-Gesellschaftsform in der CSFR ist die GmbH.*

▶ *Ergebnis:*

Gesellschaftsform	Absolut	Prozent
Gesellschaft mit beschränkter Haftung	102	69,7
Offene Handelsgesellschaft	1	0,7
Aktiengesellschaft	43	29,6
Kommanditgesellschaft	0	0,0

Tab. 24: Gesellschaftsformen der JV-Firmen

▶ *Interpretationen:*

An früherer Stelle[1] wurde bereits bemerkt, dass eine "Gesellschaft mit beschränkter Haftung" relativ einfach, d.h. ohne Erfüllung nennenswerter Voraussetzungen gegründet werden kann. Das Ergebnis der empirischen Untersuchung bestätigt diese bevorzugte Stellung der GmbH als Gesellschaftsform.

Die Gesellschaftsform der Aktiengesellschaft wurde bei fast 30% der Unternehmens- gründungen gewählt. Die Erhöhung des Grundkapitals für AGs von CSK 100.000 auf CSK

---

[1]　　Vergl. Kap. 4.3.2., Regelungen des Handelsgesetzbuches.

1 Mio.[1] durch die Einführung des neuen Handelsgesetzbuches zum 01.01.1993 wird sich eher hemmend auf die Gründung neuer Aktiengesellschaften auswirken.

Die beiden übrigen Gesellschaftsformen (offene Handelsgesellschaft und Kommanditgesellschaft) werden wegen des persönlichen Haftungsrisikos nur in Ausnahmefällen als Gesellschaftsform gewählt. Das empirische Ergebnis in diesem Punkt bestätigt die Vorgehensweise in Kap. 4.3.2., nicht auf die gesetzlichen Aspekte dieser beiden Gesellschaftsformen einzugehen. *Die empirischen Ergebnisse widersprechen der aufgestellten Hypothese nicht.*

> ► *Hypothese 3:*   *Der Umsatz der Aktiengesellschaften ist grösser als der der Gesellschaften mit beschränkter Haftung.*

► *Ergebnis:*

Gesell-schafts-form	< CSK 2 Mio. Relativ	Anteil	< CSK 50 Mio. Relativ	Anteil	> CSK 50 Mio. Relativ	Anteil	Prozentsumme Relativ	Anteil
GmbH	44,4%	31,0%	33,0%	23,0%	22,6%	15,8%	100,0%	69,8%
AG	29,2%	8,6%	29,2%	8,6%	41,7%	12,3%	100,0%	29,5%

Anteil = Anteil an der Gesamtzahl der interviewten JV-Unternehmen.

Tab. 25: Gesellschaftsform/Umsatz

Wird die Variable Gesellschaftsform mit den Ausprägungen "GmbH" und "AG" mit der Variablen Umsatz in Form der drei Ausprägungen "< CSK 2 Mio.", "CSK < 50 Mio." und "CSK > 50 Mio." ins Verhältnis gesetzt, führt dies zu einem interessanten Ergebnis. Während die Gesellschaftsform der GmbH absolut betrachtet in allen drei Umsatzklassen dominiert, ergibt eine relative Betrachtung, dass die Gesellschaftsform der AG der Gesellschaftsform der GmbH in hohen Umsatzklassen vorgezogen wird.

---

[1]   Vergl. Kap. 4.3.2.2., Aktiengesellschaft, und Kap. 4.8., Förderung von ausländischen Investitionen in der CSFR.

▶ *Interpretationen:*

Die Analyse des empirischen Ergebnisses weist auf eine Beziehung zwischen dem Variablenpaar Gesellschaftsform und Umsatz in den Ausprägungen GmbH/AG bzw. < CSK 2 Mio./ < CSK 50 Mio./ > CSK 50 Mio. hin. Demnach steht die Gesellschaftsform in Abhängigkeit von der Höhe des zu erwartenden Umsatzes. Dieser Zusammenhang lässt sich allerdings nicht stichhaltig begründen. So existieren multinationale Unternehmen mit der Rechtsform einer Gesellschaft mit beschränkter Haftung (z.B. Robert Bosch GmbH), andererseits aber auch Aktiengesellschaften mit ausschliesslich nationaler Marktorientierung, wenigen Beschäftigten und niedrigen Jahresumsätzen. Beide Rechtsformen weisen sowohl Vorteile als auch Nachteile in wirtschaftlicher, rechtlicher und steuerrechtlicher Richtung auf. Faktoren wie Haftung, Leitungsbefugnis, Finanzierungsmöglichkeiten, Steuerbelastung, Gewinn- und Verlustbeteiligung, Publizitätszwang und Aufwendungen der Rechtsform[1] müssen von Fall zu Fall gegeneinander abgewogen werden. *Die empirischen Ergebnisse widersprechen der aufgestellten Hypothese nicht.*

---

[1]   Vergl. WÖHE, S. 264.

5.2.1.2. Regionale und sektorale Distribution der untersuchten JV-Unternehmen

> ► *Hypothese 4:*   *JV-Gründungen/-Beteiligungen finden schwerpunktmässig in Prag und Bratislava statt.*

Die Unterteilung der CSFR in 12 Regionen erfolgte analog der vom Föderalen Amt für Statistik gewählten Form.

► *Ergebnis:*

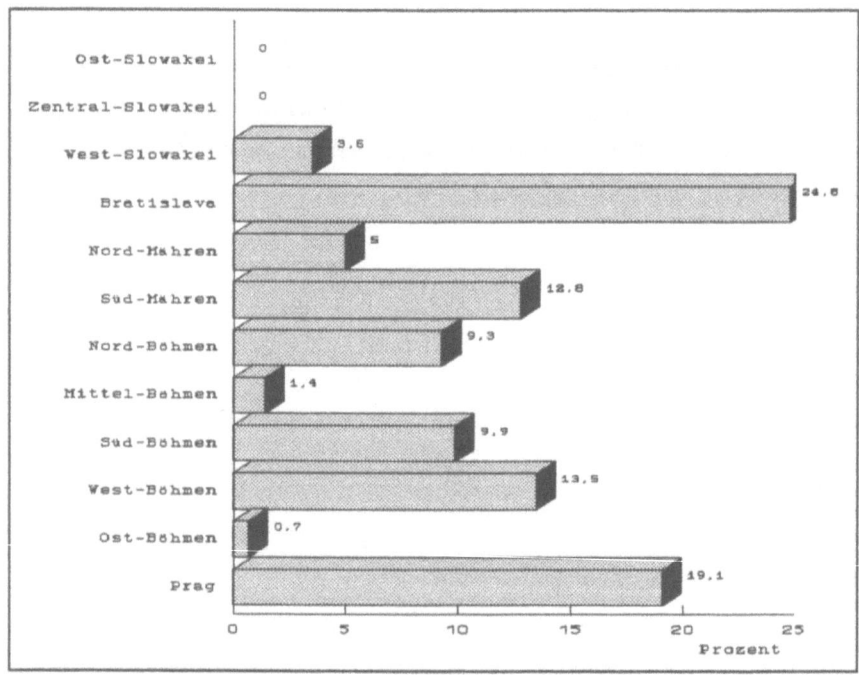

Abb. 8: Verteilung der JV-Firmen nach Regionen

Die JV-Unternehmen der Befragten liegen schwerpunktmässig im Raum Bratislava (24,8%) und Prag (19,1%). Wie bereits in Kap. 5.1.4., Auswahl der Untersuchungseinheiten, erwähnt, wurden wegen des unverhältnismässig hohen Aufwandes keine der verstreut liegenden JV-Unternehmen in der Ost- und Zentralslowakei interviewt.

▶ *Interpretationen:*

Das empirische Ergebnis weist weitgehende Übereinstimmung mit einer von der Economic Commission for Europe von August 1990 bis Mai 1991 durchgeführten Umfrage auf. Hiernach konzentrieren sich die JV-Unternehmen auf die Regionen Prag und Bratislava. "As many as ... 26% conduct operations from Prague and 29% From Bratislava".[1] Der Vergleich mit dem vorliegenden empirischen Ergebnis unterstützt diese Beobachtung. Prag und Bratislava scheinen mit Abstand zu den anderen Regionen die interessantesten Standorte zu sein. Ausländische Muttergesellschaften mit vorwiegend absatzwirtschaftlichen Motiven sehen scheinbar in den Ballungszentren Prag und Bratislava am ehesten die Chance, ihre Ziele schnell zu realisieren. Interessant ist auch, dass in der empirischen Untersuchung analog zu der oben durchgeführten Umfrage mehr JV-Unternehmen in der Region Bratislava als in der Region Prag vertreten waren. *Die empirischen Ergebnisse widersprechen der aufgestellten Hypothese nicht.*

▶ *Verhältnis von Region zu Umsatz*

Eine Untersuchung der Zusammenhänge zwischen dem Standort des JV-Unternehmens (Region Slowakei, Mähren, Böhmen, Prag) und dem Umsatz (Umsatzstufen < CSK 2 Mio., < CSK 50 Mio., > CSK 50 Mio.) führt zu folgendem Ergebnis.

---

[1] Vergl. UNITED NATIONS. ECONOMIC COMMISSION FOR EUROPE, Statistical Survey of Recent Trends in Foreign Investments in Eastern European Countries.

► *Ergebnis:*

Region/Umsatz (in %)	< CSK 2 Mio.	< CSK 50 Mio.	> CSK 50 Mio.	Summe Region	
Slowakei	13,5%	9,9%	5,0%	28,4%	28,4%
Mähren	5,0%	5,7%	7,0%	17,7%	
Böhmen	16,3%	9,9%	8,5%	34,7%	
Prag	4,3%	7,8%	7,1%	19,2%	71,6%
Summe Umsatzstufen	39,1%	33,3%	27,6%		100%

Tab. 26: Verhältnis Region zu Umsatz

Der Anteil der Kleinstunternehmen mit geringen Umsätzen (39,1%) ist höher als der Anteil der JV-Unternehmen mit hohen Umsätzen (27,6%).[1] Während in der Slowakei und Böhmen Unternehmen mit geringerem Umsatz existieren, überwiegen in Prag und Mähren Unternehmen mit hohem Umsatz.

► *Interpretationen:*

Für Investoren, die vor der Grundsatzfrage "Tschechische oder Slowakische Republik als Standort?" stehen, kann das empirische Ergebnis ein Entscheidungskriterium sein. Immerhin ist der Umsatz in der tschechischen Republik (Böhmen, Mähren, Prag) über 2,5 mal so gross wie in der Slowakei.

Interessant ist auch die Feststellung, dass JVs in Prag und Bratislava in 1991 nahezu gleiche Umsätze aufweisen - für Prag 19,2% und für Bratislava 19,9% (nicht aus der Tabelle entnehmbar).

Berücksichtigt man, dass etwa 70% der JVs in der Slowakei ihren Firmensitz in Bratislava haben,[2] entfallen nur noch ca. 8,5% des Umsatzes auf die restliche Slowakei. Dies verdeutlicht die unterentwickelte JV-Situation in der Rest-Slowakei und im Verhältnis dazu die Attraktivität des Grossraumes Bratislava.

---

[1]　Vergl. Tab. 23, Umsatz der JV-Firmen.

[2]　Vergl. Kap. 4.7., Joint-Venture Entwicklung in der CSFR, JV-Statistik: Gliederung der JVs nach Regionen.

▶ *Einwohnerzahl am Firmenstandort*

Mit der Frage nach der regionalen Distribution verknüpft ist die Frage nach der Einwohnerzahl am Firmenstandort.

▶ *Ergebnis:*

Einwohnerzahl	Absolut	Prozent
unter 10.000	5	3,6
10.000 - 49.999	21	15,2
50.000 - 99.999	6	4,3
100.000 - 249.999	23	16,7
250.000 - 499.999	55	39,9
über 500.000 (Prag)	28	20,3

Tab. 27: Einwohnerzahl am Firmenstandort

Zusammenfassend kann festgestellt werden, dass ca. 60% aller JV-Unternehmen in Städten mit über 250.000 Einwohnern ihren Geschäftssitz haben, die restlichen ca. 40% verteilen sich vorwiegend auf die Kreisstädte in den beiden Republiken.

▶ *Interpretationen:*

Bei Neugründungen von JVs werden Standorte in Ballungsgebieten mit entsprechender Infrastruktur bevorzugt. Gerade in ländlichen Bereichen in der tschechischen wie der slowakischen Republik sind die infrastrukturellen Unterschiede im Vergleich zu Ballungsräumen in der CSFR (Städte mit über 100.000 Einwohnern) oder ländlichen Räumen in Westeuropa relativ markant. So konnte die empirische Untersuchung JV-Unternehmen vielfach nicht telefonisch angekündigt werden, da sie über keinen Telefonanschluss verfügten. Aber gerade ein Telefonanschluss stellt für alle Unternehmen, unabhängig von Branche und Tätigkeitsschwerpunkt, gerade in der Zeit unmittelbar nach der Gründung des Unternehmens die einzige Möglichkeit dar, effizient Kunden zu gewinnen.

Weiterhin scheinen die Absatzchancen aufgrund des noch jungen Marktes in Grossstädten und deren Umgebungen für JV-Unternehmen am grössten zu sein.

▶ *Verteilung der JV-Firmen nach Branchen*

Der Verfasser beabsichtigte an dieser Stelle mit Hilfe der "Standard International Trade Classification (SITC)"[1] einen Vergleich der verschiedenen Branchenkonzentrationen zwischen der CSFR, anderen osteuropäischen Ländern und ausgewählten westeuropäischen Ländern anzustellen. Dies liess sich nicht realisieren, da die Hauptgruppen des SITC nicht genügend detailliert, die einzelnen Positionen (über 200) jedoch zu breit gefächert und daher zur Aufnahme in den Fragebogen ungeeignet waren.

Um dennoch eine Verteilung der JV-Unternehmen nach Branchen zu erhalten, musste der Verfasser eine eigene Branchenübersicht entwickeln. Mit 30 Antwortmöglichkeiten schien eine ausreichende Differenzierung für diese Befragungsaktion gegeben. In Fällen, in denen die jeweilige Unternehmenstätigkeit keiner Branche direkt zuzuordnen war, erhielt der Umfrageteilnehmer die Möglichkeit durch Ankreuzen mehrerer Branchen (Mehrfachnennungen), die Unternehmenstätigkeit zu spezifizieren.

---

[1]   ORGANISATION FOR ECONOMIC CO-OPERATION AND DEVELOPMENT, Foreign Trade by Commodities.

▸ *Ergebnis:*

Branche	Anzahl	Branche	Anzahl
Handel und Vertrieb	54	Elektrotechnik	4
Gewerbliche Dienstleistungen	26	Be- und Verarbeitung von Holz	4
Bauingenieurwesen	21	Medienindustrie	3
Tourismus	18	Gummi, Kunststoffe	3
Nahrungsmittel, Getränke, Tabak	12	Metallverarbeitung	3
Maschinenbau	11	Energie	2
Weitere Dienstleistungen	10	Glas	2
Textilien, Bekleidung, Schuhe	9	Möbelindustrie	2
EDV-Informationsdienste	8	Keramikindustrie	1
Transportwesen	7	Sonstige Fertigungsindustrie	1
Metallerzeugnisse	7	Produktion von Metallen	1
Elektronikindustrie	6	Bearbeitung von Steinen und Erden	0
Papier, Druck, Verlagsgewerbe	5	Fahrzeugbau	0
Chemische Industrie	5	Feinmechanik und Optik	0
Finanzdienstleistungen	4	Bergbauindustrie	0

(Mehrfachnennungen möglich)

Tab. 28: *Verteilung der JV-Firmen nach Branchen*

▸ *Interpretationen:*

Genau die Hälfte der befragten Unternehmen lassen sich vier Branchen zuordnen: Handel und Vertrieb, Gewerbliche Dienstleistungen, Bauingenieurwesen und Tourismus. Geringe Anfangsinvestitionen, aber auch die Hoffnung auf eine "schnelle Krone" sind wahrscheinlich die Gründe für diese Entwicklung.

An dritter Stelle mit 21 Antworten lagen Bauingenieure und Architektenbüros. Viele westliche Büros lassen sich durch ihre CSFR-Partner Bauentwürfe und -pläne zu weitaus günstigeren Kosten als im Anlageland erstellen. Immenser Nachholbedarf bei allen Formen der Dienstleistung führten zu der allgemeinen hohen Konzentration von JVs in diesem Bereich.

Die Ergebnisse der empirischen Untersuchung stimmen auch grösstenteils mit den Ergebnissen[1] einer Untersuchung, die im Auftrag der United Nations, Economic Commssion for Europe Ende 1990/Anfang 1991 durchgeführt wurde, überein. Zum Vergleich der beiden Studien wurden artverwandte Branchen der empirischen Untersuchung zusammengefasst und in der folgenden Tabelle der UN-Studie gegenübergestellt.

Branchen	UN-Studie Prozent	Empirische Studie Prozent
Dienstleistungen	20 - 22	27,9
Handel	20	23,6
Konsumgüterindustrie	11	15,7
Metallverarbeitende Industrie	7 - 9	4,8
Chemische Industrie	10	4,3
Bauindustrie	5 - 6	0,4
Maschinenbau	15 - 17	4,8
Land- und Forstwirtschaft	3,5	0
Hotels und Restaurants	3	7,8
Holz- und Papierverarbeitung	6 - 7	3,9
Telekommunikation und Transport	6	7,8

Tab. 29: Gliederung der JV-Unternehmen nach Branchen

► **Hypothese 5:**   *Der Tätigkeitsschwerpunkt von JVs liegt in der Produktion.*

Mit der Frage nach dem Tätigkeitsschwerpunkt des JV-Unternehmens sollte ermittelt werden, ob gemäss der Hypothese die innerbetriebliche Funktion "Produktion" im Zentrum des betrieblichen Geschehens steht. Die Vermutung lag nahe, da die niedrigen Lohnkosten ein Produktions-JV sehr attraktiv erscheinen lassen.

---

[1]   Vergl. Kap. 4.7., Joint Venture Entwicklung in der CSFR, JV-Statistik: JVs nach Branchen.

Bereits während des Pretests musste festgestellt werden, dass sich einige Befragte als Dienstleister sahen und daher keine Zuordnung zu den angebotenen innerbetrieblichen Funktionsbereichen vornehmen wollten. Aus diesem Grund wurde nachträglich die Antwortmöglichkeit "Dienstleistungen" in die Antwortauswahl aufgenommen. Nur eine Antwort war erlaubt.

▶ *Ergebnis*

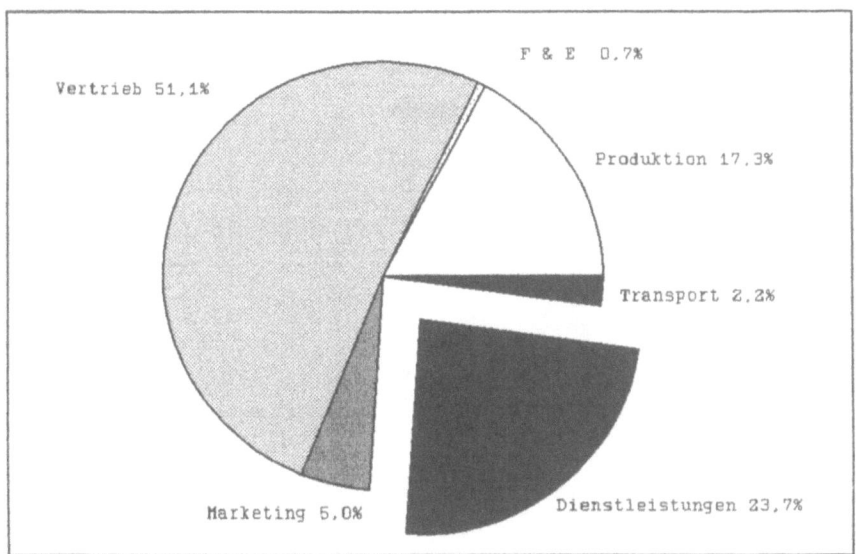

Abb. 9: Tätigkeitsschwerpunkte der JV-Firmen

Keiner der Befragten JV-Führungskräfte gab "Einkauf" als innerbetrieblichen Schwerpunkt an. Aus Gründen der Darstellung wurde auf die Aufnahme der Rubrik Einkauf in das Kreisdiagramm verzichtet. 23,7% sahen ihren Schwerpunkt in der Dienstleistung (z.B. Handwerker). Von den verbleibenden ca. 75% entfielen zweidrittel der Antworten auf den Vertrieb (Vertriebs-JV)[1]. Erst mit grossem Abstand wurde die Produktion (17,3%) als innerbetrieblicher Schwerpunkt genannt. Die verbleibenden drei Tätigkeitsfelder (Marketing, Transport, F&E) sind eher von untergeordneter Bedeutung.

---

[1]   Vergl. Kap. 3.4., Typologisierungsansätze von Joint Ventures.

▶ *Interpretationen:*

Werden die artverwandten Tätigkeitsschwerpunkte Vertrieb (51,1%) und Marketing (5,0%) addiert und der Produktion gegenübergestellt, ergibt sich eine klare Dominanz der absatzwirtschaftlich orientierten JV-Unternehmen. Geht man davon aus, dass die Mehrzahl der Dienstleister im Rahmen ihrer Dienstleistung neue Produkte installieren bzw. neues Material verwenden, d.h. letztlich auch in Form des Einzelhandels vertreiben, kann davon ein durchaus interessantes Fazit gezogen werden: ca. 80% der JV-Unternehmen sind absatzwirtschaftlich orientiert (Tätigkeitsschwerpunkt Vertrieb) und bei nur ca. 20% der Unternehmen liegt der Tätigkeitsschwerpunkt in der Produktion. *Die empirischen Ergebnisse stehen in Widerspruch zur aufgestellten Hypothese.*

5.2.2. Analyse der Muttergesellschaften/JV-Partner

5.2.2.1. Beschreibung der Muttergesellschaften/JV-Partner

> ▸ *Hypothese 6:*   *JVs werden ohne vorangegangene Geschäftsbeziehuneng ge-
> gründet.*

Die Hypothese wurde in dieser Form aufgestellt, weil anzunehmen war, dass die politische
Situation vor 1990 nur einer kleinen Anzahl von CSFR-Unternehmen Beziehungen mit
ausländischen Unternehmen aufweisen erlaubte.

▸ *Ergebnis:*

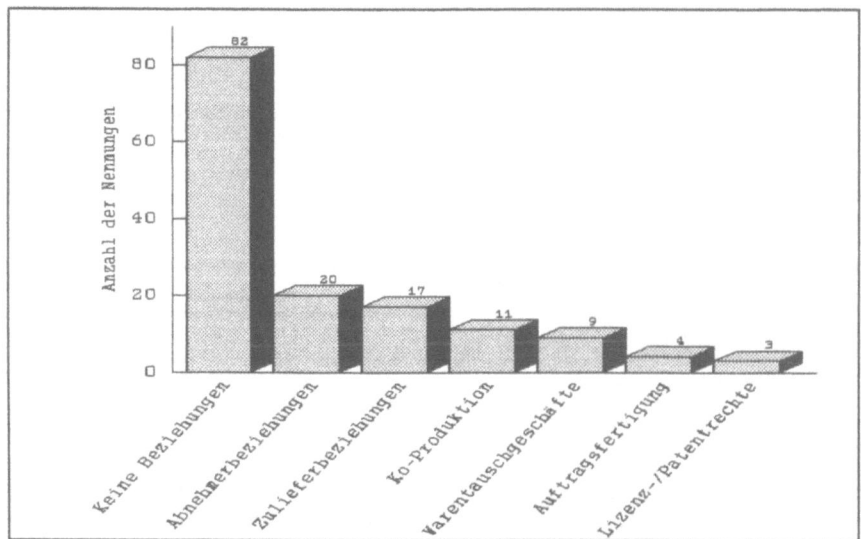

Abb. 10: Vorangegangene Beziehungen zwischen den JV-Partnern

▸ *Interpretationen:*

Die Mehrzahl der JV-Partner standen vor der Gründung des JVs in keinerlei Beziehung
zueinander. Doch der optische Eindruck trügt zum Teil. Nahezu die Hälfte der JV-Partner
(45%) standen bereits vor der Gründung des JVs in Beziehung zueinander. Dabei handelte
es sich vorallem um Abnehmer- (13,5%) und Zulieferbeziehungen (12,2%), gefolgt von

Beziehungen aufgrund von Ko-Produktion (8,1%) und Warentauschgeschäften (6,1%).
Während der Interviews gaben eine nicht unerhebliche Anzahl der Befragten zu verstehen,
dass primär eine persönliche Beziehung zum ausländischen JV-Partner Ausgangspunkt für die
Geschäftsbeziehung war. Viele tschechische und slowakische Staatsbürger wurden im
Anschluss an den Prager Frühling ihrer Position enthoben, verfolgt und emigrierten
schliesslich in das benachbarte westeuropäische Ausland. Dort bauten einige von ihnen eine
Existenz in Form eines Unternehmens auf und kooperierten aus betriebswirtschaftlichen,
humanitären oder sonstigen Gründen mit früheren Geschäftsfreunden oder den zurückgelasse-
nen Verwandten. *Die empirischen Ergebnisse widersprechen der aufgestellten Hypothese*
nicht.

▶ *Initiatoren der JVs*
Die volkswirtschaftliche Situation des Landes und wirtschaftliche Lage vieler tschechoslowakischer Unternehmen erlaubt die Schlussfolgerung, dass die tschechoslowakischen
Unternehmen überwiegend die Initiatoren einer JV-Gründung mit ausländischen Unternehmen
sind.

▶ *Ergebnis:*

Initiatoren	Absolut	Prozent
Tschechoslowakisches Unternehmen	68	46,6
Ausländisches Unternehmen	77	52,7
Staatliche Stellen in der CSFR	1	0,7
Staatliche Stellen im Land der ausländischen Muttergesellschaft	0	0,0

Tab. 30: Initiatoren zur Gründung des Joint Ventures
Das Ergebnis der empirischen Untersuchung zeigt, dass der Impuls zur Gründung eines JVs
mehrheitlich von den ausländischen Unternehmen ausgeht. Staatliche Stellen im In- und
Ausland spielen bei der Gründung von JVs im allgemeinen keine Rolle.

▶ *Interpretationen:*
Eine Erklärung dafür, dass ausländische Unternehmen mehrheitlich die Initiatoren des JVs

sind kann in deren Bestreben gesehen werden, neue Märkte zu erschliessen, den Ausbau des eigenen Dienstleistungsbetriebes zu forcieren oder kostengünstiger als im Anlageland zu produzieren. Solche internationalen Bestrebungen sind beim inländischen Partner noch weniger ausgeprägt. Trotzdem sollte nicht übersehen werden, dass die ausländischen Unternehmen nur mit einer schwachen Mehrheit die Initiatoren der JVs sind, d.h. der Impuls relativ ausgeglichen von in-und ausländischen Unternehmen ausgegangen ist.

▸ *Privatwirtschaftliche/Staatliche Muttergesellschaften*

JVs im westlichen Ausland werden meist von zwei juristischen privatwirtschaftlichen Personen gegründet. Wie die Situation derzeit bei JVs in der CSFR aussieht, kann folgender Tabelle entnommen werden.

▸ *Ergebnis*

Muttergesellschaften	Absolut	Prozent
Zwei privatwirtschaftliche Firmen/Personen	105	71,9
Eine privatwirtschaftliche Auslandsfirma und ein staatlicher CSFR-Betrieb	32	21,9
Ein staatlicher Auslandsbetrieb und eine privatwirtschaftliche CSFR-Firma	3	2,1
Zwei staatliche Betriebe	6	4,1

Tab. 31: Verhältnis von privatwirtschaftlichen zu staatlichen Muttergesellschaften
71,9% der Auskunftspersonen gaben an, dass JV wurde von zwei privatwirtschaftlichen juristischen bzw. zwei natürlichen Personen gegründet. In über 20% der Fälle setzten sich die Muttergesellschaften aus einer privatwirtschaftlichen ausländischen juristischen Person und einem staatlichen CSFR-Unternehmen zusammen. Auf die beiden verbleibenden Aus-wahlmöglichkeiten entfielen nur ca. 6% der Antworten.

▸ *Interpretationen:*

Nachträglich gesehen wäre eine Differenzierung der Antworten zwischen juristischen und natürlichen Personen wünschenswert gewesen. Es ist allerdings davon auszugehen, dass der Anteil der Kombination natürlichen inländischen mit natürlichen ausländischen Personen sowie natürlichen inländischen mit juristischen ausländischen Personen steigen wird. Die anderen in der Tabelle aufgeführten Kombinationen werden eher an Bedeutung verlieren.

> ▸ __Hypothese 7:__   *Über 80% der gebildeten JVs bestehen nur aus zwei Partnern/*
> *Gesellschaftern.*

Die Anzahl der Partner innerhalb eines JVs bestimmt massgeblich die Möglichkeiten der Durchsetzung eigener Interessen, die finanzielle und personelle Beteiligung, das Risiko aber auch den Gewinnanteil. Je mehr Personen an einem JV beteiligt sind, desto komplizierter gestaltet sich die Führung des Unternehmens. Die Konsensfindung nimmt dann übermässig Zeit in Anspruch.

▸ *Ergebnis:*

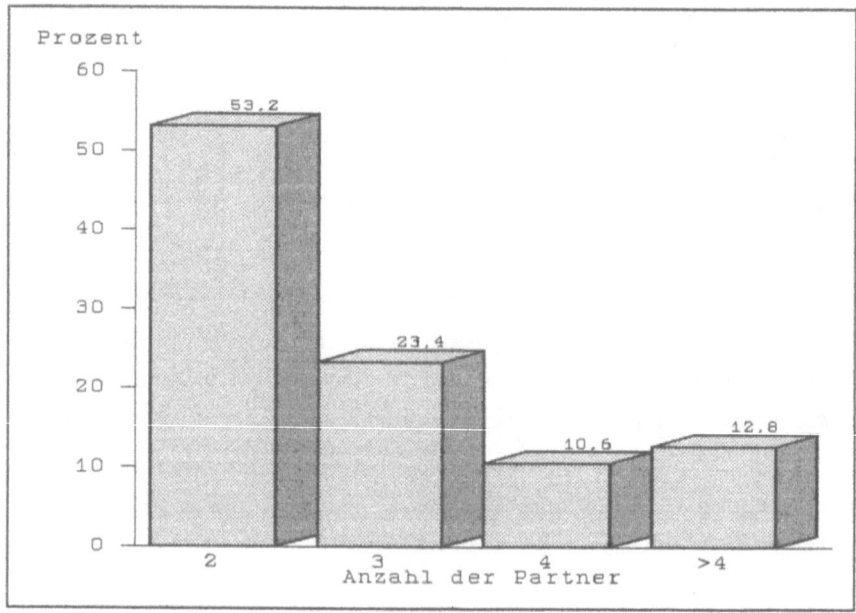

Abb. 11: Anzahl der Partner

Über die Hälfte der JVs wurden von nur zwei Gesellschaftern, über 45% von mehr als zwei Gesellschaftern gegründet. Erstaunlich hoch ist die Anzahl der JVs mit über 4 Partnern

(12,8%). In einem Fall wurden sogar 15 Gesellschafter angegeben. Ca. 90% der JV-Unternehmen in dieser Gruppe (über 4 Partner) hatten in der Regel jedoch nur 5 oder 6 Gesellschafter.

▸ *Interpretationen:*
Die Gründe, ein JV mit drei und mehr Partnern zu formen, sind vielfältig. Fehlendes Selbstvertrauen in den Bereichen Unternehmensführung, Rechnungswesen sowie Marketing führen häufig trotz vorhandenem Selbstvertrauen auf technischem Gebiet, zur Entscheidung des CSFR-Partners, noch einen weiteren Landsmann des eigenen Vertrauens in das JV aufzunehmen.

Abgesehen von einigen hohen Funktionären der früheren kommunistischen Partei der Tschechoslowakei haben zudem durchweg alle tschechoslowakischen Bürger mit einer mangelhaften Eigenkapitalausstattung zu kämpfen, die mitunter zwangsläufig die Aufnahme von weiteren JV-Partnern erforderlich macht.

Gewachsen über 40 Jahre Kommunismus mag auch die Vorstellung sein, dass gemeinschaftlich (im Kollektiv), ein JV einfacher zu managen sei. *Die empirischen Ergebnisse stehen in Widerspruch zur aufgestellten Hypothese.*

▸ *Hypothese 8:*   *Die meisten JVs in der CSFR werden mit deutschen Partnern gegründet.*

Staatliche Stellen der tschechischen und slowakischen Republik beschränken sich bei ihrer Suche nach ausländischen Investoren schon lange nicht mehr auf die Nachbarländer. Auch um Investoren von Übersee wird geworben. Es ist vorstellbar, dass der Staat ein "buntgemischtes" Portfolio von Investoren verschiedenster Länder vorzieht, um die Abhängigkeit von einigen wenigen Anlageländern zumindest zu reduzieren. Ebenso ist vorstellbar, dass verschiedenlich hohe Beamte aufgrund der damit verbundenen Reise nach dem Motto: "Umso entfernter, desto besser" vorgehen.

Aus welchen Ländern die ausländischen Muttergesellschaften der JV-Unternehmen nun wirklich stammen, kann der folgenden Grafik entnommen werden.

▶ *Ergebnis:*

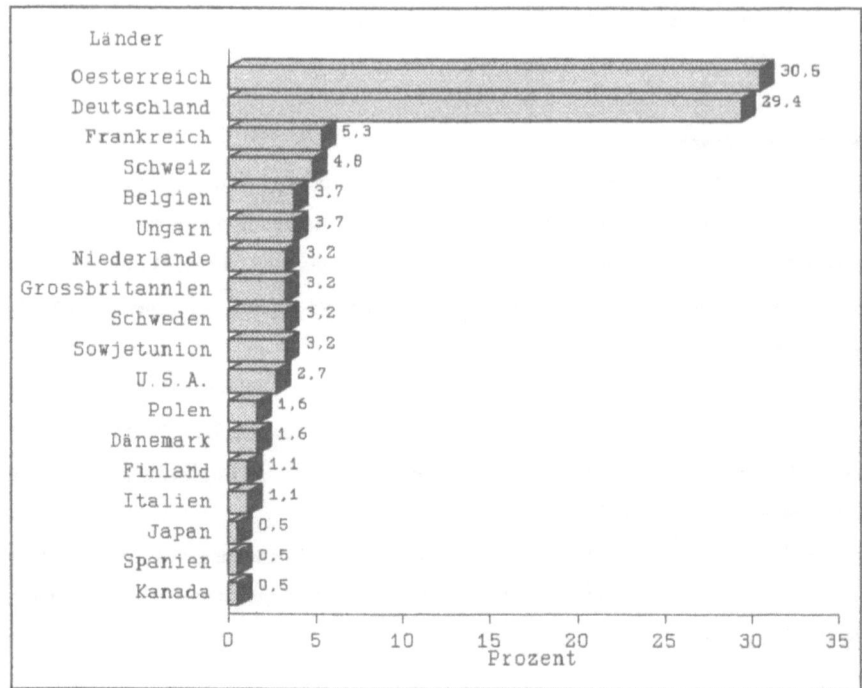

Abb. 12: *Geschäftssitz der ausländischen Muttergesellschaften*

Die Nachbarn der CSFR, Österreich und Deutschland, nehmen mit fast gleichen Anteilen die Spitzenpositionen als Herkunftsländer der ausländischen Muttergesellschaften ein. Hier wirkt sich die geographische Nähe aus. Mit grossem Abstand folgen Frankreich und die Schweiz. Setzt man jedoch die Landesgrösse und die Anzahl der im jeweiligen Land tätigen Unternehmen ins Verhältnis, relativiert sich der vierte Rang der Schweiz und ergibt de facto einen soliden dritten Platz. Ähnlich müsste auch das Engagement von Ländern wie Belgien, Ungarn, den Niederlanden, Schweden, Dänemark und Finnland bewertet werden.

▶ *Interpretationen:* Ein Vergleich der Ergebnisse dieser empirischen Studie mit Ergebnissen aus anderen Quellen kann nachstehender Tabelle[1] entnommen werden:

---

[1]   Vergl. Kap. 4.7., Joint Venture Entwicklung in der CSFR.

Länder	Empirische Umfrage Rang	Interview Zeljenka Rang	UN[1] Rang
Österreich	1	2	1
Deutschland	2	1	2
Frankreich	3	9	5
Schweiz	4	3	3
Belgien	5	10	-
Ungarn	6	11	-
Niederlande	7	6	7
Grossbritannien	8	7	-
Schweden	9	8	8
Sowjetunion	10	12	6
U.S.A.	11	5	9
Polen	12	13	-
Dänemark	13	17	-
Finnland	14	16	-
Italien	15	4	4
Japan	16	-	-
Spanien	17	-	-
Kanada	18	-	-

Tab. 32: Geschäftssitz der ausländischen Muttergesellschaften: ein Vergleich

Der Vergleich zwischen den Ergebnissen der empirischen Untersuchung und der UN-Studie[2] zeigt - mit den Ausnahmen Sowjetunion und Italien - eine weitgehende Übereinstimmung in der Rangfolge. Dies wird als Indiz für die Repräsentativität dieses Teiles der Studie gewertet.

---

[1] Vergl. Kap. 4.7., Joint Venture Entwicklung in der CSFR. JV-Statistik: Herkunftsländer der ausländischen Investoren.

[2] Quelle: UNITED NATIONS. ECONOMIC COMMISSION FOR EUROPE, Statistical Survey of Recent Trends in Foreign Investments in Eastern European Countries, Annex I, S. 6.

Japan, zusammen mit den USA, Grossbritannien, Frankreich und der BRD einer der grössten Investoren weltweit, hält sich in Bezug auf Investitionen in der CSFR auffällig zurück.[1] Ähnlich verhält es sich mit den USA (Rang 11 der empirischen Untersuchung). Gründe für dieses Verhalten können sein: die grossen Entfernungen zum Geschäftssitz der ausländischen Muttergesellschaft, die relative Bedeutungslosigkeit eines 4 Millionen-Haushalte-Marktes für derartige Industrienationen, die Möglichkeit, den Markt über bestehende Vertriebsstrukturen, z.B. in der BRD, zu bedienen oder die Tatsache, dass 100%ige Tochtergesellschaften von Unternehmen wie z.B. Xerox oder Canon einem JV vorgezogen werden. Nichtzuletzt waren 196 Unternehmen der alphabetischen Adressliste (=Teilgrundgesamtheit) 100%ige Tochtergesellschaften ausländischer Investoren.

Interessant ist auch, dass nur vereinzelt JVs mit Muttergesellschaften aus dem ehemaligen RGW gegründet wurden, obwohl gerade hier die Voraussetzungen durch lange Geschäftsbeziehungen existieren müssten. *Die empirischen Ergebnisse stehen somit in Widerspruch zur aufgestellten Hypothese.*

---

[1]   UNITED NATIONS. ECONOMIC COMMISSION FOR EUROPE,
        Statistical Survey of Recent Trends in Foreign Investments in Eastern European Countries,
        Annex I, S. 3.

5.2.2.2. Kommentierung der abgeschlossenen JV- u. Gesellschaftsverträge

► *Dauer der JV-Vertragsverhandlungen*

Über die Dauer der Vertragsverhandlungen bis zum Abschluss des Gesellschaftsvertrages brachte die empirische Untersuchung folgendes Ergebnis.

► *Ergebnis:*

Zeitdauer	Absolut	Prozent
unter 6 Monate	87	59,6
6 - 12 Monate	50	34,2
12 - 18 Monate	6	4,1
18 - 24 Monate	3	2,1
24 - 36 Monate	0	0,0
über 36 Monate	0	0,0

Tab. 33: Dauer der JV-Vertragsverhandlungen

Fast 94% der JV-Vertragsverhandlungen werden innerhalb eines Jahres, die verbleibenden ca. 6% spätestens innerhalb des zweiten Jahres seit Vertragsverhandlungsbeginn abgeschlossen.

► *Interpretationen:*

Unter der Annahme, dass die Dauer von Vertragsverhandlungen in einer bestimmten Abhängigkeit von der Grösse des zu gründenden JV-Unternehmens steht, ist das Ergebnis plausibel, wenn man die Ergebnisse aus der empirischen Untersuchung (Kap. 5.2.2.1., Beschreibung der JV-Unternehmen) heranzieht. Hiernach handelt es sich zu 80% um JV-Unternehmen mit unter 20 Beschäftigten. Die Dauer für Vertragsverhandlungen zur Gründung von JVs dieser Grösse scheint angemessen zu sein.

> **Hypothese 9:**   *Vertragsverhandlungen zur Gründung einer AG dauern länger als bei einer GmbH.*

Die obige Hypothese wurde in der Annahme formuliert, dass die Dauer der Vertrags-verhandlungen in einer bestimmten Abhängigkeit von der Rechtsform des zu gründenden JV-Unternehmens steht. Da die Rechtsform der offenen Handelsgesellschaft im Rahmen der Umfrage nur in einem Fall genannt wurde, konzentriert sich die folgende Tabelle auf die Rechtsformen der GmbH und AG.

▶ *Ergebnis:*

Zeitdauer	GmbH	AG
< 6 Monate	46,4%	12,9%
6 - 12 Monate	21,8%	12,8%
12 - 18 Monate	0,8%	3,0%
18 - 24 Monate	0,0%	2,3%
Summe Rechtsform	69,0%	31,0%

Tab. 34: Dauer der JV-Vertragsverhandlungen im Verhältnis zur Rechtsform

▶ *Interpretationen:*

Wird das Ergebnis der Vorseite (Dauer der JV-Vertragsverhandlungen) mit den Variablen "GmbH" und "AG" in Beziehung gesetzt, zeigt sich, dass die Vertragsverhandlungen bei einer AG durchschnittlich länger als bei einer GmbH dauern. Dies ist vorallem auf die Grösse der Aktiengesellschaften und der damit verbundenen Komplexität der Vertragsverhandlungen zurückzuführen. *Die empirischen Ergebnisse widersprechen der aufgestellten Hypothese nicht.*

5.2.2.3. Höhe und Herkunft der JV-Investitionssummen

> ▶ **Hypothese 10:**   *Deutsche Muttergesellschaften haben gegenüber Muttergesell-*
> *schaften aus anderen Ländern insgesamt am meisten Kapital in*
> *JVs in der CSFR investiert.*

Werden die Kapitalinvestitionen der untersuchten Unternehmen nach ihrer Herkunft, d.h.
nach Ländern zusammengefasst, ergibt sich folgendes Ergebnis.

▶ *Ergebnis:*

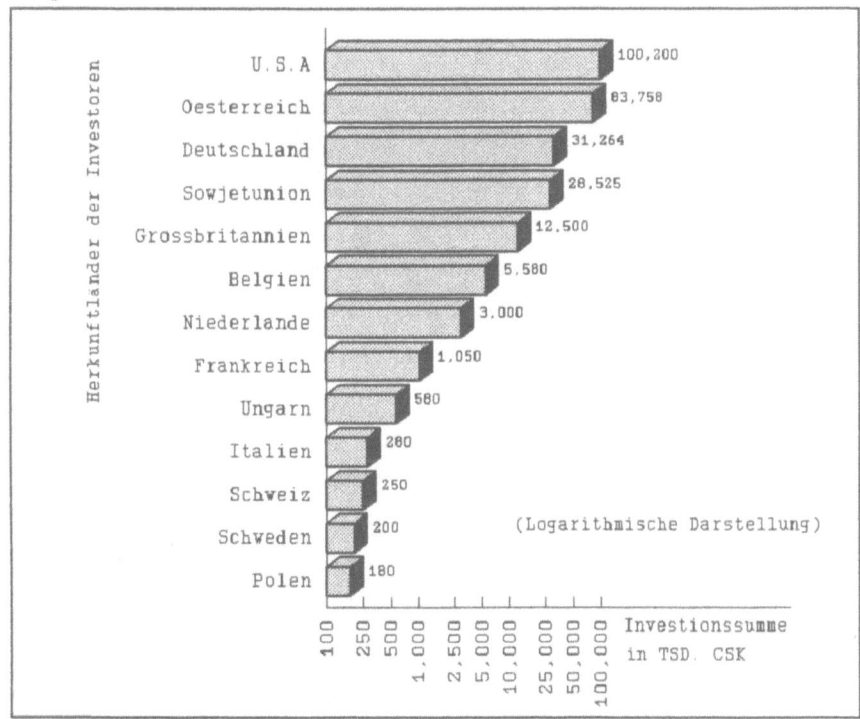

Abb. 13: Herkunft der JV-Investitionssummen, mit Grossinvestoren

▶ *Interpretationen:*
Nach diesem Ergebnis stammen die meisten der JV-Investitionen aus den U.S.A. und
Österreich. Diese Darstellung vermittelt allerdings einen falschen Eindruck. Im Fall der
U.S.A., Österreich und der Sowjetunion gab es jeweils einen Grossinvestor, der die

Investitionssummen dieser Länder gewaltig anstiegen liess. Z.B. setzte sich die Kapital-
investition der U.S.A. (CSK 100,2 Mio.) aus fünf Einzelinvestitionssummen zusammen,
wobei ein Anleger CSK 100 Mio. und vier Anleger jeweils CSK 50.000 investierten.
Entsprechend verhielt es sich mit einem österreichischen (CSK 53,9 Mio.) und einem
sowjetischen Einzelinvestor (CSK 18,0 Mio.), die in der nachfolgenden entsprechend
korrigierten Tabelle unberücksichtigt blieben.

▸ *Ergebnis:*

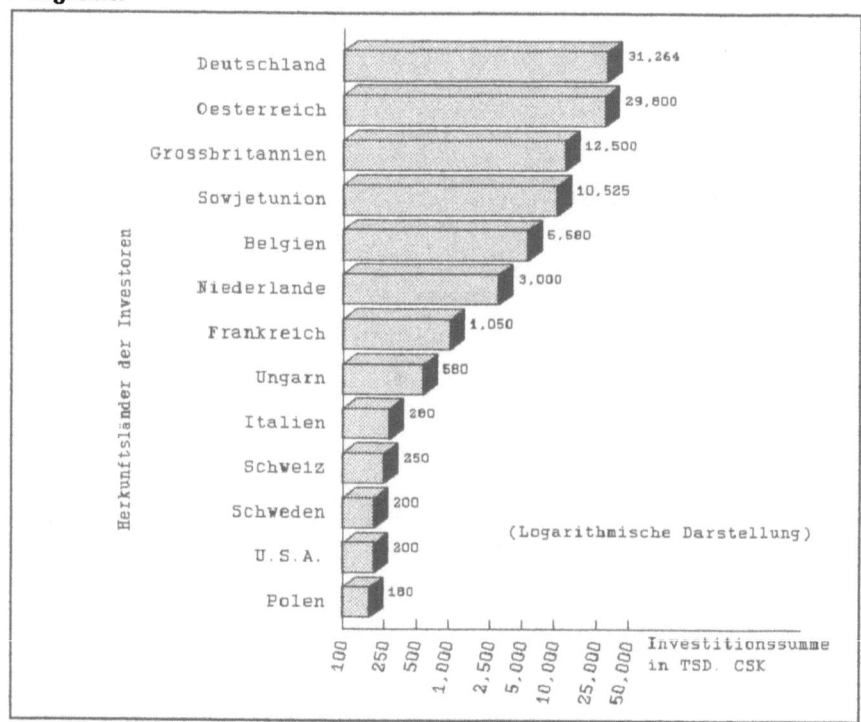

Abb. 14: Herkunft der Investitionssummen nach Ländern, ohne Grossinvestoren

Die Nicht-Berücksichtigung des amerikanischen Einzelinvestors hat zur Folge, dass die USA
als Investor vom ersten auf den vorletzten Platz (Rang 12) absinkt. Österreich und die
Sowjetunion verbleiben zwar auf dem zweiten bzw. vierten Platz, jedoch schieben sich durch
die Korrektur Deutschland auf den ersten und Grossbritannien auf den dritten Platz.

An dieser Stelle wird daraufhingewiesen, dass es sich bei der obigen wie auch der vorhergehenden Grafik um eine logarithmische Darstellung handelt. Sie wurde gewählt, um Investitionssummen knapp über CSK 100.000 besser darstellen zu können.

▸ *Interpretationen:*

Aufgrund den Tatsachen, dass die CSFR mit Deutschland die längste gemeinsame Grenze teilt, Deutschland der wirtschaftlich potenteste unmittelbare Nachbar ist und es zudem, zumindest mit Westböhmen, Nordmähren und Nordböhmen, auf eine relativ enge geschichtliche und kulturelle Bindung zurückblicken kann, wurde die Hypothese aufgestellt, dass Deutschland insgesamt am meisten Kapital in JVs in der CSFR investiert. *Die empirischen Ergebnisse widersprechen der aufgestellten Hypothese nicht.*

▸ *Anzahl der Investoren und deren Investitionssummen*

In der folgenden Abbildung wird die "Höhe der Investitionssummen" (in TSD. CSK) und mit der "Anzahl der Investoren" (in Prozent), gegliedert nach den Herkunftsländern der Investoren, kombiniert. Hierbei wurde auf die Ergebnisse aus den Abbildungen 12 (Geschäftssitz der ausländischen Muttergesellschaft) und 14 (Herkunft der Investitionssummen) zurückgegriffen.

▶ *Ergebnis:*

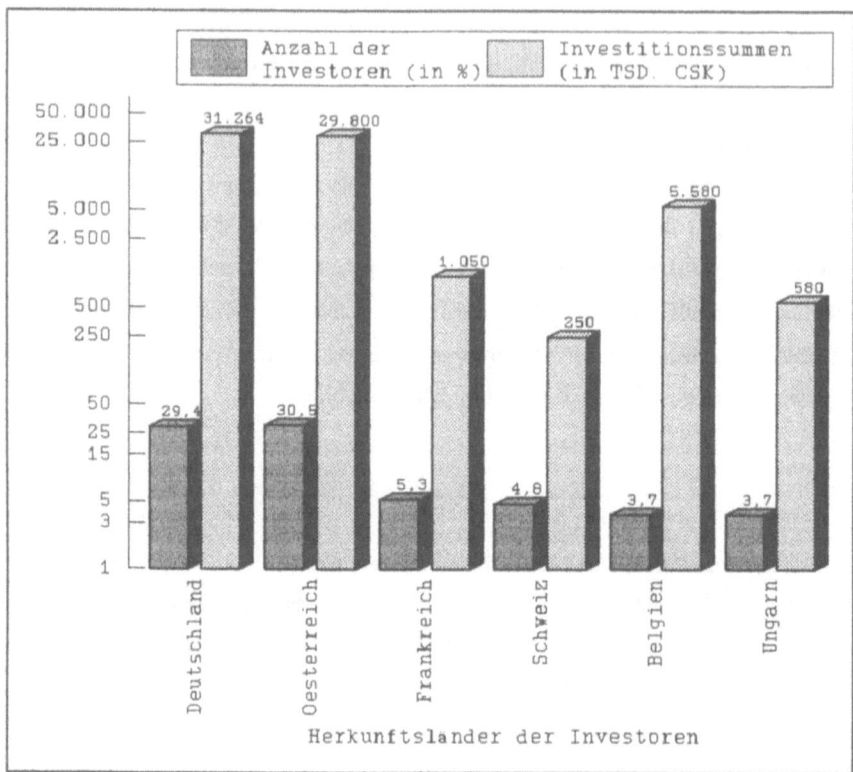

Abb. 15: Herkunft der JV-Investitionssummen und Anzahl der Investoren nach Ländern

▶ *Interpretationen:*

Österreicher und Deutsche halten sich bei der vorliegenden empirischen Untersuchung bezüglich der Höhe der Investitionssummen und der Anzahl der Investoren die Waage. Beeindruckend ist jedoch das Engagement der Österreicher unter dem Aspekt der Landesgrösse und Einwohnerzahl. Eine Erklärung hierfür dürfte sein, dass im Gegensatz zu den österreichischen Investoren sich das Engagement der Deutschen auch auf andere osteuropäische Staaten, wie Polen, Russland und die Ukraine, aber auch zu einem erheblichen Teil auf Ostdeutschland verteilt.

Anzumerken ist, dass bei den Ländern Österreich und Deutschland, die mit Abstand die höchsten Investitionssummen aufweisen, der Einfluss von hohen Einzelinvestitionssummen relativ gering bleibt. Je gringer die Investitionssummen und die Anzahl der Investoren, desto wahrscheinlicher wird, dass das empirische Ergebnis von der tatsächlichen Situation in der Teilgrundgesamtheit abweicht.

► *Regionale Verteilung der aggregierten Investitionssumme*

Basierend auf den Antworten von 141 befragten JV-Unternehmen betrug die aggregierte Investitionssumme CSK 333.754.500, die sich wie folgt auf die Regionen der CSFR verteilt:

► *Ergebnis:*

Region	Anzahl der JVs	Investitions- summe (CSK)	Investitions- summe/JV (CSK)
Böhmen	49	155.303.000	3.169.449
Slowakei	40	107.443.000	2.686.075
Mähren	25	41.027.500	1.641.100
Prag	27	29.981.000	1.110.407

Tab. 35: Regionale Verteilung der aggregierten Investitionssumme

► *Interpretationen:*
Der hohe Durchschnittswert der Investitionssumme pro JV täuscht grössere JVs in allen Regionen vor. In Wirklichkeit handelt es sich bei der Mehrzahl der JVs um kleinere Unternehmen mit Investitionen von < CSK 100.000 wie an späterer Stelle in diesem Kapitel noch belegt wird. Aussagen zu den regionalen und durchschnittlichen Investitionssummen können daher nicht gemacht werden.

▶ *Verteilung der aggregierten Investionssumme nach innerbetrieblichen Funktions-*
bereichen

▶ *Ergebnis:*

Funktionsbereich	Anzahl der JVs	Investitions-summe (CSK)	Investitions-summe/JV (CSK)
Produktion	23	109.532.000	4.762.609
Vertrieb	67	172.414.000	2.573.343
Marketing	7	16.212.000	2.316.000
F & E	1	750.000	750.000
Transport	3	1.870.000	623.333
(Dienstleistungen	30	32.776.500	1.092.550)

Tab. 36: *Verteilung der aggregierten Investitionssumme nach innerbetrieblichen*
Funktionsbereichen

▶ *Interpretationen:*

Der Durchschnittswert der Investitionen bei JV-Unternehmen, die ihren Tätigkeitsschwerpunkt
in der Produktion sehen, liegt mit Abstand an der Spitze. JVs mit diesem Schwerpunkt
erfordern höhere Investitionen als z.B. JV-Unternehmen mit dem Tätigkeitsschwerpunkt
Vertrieb. Der insgesamt niedrige Wert im Bereich F & E lässt sich nur damit erklären, dass
entscheidende F & E - Leistungen im Ausland erbracht werden und, wenn überhaupt, nur
untergeordnete F & E - Aufgaben dem JV-Unternehmen übertragen werden.

> ▶ *Hypothese 11:*   *Bei den JVs in der CSFR handelt es sich vorwiegend um*
> *Kleinstunternehmen mit Kleinstinvestitionen.*

Äusserst interessant ist die dargestellte Verteilung der Investitionen über die Netto-
Auswahlstichprobe,[1] die der folgenden Abbildung entnommen werden kann.

---

[1]   Vergl. Kap. 5.1.4., Auswahl der Untersuchungseinheiten.

▶ *Ergebnis:*

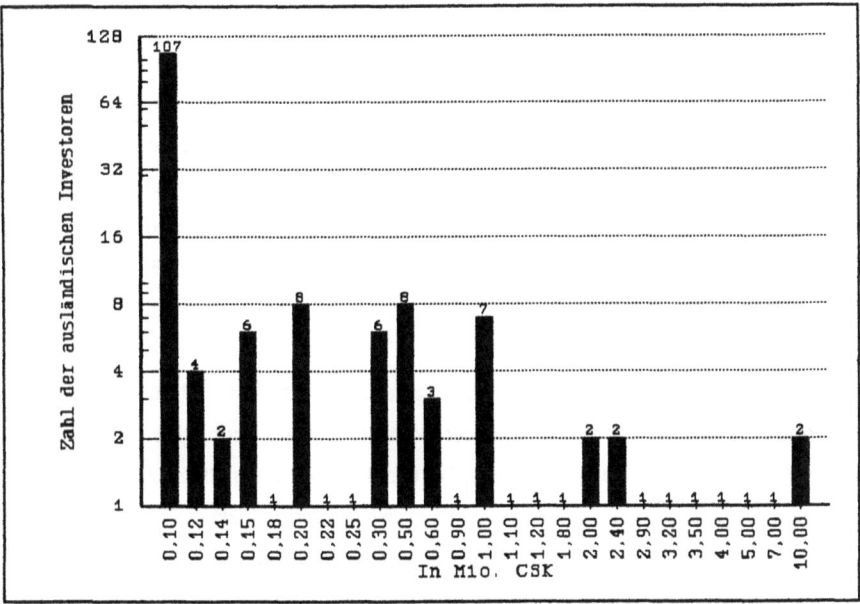

Abb. 16: *Verteilung der JV-Investitionssummen über die korrigierte Auswahlstichprobe*

Die Investitionssummen der ausländischen Investoren wurden entsprechend ihrer Höhe von CSK 100.000 bis CSK 10 Mio. auf der x-Achse aufgetragen. Die Skalierung der y-Achse erfolgte logarithmisch, um auch einzelne Investoren (z.B. CSK 1,0 Mio. = 1 Investor) graphisch darstellen zu können.

▶ *Interpretationen:*

Über 60% der insgesamt 170 Investoren beteiligten sich am jeweiligen JV mit CSK 100.000 oder weniger. Mit der Ausnahme von zwei Grossinvestoren, die je CSK 10 Mio. investierten, engagierten sich fast 40% der Investoren relativ gleichmässig verteilt mit Investitionssummen zwischen CSK 0,1 Mio. und CSK 7,0 Mio. Diese Verteilung bestätigen auch die Bemerkungen von Minister Dyba und Herrn Selecky - bei den JVs in der CSFR handelt es sich vornehmlich um Kleinstunternehmen mit Kleinstinvestitionen.[1] *Die empirischen Ergebnisse widersprechen der aufgestellten Hypothese nicht.*

---

[1]   Vergl. Kap. 4.7., Joint Venture Entwicklung in der CSFR.

5.2.2.4. Kapitalbeteiligungsverhältnisse

Neben einer Kommentierung der derzeit gültigen gesetzlichen Vorschriften liessen sich aus Gesprächen mit Experten zusätzliche Erkenntnisse bezüglich der in den meisten Fällen üblichen Kapitalbeteiligungsverhältnisse in der CSFR gewinnen. Hiernach entfällt die recht aufwendige Kapitalverhältnisfeststellung, die nur bei grösseren Kapitalinvestitionen und/oder bei AG-Gründungen erforderlich wird.[1] Zudem spricht der Portfolio-Gedanke[2] mancher MNEs nach Angaben der Experten in der CSFR nur selten eine Rolle, da die ausländischen Muttergesellschaften ebenfalls nur Betriebe kleinerer und mittlerer Grösse sind.

Wie oben schon erwähnt, gibt das Handelsgesetzbuch den Rahmen[3] für Beteiligungsverhältnisse in der CSFR vor. So muss der Wert der Einlage eines jeden Gesellschafters mindestens CSK 20.000 und in der Summe (bei GmbHs) mindestens CSK 100.000 betragen. Die Beteiligungsverhältnisse können demnach bei zwei Partnern zwischen 20% und 80%, bei drei Partnern zwischen 20% und 60% und bei vier Partnern zwischen 20% und 40% liegen. Paritätische Verhältnisse, wie z.B. 50%/50% oder 25%/25%/25%/25%, konnten nur in Ausnahmefällen beobachtet werden. Im Regelfall hielt die ausländische Muttergesellschaft die Mehrheit, wenn auch nicht immer die absolute Mehrheit (z.B. 40%/20%/20%/20%). Gründe für eine Mehrheitsbeteiligung[4] waren aus Sicht des ausländischen Partners die grössere Entscheidungsfreiheit und Kontrollmöglichkeit, die Übernahme der Betriebsorganisation der Muttergesellschaft und die damit verbundene, relativ problemlose Einbindung in die Planung der Muttergesellschaft. Auf der anderen Seite sahen die Minderheitsbeteiligten[5] als Hauptvorteil ein geringeres Geschäftsrisiko und vor allem den gewünschten Know-How-Transfer. Minderheitsbeteiligungen von mindestens 25,1% des Kapitals zur Sicherung der Sperrminorität waren weitgehend unbekannt.

---

[1] Vergl. Kap. 4.3.1.3., JV-Vertragsgestaltung.

[2] Vergl. Kap. 3.3., Kapitalverhältnisse und ihre Bedeutung bei Joint Ventures.

[3] Vergl. Kap. 4.3.2.1., Gesellschaft mit beschränkter Haftung.

[4] Vergl. Kap. 3.3.2., Mehrheitsbeteiligung.

[5] Vergl. Kap. 3.3.3., Minderheitsbeteiligung.

5.2.3. Analyse der Joint Venture-Motive

5.2.3.1. Motive der Partner

Die Befragungsteilnehmer konnten bei der Frage, "Welche Motive waren für das ausländische Mutterunternehmen bei der Gründung des JVs sehr wichtig bzw. völlig unwichtig", zwischen insgesamt fünf Antwortmöglichkeiten (1 = sehr wichtig, 2 = wichtig, 3 = unentschieden, 4 = unwichtig, 5 = völlig unwichtig) wählen. Die Resultate setzen sich aus den Durchschnittswerten aller Antworten der jeweiligen Bewertungsfrage zusammen. Der Mittelbereich von 2,5 bis 3,5 wurde schraffiert unterlegt, damit die extremen und weitaus interessanteren Antworten leichter ins Auge fallen. Ausserdem wurden alle im Bereich "sehr wichtig" liegenden Ergebnispunkte mit einem (+), alle im Bereich "völlig unwichtig" liegenden Antworten mit einem (-) gekennzeichnet.

▶ *Hypothese 12:* *Absatzwirtschaftliche Motive stehen bei ausländischen Unternehmen bei der Gründung von JVs im Vordergrund.*

▶ *Ergebnis:*

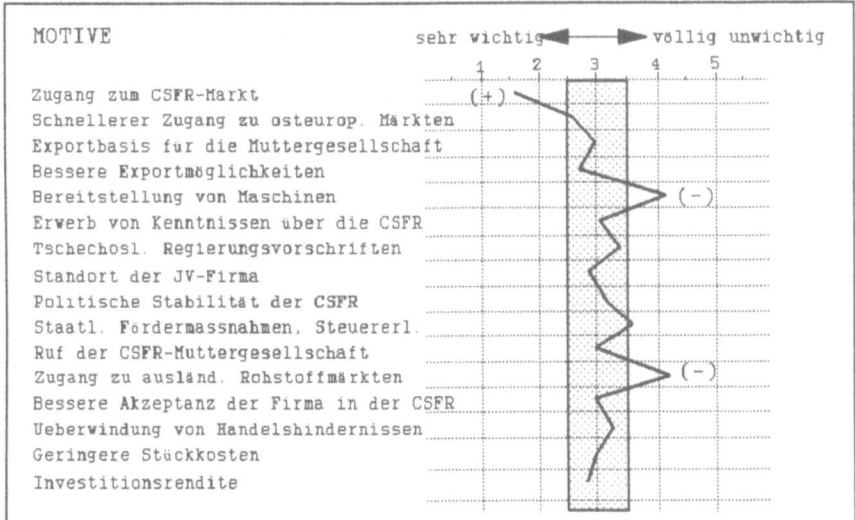

Abb. 17: JV-Motive der ausländischen Unternehmen, aus Sicht aller Befragten

▶ *Interpretationen:*

Der Zugang zum CSFR-Markt und die damit verbesserten Chancen, Produkte und Dienstleistungen abzusetzen, stehen im Vordergrund der Überlegungen der ausländischen Unternehmen, in der CSFR ein JV-Unternehmen zu gründen. Dieses Ergebnis stimmt mit den in Kap. 3.2.2., Motive der ausländischen Investoren, vorgestellten Umfrageergebnissen überein, in denen Marktzugang, -sicherung und -penetration als wichtigste Motive genannt wurden. Die wenigsten der Befragten empfanden den Zugang zu Rohstoffen als ein Motiv für das Engagement der ausländischen Unternehmen in der CSFR. Eine Begründung dürfte in der Tatsache liegen, dass die CSFR ein relativ rohstoffarmes Land ist. *Die empirischen Ergebnisse widersprechen der aufgestellten Hypothese nicht.*

Die Antworten fallen extremer aus, wenn bei gleicher Fragestellung zwischen den Antworten der Inländer (durchgezogene Linie) und Ausländer (gestrichelte Linie) unterschieden wird.

▶ *Ergebnis:*

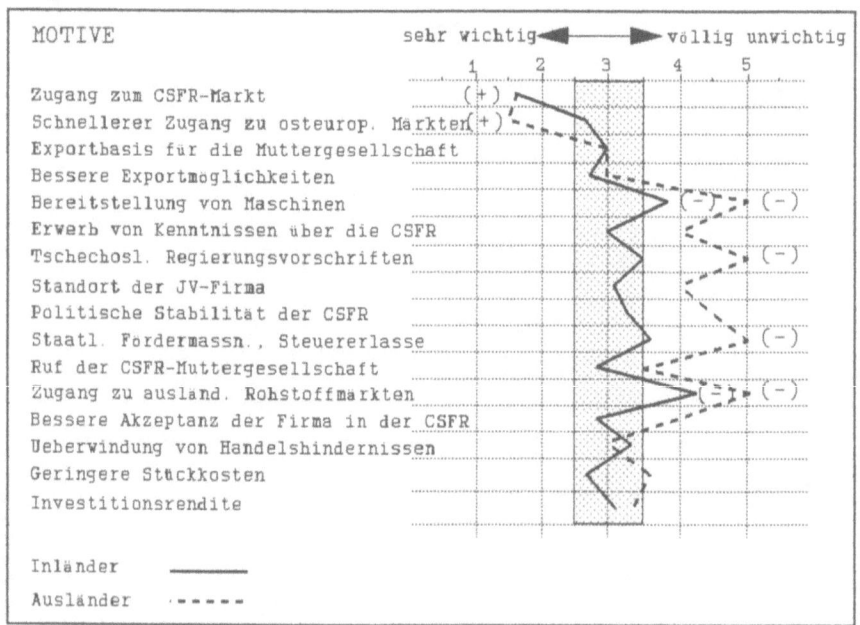

Abb. 18: JV-Motive der ausländischen Unternehmen, getrennt nach In-/Ausländern

▶ *Interpretationen:*

Wurde der Zugang zum CSFR-Markt bereits von allen Befragungsteilnehmern als Hauptmotiv der JV-Gründung genannt, so halten insbesondere die Ausländer den schnelleren Zugang zu den anderen osteuropäischen Märkten über den CSFR-Markt für noch wichtiger. Die staatlichen Hilfen zur JV-Gründung, wie staatliche Fördermassnahmen und Steuererleichterungen, fliessen vor allem aus Sicht der Ausländer noch zu spärlich, bzw. sind nicht ausreichend, um genügend Anreiz zur Gründung eines JVs zu sein.

▶ *Hypothese 13:*   *Bessere Exportmöglichkeiten stellen das Hauptmotiv zur JV-Gründung für inländische Unternehmen dar.*

▶ *Ergebnis:*

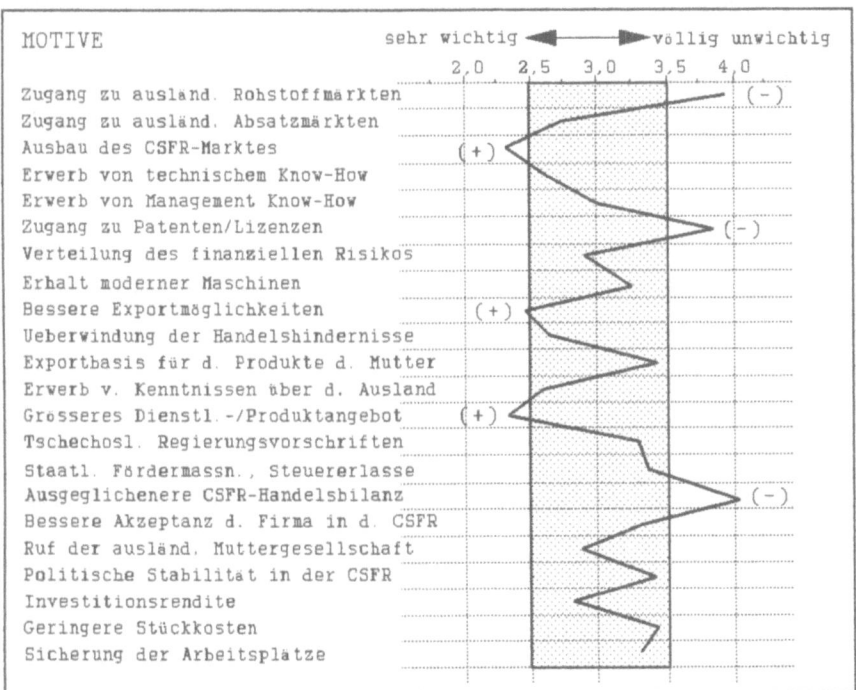

Abb. 19: JV-Motive der tschechoslowakischen Unternehmen, aus Sicht aller Befragten

Die obige Abbildung zeigt die Motive der tschechoslowakischen Unternehmen zur Gründung eines JVs, zunächst aus Sicht aller Befragten. Um die Ozillationen der Kurve grösser und damit besser darzustellen wurde die von 1,0 bis 5,0 reichende Skalierung auf 2,0 bis 4,0 verringert.

Neben dem Ausbau des CSFR-Marktes durch ein grösseres Dienstleistungs-/Produktangebot wurde als ein wichtiges Motiv die damit verbundene Exportmöglichkeit gesehen. Als eher unwichtig wurde der Zugang zu ausländischen (westlichen) Rohstoffmärkten sowie Patenten und Lizenzen erachtet.

▶ *Interpretationen:*

Gerade der letzte Punkt erscheint unverständlich, geht man doch davon aus, dass inländische Unternehmer Interesse an Patenten und Lizenzen haben müssten. Ähnlich unverständlich ist auch das geringe Interesse an einer ausgeglichenen CSFR-Handelsbilanz. Konsultiert man Kap. 3.2.4. nach den Motiven der inländischen Investoren, werden weder Lizenzen und Patente noch eine ausgeglichene Handelsbilanz aufgeführt. In Kap. 3.2.3., Motive des Gastlandes, sind beide Punkte hingegen aufgelistet (siehe Faktortransfermotive und Handels-politische Motive). Beide Punkte sind üblicherweise Motive des Gastlandes und nicht der inländischen Investoren und werden daher durch diese als unwichtig eingestuft.

In bezug auf die Hypothese stellen bessere Exportmöglichkeiten zwar ein Motiv, nicht aber das Hauptmotiv dar. *Die empirischen Ergebnisse stehen daher in Widerspruch zur aufgestellten Hypothese.2*

Auf Basis der vorhergehenden Graphik wird nun, wie schon in Abbildung 18, zwischen den Antworten der Inländer (durchgezogene Linie) und Ausländer (gestrichelte Linie) unter-schieden.

▶ *Ergebnis:*

Auffallend sind die extremen Gegensätze der Bewertung von (+) bis (-). Fast die Hälfte (21 von 44) der Antworten liegen ausserhalb des punktierten Bereiches. Interessant sind hier vor allem divergierende oder gar gänzlich gegensätzliche Antworten von In- und Ausländern.

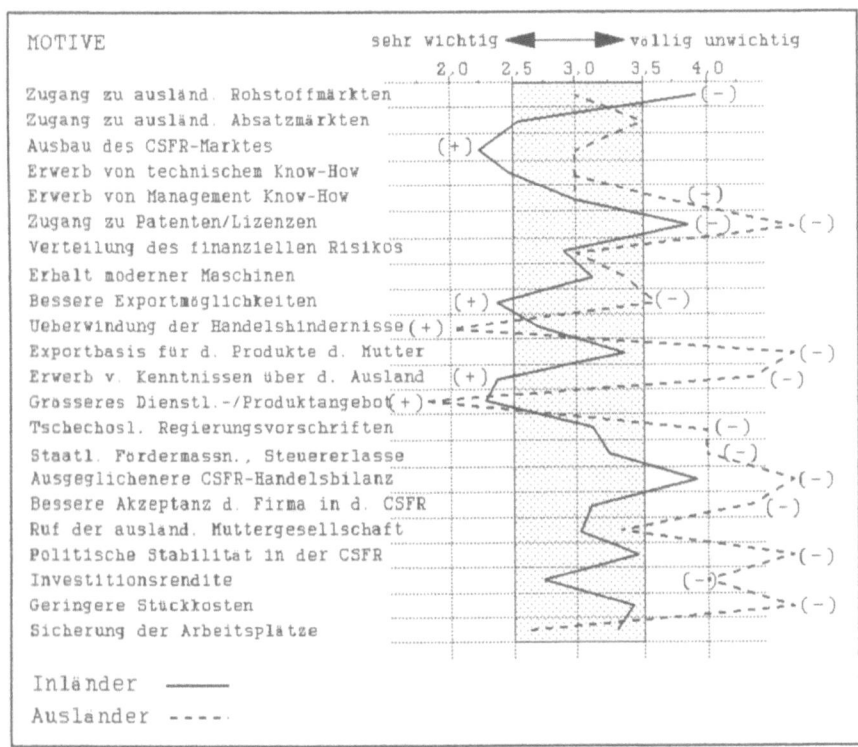

Abb. 20: *JV-Motive der tschechoslowakischen Unternehmen, getrennt nach In-/Ausländern*

▶ *Interpretationen:*

Gegensätzliche Auffassungen und Einschätzungen von In- und Ausländern offenbaren sich bei Fragen, die einen unterschiedlichen Wissensstand oder verschiedene Interessenslagen berühren. Besonders deutlich wird dies bei der Frage nach den Kenntnissen über das jeweilige Ausland. Westliche Antworten zeugen von Überheblichkeit, Inländerantworten von Wissensdurst. Politische Stabilität im eigenen Land wird von Inländern optimistischer beurteilt als von Ausländern. In- und Ausländer sehen jeweils im anderen Land Verkaufschancen.[1]

---

[1]   Vergl. Kap. 3.2.3., Motive des Gastlandes.

5.2.3.2. Typologisierungsversuch der Motive

Fasst man die in den Abbildungen 17 bis 20 jeweils wichtigsten Motive für die Gründung eines JVs zusammen, ergibt sich folgende Aufstellung:

- Zugang zum CSFR-Markt;
- Schnellerer Zugang zu den osteuropäischen Märkten;
- Ausbau des CSFR-Marktes;
- Bessere Exportmöglichkeiten;
- Grösseres Dienstleistungs-/Produktangebot;
- Überwindung von Handelshindernissen;
- Erwerb von Kenntnissen über das Ausland.

Bleicher[1] unterscheidet *sechs JV-Typen.*[2]

(1) Markt-/Technologie-Typ;   (4) Konzentrations-Typ;
(2) Komplementär-/Technologie-Typ;   (5) F & E-Typ;
(3) Vertriebs-Typ;   (6) Versorgungs-Typ.

Bei dem Versuch, die aus der empirischen Untersuchung gewonnenen Motive den geeigneten JV-Typen zuzuordnen, fallen nur zwei Typen in die engere Auswahl.

zu (1) Markt-/Technologie-Typ: Einer der beiden Partner verfügt über Absatzmöglichkeiten und das Vertriebsnetz im Zielmarkt, während der andere Partner das notwendige Know-How hinsichtlich der Produktion und Neuentwicklung von Produkten sowie eventuell über das Management von JV-Unternehmen mit einbringt.

zu (3) Vertriebs-Typ: Anstelle des Aufbaus eigener Produktionskapazitäten und eines eigenen Vertriebsnetzes wird an den Partner im Gastland geliefert, der dann die Vertriebsaufgabe wahrnimmt.

Beide JV-Typen eignen sich, die als wichtig erachteten Motive zur Gründung eines JVs umzusetzen. Dabei wird insbesondere dem gegenseitigen Ziel Rechnung getragen, den derzeitigen Absatz zu steigern und den bestehenden Markt auszubauen.

---

[1]   Vergl. BLEICHER, Joint-Venture-Management, S. 14 ff.

[2]   Vergl. Kap. 3.4., Typologisierungsansätze von Joint Ventures.

5.2.4. Die Rolle des Joint Venture General Managers

5.2.4.1. Der JVGM und sein Umfeld

> ► *Hypothese 14:* *Bei überwiegend ausländischer Kapitalbeteiligung hält ein Ausländer die Position des JVGM.*

Zunächst soll die Position des JVGMs und des oberen Führungskreises innerhalb eines JVs betrachtet werden, bevor auf sein Umfeld eingegangen wird. Wie bereits in Kap. 5.1.4., Auswahl der Untersuchungseinheiten, aufgezeigt, wurden zu ca. 90% Mitglieder der Geschäftsleitung interviewt. Davon bekleideten 58,3% die Position des JVGMs, 19,1% die Position des stellvertretenden JVGMs, 11,3% die Position des kaufmännischen Direktors und 1,4% die Position des technischen Direktors.

► *Ergebnis:*

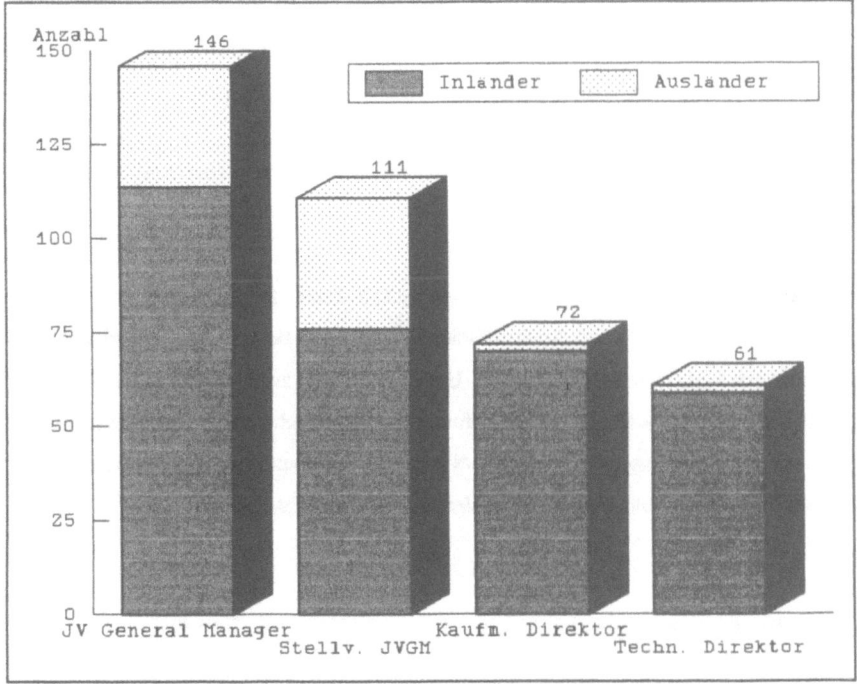

Abb. 21: Positionen der JV-Führungskräfte, getrennt nach In-/Ausländern

Jedes der untersuchten JV-Unternehmen verfügt über die Position des JVGMs aber nur 76% über einen stellvertretenden JVGM. Die Position des kaufmännischen Direktors ist nur bei der Hälfte und die des technischen Direktors nur bei 42% der Unternehmen anzutreffen.

► *Interpretationen:*

Interessant ist, dass entgegen der Hypothese nur 21,9% der JVGM Ausländer sind. Die Vermutung liegt nahe, dass in JV-Unternehmen mit Umsatzhöhen von unter CSK 2,0 Mio. (immerhin 39% der befragten Unternehmen) der Einsatz eines ausländischen Mitarbeiters aus Sicht der ausländischen Muttergesellschaften ausgeschlossen ist, da das Jahresgehalt des Mitarbeiters in etwa dem Jahresumsatz des JV-Unternehmens entsprechen würde. Dieser Logik folgend, können nur 27% der JV-Unternehmen mit Umsätzen von über CSK 50 Mio. oder ca. SFr. 3,0 Mio. sich einen ausländischen JVGM leisten.

Obwohl die Position des stellvertretenden JVGMs zu 46% mit Ausländern besetzt ist, erscheint in vielen Fällen diese niedriger dotierte und häufig mit Nachwuchskräften besetzte Position für die Aufgabe des "verlängerten Armes" auch noch zu teuer.

In den Positionen des kaufmännischen und technischen Direktors sind Ausländer äusserst selten anzutreffen.

Entscheidet sich die ausländische Muttergesellschaft keine der Positionen permanent zu besetzen, beschränkt sich die Kontrollfunktion i.d.R. auf Besuche von Mitarbeitern der ausländischen Muttergesellschaft beim JV-Unternehmen von zwei bis drei Tagen im Monat. Dadurch können Probleme, die mit der Führung eines Unternehmens in einer fremden Kultur sowie mit der Versetzung eines Mitarbeiters ins Ausland verbunden sind, vermieden werden. *Die empirischen Ergebnisse stehen in Widerspruch zur aufgestellten Hypothese.*

► *Positionsbeschreibung*

Auf die Frage, "Haben Sie zu dieser [Ihrer] Position eine Positionsbeschreibung?", brachte die empirische Untersuchung folgendes Ergebnis.

► *Ergebnis:*

Positionsbeschreibung vorhanden	Absolut	Prozent
Ja	61	41,8
Nein	74	50,7
In Überarbeitung	11	7,5

Tab. 37: Positionsbeschreibung

Über 50% der Auskunftspersonen antworteten mit "nein" und gaben gleichzeitig zu verstehen, dass aufgrund der geringen Grösse des Unternehmens keine Positionsabgrenzung, wie in Grossunternehmen üblich, notwendig ist. Die Kompetenzausstattung basiert auf einem gegenseitigen, unausgesprochenen Verständnis über die Rollenverteilung zwischen den beiden Muttergesellschaften und dem JVGM.

► *Interpretationen:*

Der Verfasser schätzt die Anzahl der Betriebe, die keine Positionsbeschreibung vorweisen können, höher ein als wirklich angegeben. In Gesprächen im Anschluss an die Interviews zeigte sich vielfach, dass Auskunftspersonen, die die Frage mit "ja" beantwortet hatten, den Gesellschaftsvertrag einer Positionsbeschreibung gleichsetzten. Geht man davon aus, dass diese Auskünfte repräsentativ sind, liegt die Zahl der JVs ohne Positionsbeschreibungen für Führungspositionen bei ca. 75%.

Setzt man voraus, dass in all jenen Fällen, in denen die JV-Führungskräfte keine Positionsbeschreibung, d.h. eine umfassende Auflistung der Tätigkeiten und Anforderungen, "die aus der organisatorischen Eingliederung und aus den Kommunikationsbeziehungen resultieren",[1] besitzen, auch die restlichen Mitarbeiter über keine Positionsbeschreibung verfügen, können nur 25% der JV-Unternehmen eine Aufbauorganisation, d.h. "eine sinnvolle arbeitsteilige Gliederung und Ordnung der betrieblichen Handlungsprozesse"[2] vorweisen.

---

[1]   WÖHE, S. 184.

[2]   KOSIOL, S. 172.

▶ *Kompetenzausstattung der JV-Firma*

Zur Bewertung des Umfeldes eines JVGMs ist die Frage nach der Kompetenzausstattung zu klären - einer Frage von elementarer Bedeutung. Um hierauf eine schlüssige Antwort zu erhalten, wurden die Befragten gebeten mitzuteilen, welche der Entscheidungsfelder selbständig oder gemeinsam mit Unterstützung der Muttergesellschaft vorbereitet bzw. beschlossen werden. Da bei verschiedenen Entscheidungsfeldern die Frage "Vorbereitung und gemeinsamer Beschluss" nicht beantwortet wurde, mussten diese fehlenden Antworten in einer gesonderten Spalte aufgenommen werden (Frage nicht beantwortet).

▶ *Ergebnis:*

Entscheidungsfelder	Vorbereitung Gemeinsam (%)	Beschluss Gemeinsam (%)	Frage nicht beantwortet (%)
Strategischer Plan	76,2	78,2	28,4
Unternehmensleitbild	60,6	62,8	33,3
3-Jahres-Absatzplan	57,8	58,7	67,8
1-Jahres-Absatzplan	45,1	46,4	51,1
Quartals-Absatzplan	29,5	27,9	56,7
Investitionsplan	49,4	59,8	38,8
Finanzplan	45,1	59,4	28,4
F & E - Plan	46,7	58,1	78,0
Einführung neuer Produkte	57,4	63,3	57,4
Bearbeitung eines neuen Marktes	40,6	48,6	50,4
Festlegung der Verkaufspreise	34,4	39,6	28,4
Marketinggestaltung	48,4	50,5	34,0
Festlegung der Distributionskanäle	37,1	38,9	48,9
Höhe der Gewinnthesaurierung	58,8	70,2	26,2
Organisationsstruktur der JV-Firma	45,2	60,0	39,7
Einstellung/Ablösung der direkt unterstellten Führungskräfte	17,2	77,1	34,0
Personalbesetzung allgemein	34,6	66,0	26,2
Aus-/Weiterbildungsprogramm	36,4	70,6	53,2

Tab. 38: Kompetenzausstattung der Muttergesellschaft bzw. der JV-Firma

▸ *Interpretationen:*

Obwohl auch für das kleinste (Vertriebs-)JV-Unternehmen Überlegungen wie die Festlegung des Verkaufspreises, die Gewinnverwendung, die Personalbesetzung und die Erstellung des strategischen Plans erforderlich sind, brachte die Beantwortung der Fragen zur Kompetenzausstattung die Mehrzahl der Auskunftspersonen in Verlegenheit. Einerseits erkannten sie die zur straffen Führung eines JVs notwendigen Pläne und Festlegungen zu den verschiedenen Entscheidungsfeldern an, andererseits wollten sie aber einen Handlungsbedarf auf diesem Gebiet nicht eingestehen. Der hohe Anteil der nicht beantworteten Fragen belegt dies.

Mitunter liegt es auch an den Muttergesellschaften, die sich auf verschiedenen Gebieten ihr Mitspracherecht nicht nehmen lassen:

- "Einstellung/Ablösung der dem JVGM direkt unterstellten Führungskräfte" (77,1%)
- Art und Umfang des "Aus- und Weiterbildungsprogramms" (70,6%).

Hingegen wird dem JVGM weitgehend freie Hand (Vorbereitung und Entschluss) bei der Festlegung der folgenden Sachgebiete gewährt:

- Quartals-Absatzplan;
- Verkaufspreise;
- Distributionskanäle;

Bei einigen Gebieten beschränkt sich die Unabhängigkeit nur auf die Vorbereitungsphase:

- Einstellung/Ablösung der direkt unterstellten Führungskräfte
- Personalbesetzung allgemein
- Aus-/Weiterbildungsprogramm

Zusammenfassend ist festzuhalten, dass zum einen die JVGM und Muttergesellschaften nicht in allen der 18 aufgeführten Feldern Entscheidungen treffen und zum anderen für die Felder, in denen Entscheidungen getroffen werden, die Kompetenzen so unterschiedlich verteilt waren, dass sich keine Regelmässigkeiten erkennen liessen.

<u>5.2.4.2. Darstellung der Konfliktpotentiale</u>

Diese Fragestellung diente dem Ziel, Konfliktpotentiale in der JV-Führung aufzudecken, die entweder zwischen in- und ausländischen Führungskräften oder zwischen dem JV und den Muttergesellschaften bestehen.

► *Konfliktbereiche zwischen JV-Führungskräften*

► *Ergebnis:*

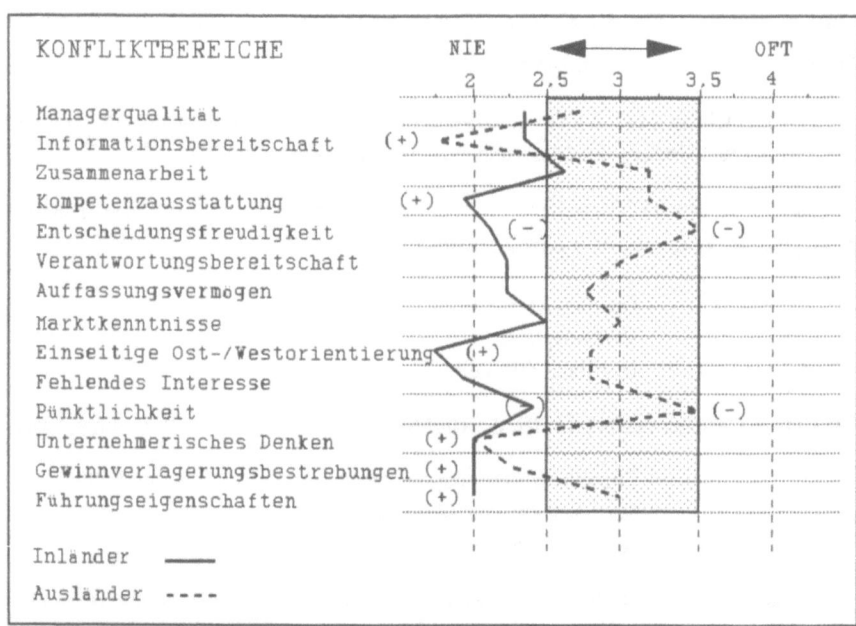

Abb. 22: Konfliktbereiche zwischen den Führungskräften

► *Interpretationen:*

Zunächst fällt auf, dass die CSFR-Manager ihre ausländischen Kollegen im allgemeinen wesentlich weniger kritisieren als umgekehrt. Die CSFR-Manager beklagen am häufigsten bei ihren ausländischen Kollegen deren Überheblichkeit, die sich u.a. auch in Unpünktlichkeit ausdrückt, mangelnde Zusammenarbeit und fehlende CSFR-Marktkenntnisse. Positiv schätzen sie dagegen deren Führungseigenschaften, ihr Interesse und deren Kompetenzen.

Umgekehrt hoben die ausländischen Manager die Informationsbereitschaft und das unternehmerische Denken der CSFR-Manager lobend hervor. Konfliktpotential bot deren Unpünktlichkeit und mangelnde Entscheidungsbereitschaft.

▶ *Konfliktbereiche zwischen JV und Muttergesellschaften*

Wurden in der vorangegangenen Befragung Konfliktbereiche der in- und ausländischen Führungskräfte untereinander angesprochen, so wird jetzt nach Konfliktbereichen zu den wichtigsten Entscheidungsfeldern zwischen dem JV-Unternehmen und der Muttergesellschaft gefragt.

▶ *Ergebnis:*

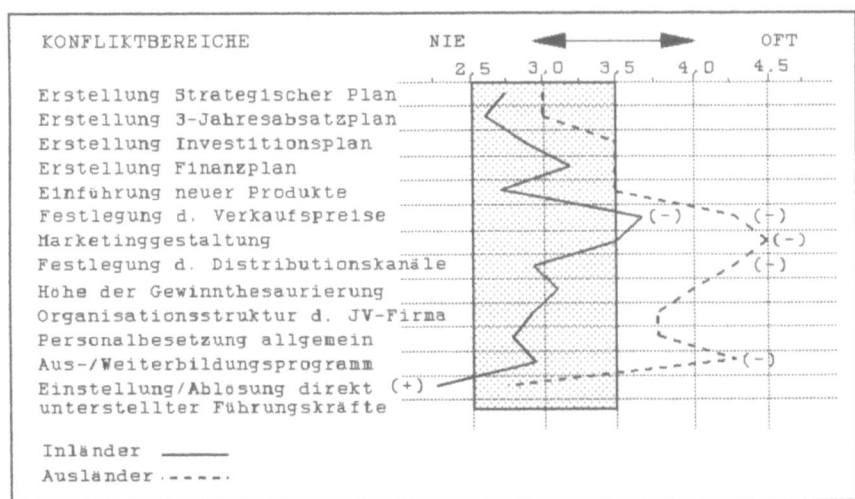

Abb. 23: *Konfliktbereiche zwischen JV und Muttergesellschaften, aus Sicht der In-/Ausländer*

▶ *Interpretationen:*

Erneut fällt auf, dass die Inländer die ausländischen Muttergesellschaften weniger kritisieren und darüberhinaus mit deren Entscheidungen mit Ausnahme der Festlegung der Verkaufspreise zufrieden sind. Dagegen befindet sich die Mehrzahl der Antworten der Ausländer ausserhalb des von 2,5 bis 3,5 reichenden Mittelbereiches. Die Ausländer beanstanden an den inländischen Muttergesellschaften relativ oft deren Marketinggestaltung, die Festlegung der Verkaufspreise und der Distributionskanäle, die Marketinggestaltung sowie die Art und den Umfang der Aus- und Weiterbildungsprogramme.

Es darf abschliessend festgehalten werden, dass sich die Konfliktpotentiale in den JVs nach der Anlaufphase sowohl zwischen den In- und Ausländern als auch zwischen den JVs und den Muttergesellschaften erfreulicherweise auf einige wenige begrenzen. Sorgfältiges Studium dieser Ergebnisse durch JVGM und Führungskräfte der Muttergesellschaften und ein überlegtes Ergreifen von Massnahmen, verhindert präventiv Konflikte in den jeweiligen Konfliktbereichen. Meist ist eine Aussprache der Parteien mit anschliessender schriftlicher Regelung vollständig ausreichend. Das darf jedoch nicht darüber hinwegtäuschen, dass das grösste Konfliktpotential während der JV-Gründungszeit besteht und die Partner sich im ungünstigsten Fall wegen Unvereinbarkeit der Zielvorstellungen trennen.[1]

Diese Gefahren werden auch von Experten gesehen. Auf die Frage, "Was sind Ihrer Meinung nach die bedeutendsten Problemfelder, die zwischen zwei JV-Partnern entstehen können?", antworteten:

<u>Dr. Janout, Rechtsanwalt, Prag:</u>
- Die JV-Partner haben selbst zum Zeitpunkt des Abschlusses des Gesellschaftsvertrages in meiner Kanzlei verschiedene Vorstellungen in Bezug auf ihre gemeinsame Tätigkeit. Die fehlende Erfahrung, zumindest auf seiten des tschechoslowakischen Partners und die fehlenden Kapitalressourcen führen häufig zu einer Verbindung mit einem sub-optimalen Partner. Nach Ablauf eines Jahres trennt man sich, weil man inzwischen Selbstvertrauen und Kapital gesammelt hat, beides Dinge, die man zuvor nicht hatte.

<u>Herr Prokres, Mitarbeiter des Beratungsunternehmens ALL IN, Prag:</u>
- Die ausländischen Partner bestehen überwiegend auf einer Mehrheitsbeteiligung. Im Moment ist das weniger problematisch, weil die CSFR-JV-Partner erst noch das Management

---

[1]   Vergl. Kap. 3.5., Die Rolle des Joint Venture General Managers.

eines Unternehmens im westlichen Stil erlernen müssen. Diese Praxis wird sich aber später zu einem nicht zu unterschätzenden Problem entwickeln.

- In 50% der Fälle haben die Partner unterschiedliche Ideen in bezug auf die Führung des Unternehmens. Die Amerikaner sind z.b. an kurzfristigen Gewinnen interessiert, der CSFR-Partner hat dagegen eher langfristige Vorstellungen.

- Falls der Geschäftsführer ein Ausländer ist, verlangt dieser die Arbeitsqualität und Arbeitsmoral, die seinem Herkunftsland entspricht. Da seine Ansprüche zumeist über dem liegen, was der Durchschnittsangestellte/-arbeiter in der CSFR gewillt ist zu leisten, führt das häufig zu Konflikten.

Herr Selecky, Vize-Direktor der Forschungs-, Beratungs- und Informationsagentur Interconsult, Bratislava:

- Die in- und ausländischen Distributionskanäle funktionieren nicht so, wie man es sich ursprünglich vorgestellt hatte.

- Der Produktionsausstoss wird im allgemeinen zu hoch angesetzt und kann dann nicht erreicht werden.

- Sprachprobleme führen immer wieder zu Missverständnissen.

- Der slowakische Partner wird häufig aufgrund seiner Unerfahrenheit bei Verhandlungen benachteiligt.

Dipl. Ing. Neugebauer, Leiter des Zentrums zur Förderung kleiner und mittlerer Unternehmen, Prag:

- Die Vorstellungen der JV-Partner sind meistens sehr verschieden und zeichnen sich besonders häufig durch Konzeptlosigkeit seitens der CSFR-Partner aus.

- Die CSFR-Partner möchten viel exportieren, die ausländischen Partner viel im Inland verkaufen.

- Die CSFR-Partner sind im allgemeinen zu gutgläubig. Sie glauben der staatlichen Propaganda, die vom Ausland nur ein positives Bild vermittelt.

- Oft schliessen die CSFR-Betriebe Verträge ab, bei denen sie schlechter abschneiden als ihre westlichen Partner.

5.2.4.3. Aus- und Weiterbildung

Eines der in der JV-Literatur am häufigsten genannten Faktortransfermotive ist der Transfer von technischem, kaufmännischem und Management-Know-How.[1,2] Dieses Know-How fliesst i.d.R. von dem höher entwickelten in das weniger hoch entwickelte Land. Man unterscheidet Know-How-Transfer von den in- und ausländischen Muttergesellschaften oder externen Stellen, wie Hochschulen, privaten Weiterbildungsinstitutionen, etc., zum JV sowie Know-How-Transfer innerhalb des JVs. Letzterer war Gegenstand der empirischen Untersuchung. Es sollte zunächst herausgefunden werden, wer im JV-Unternehmen für Aus- und Weiterbildung verantwortlich zeichnet.

▶ *Ergebnis:*

Aus- und Weiterbildungsverantwortlicher	Absolut	Prozent
Joint Venture General Manager	108	74,0
Kaufmännischer Direktor	6	4,1
Personalleiter	15	10,2
Technischer Direktor	3	2,1
Sonstige Personen	14	9,6

Tab. 39: Verantwortlicher für Aus- und Weiterbildung

In fast dreiviertel der JV-Unternehmen ist der JVGM für die Aus- und Weiterbildung verantwortlich.

▶ *Interpretationen:*

Das Ergebnis wird verständlich, wenn man bedenkt, dass 80% der untersuchten JVs weniger als 20 Mitarbeiter[3] beschäftigen und ca. 40% der Unternehmen einen jährlichen Umsatz[4] von

---

[1]   Vergl. Kap. 3.2.4., Motive der inländischen Investoren.

[2]   Vergl. Kap. 3.2.2., Motive der ausländischen Investoren.

[3]   Vergl. Tab. 21, Mitarbeiteranzahl der JV-Firmen.

[4]   Vergl. Tab. 22, Umsatz der JV-Firmen.

weniger als CSK 2,0 Mio. aufweisen. Angesichts der Tatsache, dass knapp 50% der JV über keine Personalabteilung[1] verfügen, ist es nicht verwunderlich, dass für die Aus- und Weiterbildung in nur 10% der Fälle der Personalleiter verantwortlich ist. Der Prozentsatz für sonstige Personen fiel deshalb so hoch aus, weil der stellvertretende JVGM als Antwortmöglichkeit bei dieser geschlossenen Frage fehlte, und die Auskunftspersonen ihre Antwort nur dieser Gruppe zuordnen konnten.

> ▶ **Hypothese 15:** *Die Aus- und Weiterbildung von JV-Führungspersonal ist noch von untergeordneter Bedeutung.*

Nach Klärung der Zuständigkeiten für Aus- und Weiterbildung sollte anhand eines Beispiels, der Managementausbildung, festgestellt werden, wie wichtig den JV-Managern dieser Punkt tatsächlich ist. Die Frage lautete: "Unterstützen Sie aktiv die Managementausbildung?"

▶ *Ergebnis:*

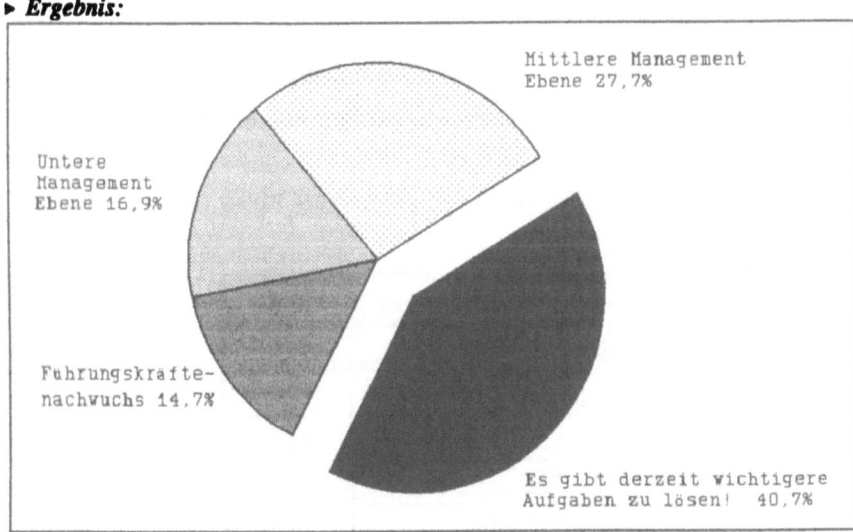

Abb. 24: Förderung der Managementausbildung

Ca. 40% der JV-Manager gaben an, dass es derzeit wichtigere Augaben zu lösen gäbe, als sich Sorgen um die interne oder externe Managementausbildung zu machen.

---

[1]   Vergl. Tab. 37, Problematische Unternehmensbereiche.

▶ *Interpretationen:*

Eine vorhersehbare Antwort? Sicherlich, aber nicht in diesem Umfang. Existenzprobleme bei Kleinstunternehmen und die Betriebsgrösse gestatten es momentan scheinbar nicht, kurz- und mittelfristig an eine Managementausbildung zu denken. Als weitere Erkenntnis kann dem Ergebnis entnommen werden, dass JV-Führungskräfte zuerst an die Aus- und Weiterbildung der unmittelbar nachgeordneten Ebene denken, da diese Ebene den Führungskräften direkt zuarbeitet und bei einem höheren Ausbildungsstand für zusätzliche Entlastung der Führungskräfte sorgt. Der Aus- und Weiterbildung von Führungskräftenachwuchs misst der Durchschnitt der Befragten die geringste Bedeutung bei. Es bleibt zu hoffen, dass sich die Situation ändern wird. *Die empirischen Ergebnisse widersprechen der aufgestellten Hypothese nicht.*

▶ *Hypothese 16:*   *Die dominierende Geschäftssprache ist Englisch.*

Im internationalen Geschäftsverkehr dominiert die englische Sprache. Verständigungsprobleme treten vorwiegend bei den Ost-West-Beziehungen auf, da in den ehemaligen Ostblockländern Russisch als erste Fremdsprache gelehrt wurde. Deshalb interessierte die Frage, "Welche Landessprache ... bei Verhandlungen mit dem ausländischen Partner gesprochen" wird:

▶ *Ergebnis:*

Sprache	Prozent
Deutsch	36,9
Tschechisch	25,1
Englisch	15,1
Slowakisch	13,4
Andere Sprachen	6,3

*Tab. 40: Geschäftssprache bei Verhand-
lungen mit ausländischem Partner*

Nur knapp 40% der Gespräche werden in den beiden offiziellen Landessprachen Tschechisch und Slowakisch geführt, dagegen werden zu über 60% Fremdsprachen bei Verhandlungen mit dem ausländischen Partner benützt, wobei die deutsche Sprache führt. Relativ unbedeutend ist die russische Sprache (Rubrik "Andere Sprachen") bei Geschäftsverhandlungen.

► *Interpretationen:*

Obwohl Englisch die dominierende Geschäftssprache ist, wird Deutsch bei Verhandlungen mit dem ausländischen Partner öfter gebraucht. Dieses durchaus überraschende Ergebnis zeigt einmal mehr die tiefe kulturelle Verbundenheit mit den deutschsprachigen Nachbarn, die sich trotz 40 jähriger Separation behauptet hat und in dieser Ausprägung deutlich wird.

Allerdings ist davon auszugehen, dass sich diese Situation zukünftig zugunsten der englischen Sprache ändern wird. Kinder und Jugendliche sehen im Erlernen von Englisch den Schlüssel zum Tor der Welt. Erwachsene bis ca. 40 Jahre erkennen die Notwendigkeit, Englisch zu lernen. Allerdings hängt der Lerneifer von sozialem Status, Ausbildung und Position ab. *Die empirischen Ergebnisse stehen in Widerspruch zur aufgestellten Hypothese.*

Wird die Sprache in Beziehung mit den vier Regionen Slowakei, Mähren, Böhmen und Prag gesetzt, ergibt sich folgendes Bild:

► *Ergebnis:*

Region	Tschechisch	Slowakisch	Deutsch	Englisch
Slowakei	0,0%	60,7%	18,1%	21,2%
Mähren	38,2%	4,4%	25,9%	31,5%
Böhmen	40,4%	5,5%	34,7%	19,4%
Prag	37,9%	4,4%	22,4%	35,3%

Tab. 41: Geschäftssprache/Region bei Verhandlungen mit ausländischem Partner

Betrachtet man die Spalte *Deutsch*, so ist zu erkennen, dass im Nachbarland Böhmen bevorzugt Deutsch gesprochen wird. *Englisch* führt hingegen klar vor Deutsch im Grossraum Prag. Dies ist vorallem auf die Stellung von Prag als Metropole zurückzuführen.

5.2.4.4. Grundlagen der Leistungsbewertung

> ► **Hypothese 17:**   *Umsatz- und Gewinnzuwachs sind für in- und ausländische*
> *JVGM gleichermassen die wichtigsten Erfolgsfaktoren.*

► *Ergebnis:*

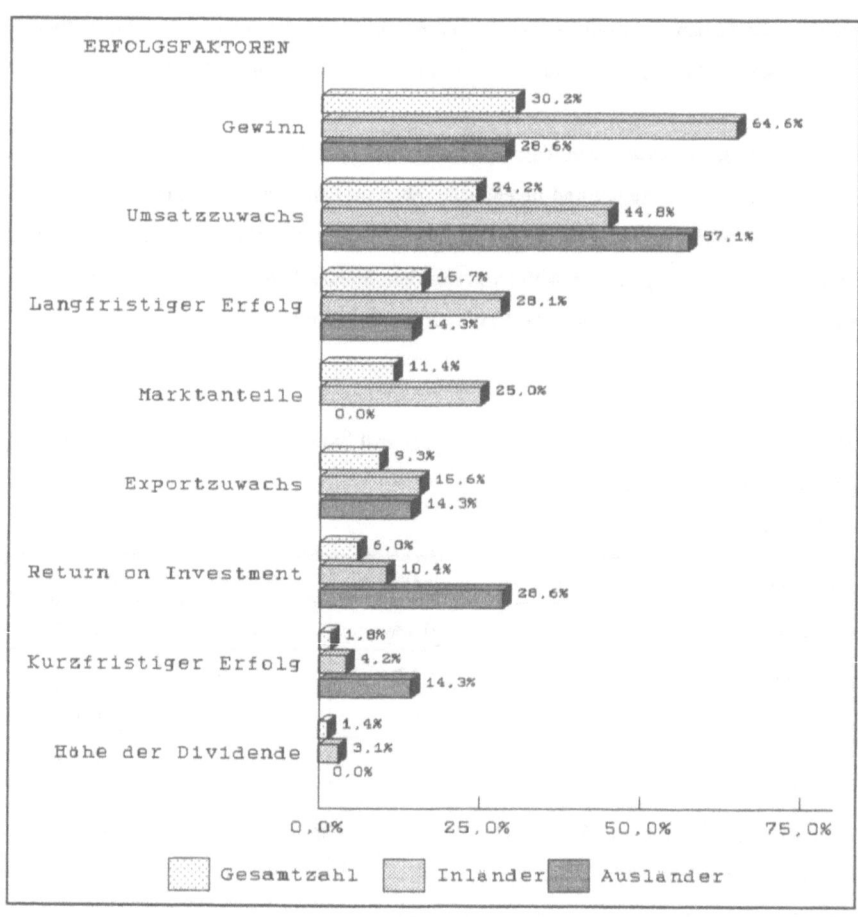

Abb. 25: Grundlagen der Leistungsbewertung

Aufgrund von Mehrfachnennungen wurden insgesamt 281 Antworten abgegeben. Den Prozentangaben der In- und Ausländer liegen die Gesamtnennungen innerhalb der jeweiligen Gruppe zugrunde.

► *Interpretationen:*

Beim Führungsprinzip "Management by Objectives" erarbeiten die Muttergesellschaften und der JVGM gemeinsam Ziele (=Beurteilungsfaktoren für den Erfolg des JV-Unternehmens), die der JVGM mit seinem JV-Unternehmen erreichen soll. Der JVGM kann nun im Rahmen seiner Kompetenzausstattung selbst entscheiden, auf welchem Weg er die Ziele erreichen will. "Der Grad der Zielerreichung dient als Grundlage der Leistungsbewertung ... und der Festlegung seiner Bezüge (Gehalt, Tantieme, Gewinnbeteiligung)".[1]

Mit Hilfe der Frage nach den Erfolgsfaktoren sollte herausgefunden werden, welche Faktoren primär als Grundlage der Leistungsbewertung herangezogen werden. 85 Antworten, das entspricht 30,2% der Gesamtzahl der Antworten, entfielen auf den Gewinn. Somit ist der Gewinn die am häufigsten genannte Grundlage der Leistungsbewertung. Werden die Antworten nach Ausländern und Inländern unterteilt, nannten 64,6% aller an der Umfrage beteiligten Inländer den Gewinn als Grundlage der Leistungsbewertung. Damit ist der Erfolgsfaktor Gewinn auch gleichzeitig der am häufigsten genannte Faktor seitens der Inländer. Anders verhält es sich bei den Ausländern. Dort wurde der Umsatzzuwachs mit 57,1% zum häufigsten Erfolgsindikator.

Ein Vergleich der drei von Inländern und Ausländern am häufigsten genannten Erfolgs-faktoren führt zu einem interessanten Ergebnis.

<u>Inländer</u>	<u>Ausländer</u>
1. Gewinn	1. Umsatzzuwachs
2. Umsatzzuwachs	2. Return on Investment
3. Langfristiger Erfolg	3. Gewinn

---

[1] WÖHE, S. 124.

Von den Inländern wird der Erfolgsfaktor Gewinn (finanzwirtschaftlicher Aspekt) an erster, bei Ausländern erst an dritter Stelle angeführt. Der Umsatzzuwachs, d.h. ein absatzwirtschaftlicher Aspekt war die von den Ausländern am häufigsten genannte Grundlage der Leistungsbewertung. Dieses Ergebnis deckt sich mit den Erkenntnissen an anderer Stelle.[1]

Die empirischen Ergebnisse stehen in Widerspruch zur aufgestellten Hypothese.

---

[1]   Vergl. Kap. 3.2.2., Motive der ausländischen Investoren.

5.2.4.5. Problematische Unternehmensbereiche im Joint Venture

> ► *Hypothese 18:*   *Die Finanzbuchhaltung stellt derzeit den bedeutendsten*
> *Problembereich der JV-Unternehmen dar.*

Eng mit der Frage nach dem Erfolg ist die Frage nach den problematischen Unternehmens-
bereichen verbunden. Die Auskunftspersonen sollten mitteilen, welche der vorgegebenen 10
innerbetrieblichen Bereiche im JV-Unternehmen vorhanden und derzeit ein/kein Problemfeld
darstellen.

► *Ergebnis:*

Unternehmens-bereich	Unternehmensbereich nicht vorhanden	Problemfeld Ja	Problemfeld Nein
Einkauf	9,6	25,7	64,7
Verkauf	8,1	33,6	51,5
Transport	22,6	19,0	58,4
Marketing	18,0	25,6	56,4
F & E	71,6	5,2	23,2
Produktion	51,5	7,6	40,9
Finanzbuchhaltung	14,9	35,4	56,5
Betriebs-buchhaltung	9,6	23,7	66,7
Personal	47,4	12,6	40,0
Unternehmens-planung	34,8	13,3	51,9

Tab. 42: *Problematische Unternehmensbereiche*

► *Interpretationen:*

Die in dieser Frage eingebaute Fangfrage[1] testete den Wahrheitsgehalt vorangegangener

---

[1]   Vergl. Kap. 5.1.5., Datenerhebung, Kap. 5.2.1.2., Regionale und Sektorale Distribution der
untersuchten JV-Unternehmen; Kap.5.2.4.1., Der JVGM und sein Umfeld.

Antworten und fiel positiv aus. 71,6% der Befragten verneinten das Vorhandensein des F&E-Bereiches. Dies deckt sich fast zahlenmässig (78,0%) mit der Aussage in Tab. 38, Kompetenzausstattung der Muttergesellschaft bzw. der JV-Firma, bei der die Frage nach einem F&E-Plan unbeantwortet blieb.

Ca. die Hälfte aller JVs verfügen über keine Personalabteilung,[1] was einmal mehr auf die Grösse der JV-Unternehmen schliessen lässt.

Als wichtigstes Problemfeld wurde die Finanzbuchhaltung angesehen. Geringe Eigenkapitalressourcen, ein sehr enger Fremdkapitalmarkt mit relativ hohen Fremdkapitalzinsen[2] und wenig Erfahrung auf dem Gebiet des Finanzmanagements dürften die Ursachen sein, weshalb die Finanzbuchhaltung als Problem genannt wurde.

Positiv zu bewerten ist das Ergebnis im Unternehmensbereich Betriebsbuchhaltung. Immerhin stellt für 66,7% der Unternehmen die Betriebsbuchhaltung kein Problemfeld dar. Denn eine ordnungsgemässe Betriebsbuchhaltung ist Voraussetzung für die Kostenkontrolle, den Kosten-/Leistungsvergleich und die Errechnung des Betriebserfolges, und schafft die Grundlage für Entscheidungen in anderen Betriebsbereichen. *Die empirischen Ergebnisse widersprechen der aufgestellten Hypothese nicht.*

---

[1]   Vergl. Kap. 5.2.4.3., Aus- und Weiterbildung.

[2]   Vergl. Kap. 4.1.2., Schaffung eines Finanz- und Kapitalmarktes.

5.2.4.6. Zufriedenheit im JV-Unternehmen

> ► **Hypothese 19:**   *Die Anzahl unzufriedener Inlands-JV-Partner ist hoch.*

Ausgehend von der Annahme, dass die westlichen JV-Partner ihre in markt- und betriebswirtschaftlichen Aspekten unerfahrenen CSFR-Partner übervorteilen, wurde obige Hypothese aufgestellt.

Die folgende Tabelle gibt die Zufriedenheit der Auskunftspersonen mit dem derzeitigen Joint Venture wieder.

► *Ergebnis:*

Bewertung	Inländer	Ausländer
sehr gut	10,6%	0,0%
gut	50,0%	28,6%
zufriedenstellend	29,8%	57,1%
nicht zufriedenstellend	3,2%	14,3%
sehr negativ	6,4%	0,0%

Tab. 43: Zufriedenheit mit dem derzeitigen Joint Venture

Die CSFR-Manager scheinen im allgemeinen zufriedener mit dem derzeitigen JV als die ausländischen Manager zu sein. Allerdings gibt es unter den CSFR-Auskunftspersonen auch einige, die sehr negativ (6,4%) gegenüber dem derzeitigen JV eingestellt sind.

► *Interpretationen:*

Es kann sein, dass die unzufriedenen CSFR-JV Partner zu denen zählen, die - wie Herr Seleky[1] angab - in "ihrer Unerfahrenheit über den Tisch gezogen" wurden. Eine Auflösung des JVs erscheint in diesen Fällen am zweckmässigsten. Erfreulich ist der hohe Prozentsatz (ca. 60%) an Inländern, die sehr zufrieden mit dem derzeitigen JV sind. Es zeigt sich, dasss die Ausländer besser sind als ihr Ruf. *Die empirischen Ergebnisse stehen in Widerspruch zur aufgestellten Hypothese.*

---

[1]   INTERVIEW SELEKY.

5.2.5. Joint-Ventures und deren makroökonomische Aspekte

5.2.5.1. Staatliche Unterstützungsleistungen

Da der Staat von den Unternehmern häufig kritisiert wird, zu wenig Anreize zum Aufbau der
Wirtschaft zu bieten, wurden die Befragungsteilnehmer gebeten, mitzuteilen, welche der
folgenden staatlichen Unterstützungsleistungen von ihnen gewünscht werden.[1]

▶ *Ergebnis:*

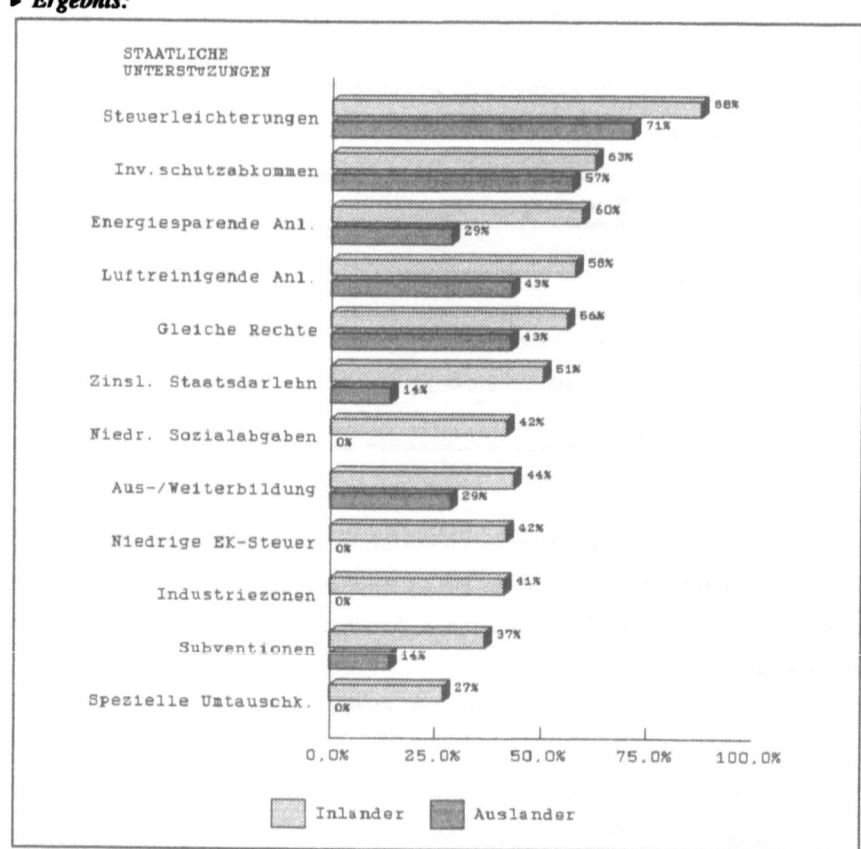

Abb. 26: Gewünschte staatliche Unterstützungen für JVs aus Sicht der In-/Ausländer

---

[1]   Vergl. KEBSCHULL, S. 250 ff; KITTERER, S. 62 ff.

Im Vordergrund steht der Wunsch nach Steuererleichterungen, die Verabschiedung von Investitionsschutzabkommen, gefolgt von Zuschüssen für energiesparende und luftreinigende Anlagen. Weniger gefragt sind Subventionen, Industriezonen oder spezielle Umtauschkurse.

▶ *Interpretationen:*

CSFR-Manager fordern mehr staatliche Unterstützung als ihre ausländischen Kollegen. Eine Begründung für dieses Phänomen mag in der durch die vielen Jahre der kommunistischen Herrschaft geprägten Anspruchshaltung gegenüber dem Staat liegen. Westliche Auskunftspersonen, geprägt durch ein anderes Wirtschaftssystem, waren wesentlich zurückhaltender.

Staatliche Unterstützungsleistungen laufen dem Ziel der derzeitigen Wirtschafts- und Finanzpolitik[1], nämlich dämpfenden Einfluss auf die Lohn-/Preisentwicklung zu nehmen, entgegen. Sie belasten den Staatshaushalt und sind auf den ersten Blick kontraproduktiv. Tatsächlich aber können Unterstützungen des Staates, die heute angeboten werden, mittel- und langfristig zu Einsparungen im Staatshaushalt von noch viel grösserem Umfang führen.

Basierend auf den Ergebnissen dieser Studie sollten dann die staatlichen Pläne zur Errichtung von weiteren Industriezonen überdacht und finanzielle Subventionen im Hinblick auf den Wunsch der Unternehmer für einen freieren Wettbewerb stark zurückgenommen werden.

---

[1] Vergl. Kap. 4.1.2., Schaffung eines Finanz- und Kapitalmarktes.

> *Hypothese 20:*   *Es bestehen keine klaren Vorstellungen über das Angebot staat-*
> *licher Unterstützungsleistungen.*

Die Befragungsteilnehmer wurden nun gebeten, anzukreuzen, welche Unterstützungsleistungen der Staat im Jahr 1991 angeboten hat. Um den Wissensstand und die Qualität der Antworten (vergl. Abb. 26) besser einstufen zu können, wird zunächst ein Überblick über die im Jahr 1991 tatsächlich gewährten staatlichen Unterstüzungsleistungen gegeben.

Staatliche Unterstützungen für JV-Unternehmen	existierten in 1992
Steuererleichterungen	NEIN
Investitionsschutzabkommen	JA
Unterstützungen für den Einbau von energiesparenden Anlagen	JA
Unterstützungen für den Einbau von luftreinigenden Anlagen	NEIN
Gleiche Rechte für in- und ausländische Unternehmen	JA
Vergabe von zinslosen Staatsdarlehn	NEIN
Unterstützung in Form von niedrigen Sozialabgaben	JA in 92 - NEIN in 93
Förderung der Aus- und Weiterbildung	NEIN
Niedrigere Einkommenssteuer	NEIN
Industriezonen	JA
Subventionen	NEIN
Spezielle Umtauschkurse	NEIN

Tab. 44: Tatsächlich gewährte staatliche Unterstützung

Diese Unterstützungsmassnahmen waren den Teilnehmern nur vage bekannt, wie dies aus der Abbildung auf der nächsten Seite zu entnehmen ist:

▶ **Ergebnis:**

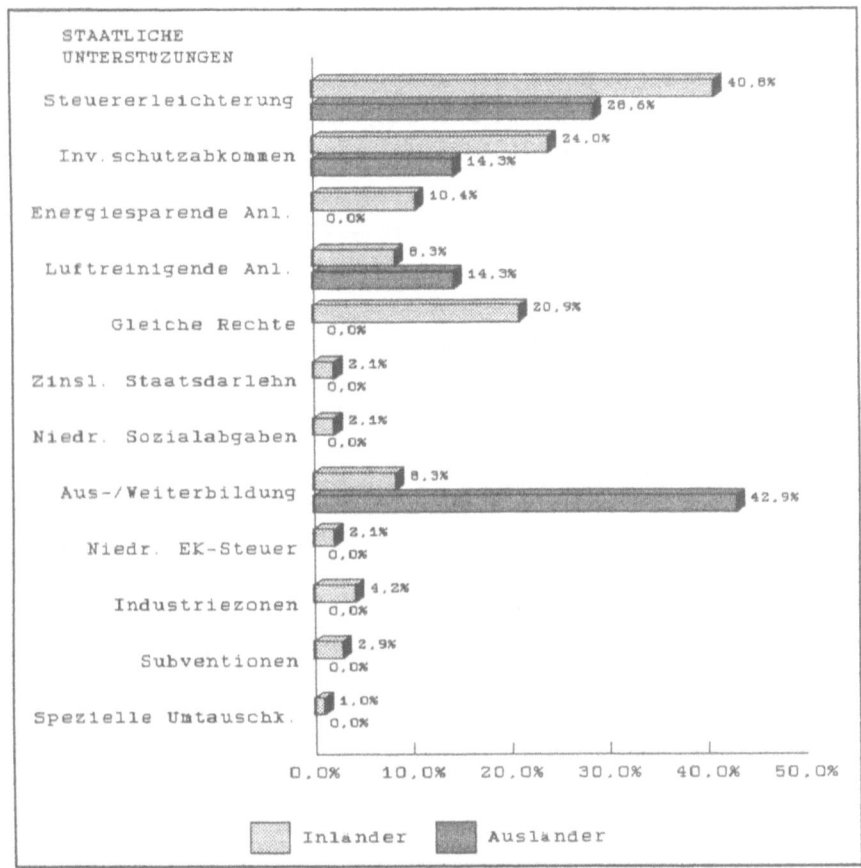

Abb. 27: *Gewährte staatliche Unterstützungen aus Sicht der In-/Ausländer*

▶ *Interpretationen:*

Das mangelhafte Wissen der Teilnehmer über die staatlichen Unterstützungen zeigt, dass der Staat über seine Informationsdienste dringendst Aufklärungsarbeit leisten muss und falls dies nach Meinung der Ministerien schon in ausreichendem Mass geschehen ist, darauf hinzuwirken hat, dass das Informationsmaterial landesweit verteilt und die staatlichen Unterstützungen landesweit einheitlich und zeitgleich gewährt werden.

Die empirischen Ergebnisse widersprechen der aufgestellten Hypothese nicht.

5.2.5.2. Gefahren ausländischer Direktinvestitionen

Vor den Gefahren ausländischer Direktinvestitionen warnen Politiker immer dann, wenn ein nationalistischer Kurs verfolgt wird, wenn ein Land einen gewissen Wohlstand erreicht hat, es Angst vor Überfremdung bekommt oder auch wenn ein ausländisches Grossunternehmen Massenentlassungen vornimmt bzw. ganze Betriebe stillegt.

> ► *Hypothese 21:* Die Gefahren ausländischer Direktinvestitionen werden hoch eingeschätzt.

Die Auskunftspersonen wurden gebeten, die nachstehenden Bedrohungsansätze zu bewerten.

► *Ergebnis:*

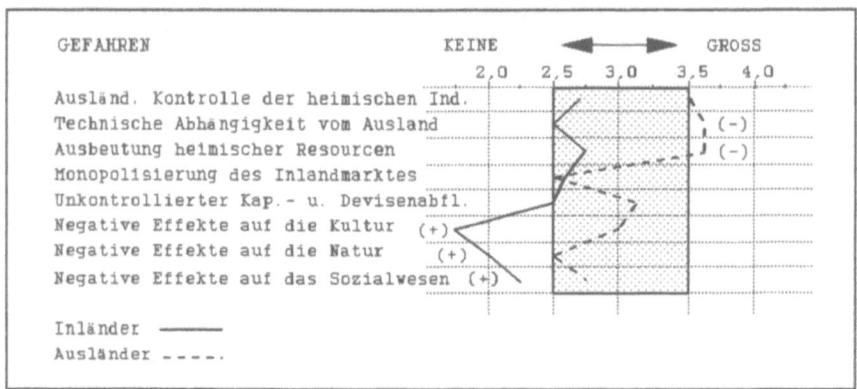

Abb. 28: *Gefahren ausländischer Direktinvestitionen aus Sicht der In-/Ausländer*

Die Mehrzahl der Umfrageteilnehmer schätzte die von ausländischen Direktinvestitionen ausgehenden Gefahren gering ein. Die ausländischen Befragten sahen in der technischen Abhängigkeit vom Ausland und der Ausbeutung der CSFR-Ressourcen die grössten Bedrohungen. Die CSFR-Auskunftspersonen sahen im allgemeinen wenige, in bezug auf Kultur und Natur so gut wie keine Gefahren.

Der Begriff "Gefahr", wie er im allgemeinen Sprachgebrauch verwendet wird, ist im Zusammenhang mit ausländischen Direktinvestitionen in der CSFR unzutreffend. *Die empirischen Ergebnisse stehen in Widerspruch zur aufgestellten Hypothese.*

► *Rolle des Auslandskapitals*

Innerhalb des Komplexes "Gefahren ausländischer Investitionen" wurde zusätzlich die Frage "Wie bewerten Sie die Rolle des Auslandskapitals?" gestellt. Die Fragestellung und Antwortalternativen wurden weitestgehend von Ahn[1] übernommen, dessen Werk "Gemeinschaftsunternehmen in Entwicklungsländern" im August 1980 veröffentlicht wurde. Er konzentrierte seine Forschung auf die 5 ASEAN-Länder Indonesien, Thailand, Philippinen, Malaysia und Singapur. Zusammenfassend stellte Ahn fest, "dass die Einstellung der einheimischen Vertreter in den ASEAN-Ländern gegenüber dem Auslandskapital als relativ aufgeschlossen, jedoch nicht unkritisch bezeichnet werden kann".[2]

► *Ergebnis:*

Wie bewerten Sie die Rolle des Auslandskapitals?	Empirische Umfrage 1991	Ahn Umfrage 1980
- gut und notwendig	71,6%	40,0%
- gut, wenn kontrollierter Einsatz erfolgt	11,3%	42,8%
- nicht gut, aber notwendig	9,9%	2,9%
- nicht gut und nicht notwendig	0,0%	0,0%
- es gibt keinen Unterschied zwischen inländischem und ausländischem Kapital	7,2%	2,9%
- es ist genug inländisches Kapital vorhanden, daher wird kein ausländisches Kapital mehr benötigt	0,0%	11,4%

Tab. 45: Rolle des Auslandskapitals

► *Interpretationen:*
Vergleicht man nun die Antworten aus der empirischen Untersuchung von Ahn mit den Ergebnissen dieser Untersuchung, lässt sich unschwer erkennen, dass in der CSFR die Rolle des Auslandskapitals mit Abstand positiver beurteilt wird, als 12 Jahre zuvor durch die einheimischen Vertreter der ASEAN-Länder.

---

[1]   Vergl. AHN, S. 178.

[2]   EBENDA, S. 179.

Dieses und das Ergebnis zuvor (Gefahren ausländischer Direktinvestitionen) lassen eine sehr aufgeschlossene und weltbürgerliche Haltung gegenüber ausländischen Investoren erkennen. Investoren brauchen daher auf absehbare Zeit keine anti-ausländische Propaganda zu fürchten.

5.2.5.3. Qualität der Beratungsdienste

> ► *Hypothese 22:* Vor einer JV-Gründung werden zur Beratung überwiegend die
> IHK und staatliche Beratungsstellen aufgesucht.

Der Aufbruch in die Marktwirtschaft bedeutete für die CSFR einen Aufbruch in eine fast unbekannte Welt. Unerfahrenheit mit marktwirtschaftlichen Prinzipien, mit den vielen neugegründeten, mit der Marktwirtschaft eng verbundenen Institutionen sowie der Gesetzesflut liess den Ruf nach qualifizierten Beratungsdiensten[1] laut werden. Speziell bei der Gründung von JVs war der Informationsbedarf sehr hoch. Welche Beratungsstellen in welchem Umfang von den Muttergesellschaften vor der Gründung des JVs aufgesucht wurden, ist folgender Abbildung zu entnehmen.

► *Ergebnis:*

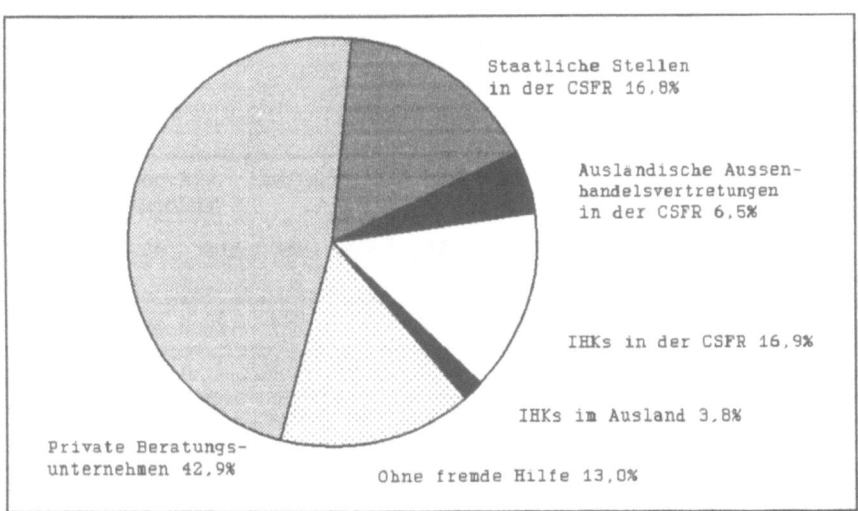

Abb. 29: *Aufgesuchte Beratungsstellen während der Gründungsphase*

Durch Mehrfachnennungen wurden insgesamt 181 Antworten abgegeben. Danach gab 42,9% aller Befragten an, private Beratungsunternehmen aufgesucht zu haben. Nur zu jeweils ca.

---

[1]   Vergl. Kap. 4.8.4., Beratungsdienste.

15% wurden staatliche Stellen der CSFR oder IHKs der CSFR kontaktiert. Weitere 13% der Befragten gründeten JVs ohne Unterstützung von Beratungsstellen.

▸ *Interpretationen:*

Der grössere Zuspruch, den die privaten Beratungsstellen zu verzeichnen haben, dürfte auf die Hoffnung der Ratsuchenden zurückzuführen sein, hier eine umfassende und vor allem eine bessere, auf die westliche Marktwirtschaft ausgerichtete Beratung zu erhalten. *Die empirischen Ergebnisse stehen in Widerspruch zur aufgestellten Hypothese.*

▸ *Hypothese 23:*   *Die Qualität der Beratungsstellen ist nicht ausreichend.*

Mit Hilfe der Frage "Wie beurteilen Sie die Informationen, die Sie von den einzelnen Beratungsdiensten erhalten haben?" wurde versucht, die Beratungsqualität und damit indirekt die Qualität der Beratungsstellen zu ermitteln.

▸ *Ergebnis:*

Beratungsqualität	sehr gut		befriedigend		nicht aus-reichend		Anzahl d. Beratungen Absolut
	Abs.	Rel.	Abs.	Rel.	Abs.	Rel.	
IHK in der CSFR	9	29,0	15	48,4	7	22,6	31
IHK im Ausland	2	28,6	3	42,8	2	28,6	7
Ausländische Aussenhandelsvertretungen in der CSFR	1	8,3	10	83,4	1	8,3	12
Staatliche Stellen der CSFR	4	2,9	21	67,8	6	19,3	31
Private Beratungsunternehmen	22	27,8	50	63,3	7	8,9	79
Beratungsqualität	38	23,7	99	61,9	23	14,4	160

Abs. = Absolut; Rel. = Relativ

Tab. 46: Qualität der Beratungsstellen

Danach waren 61,9% der JV-Gründer mit dem Beratungsergebnis zufrieden und 23,7% sehr (gut) zufrieden. Nur 14,4% fühlten sich unzureichend beraten.

► *Interpretationen:*

Die Einzelergebnisse der Beratungsdienste streuen sehr stark. Wählt ein Ratsuchender eine staatliche Stelle oder eine IHK in der CSFR, so ist die Chance, gut beraten zu werden, weitaus geringer als bei den privaten Beratungsunternehmen, so dass jedem Ratsuchenden aufgrund des vorliegenden Ergebnisses durchaus empfohlen werden kann, sich an private Beratungsstellen zu wenden. *Die empirischen Ergebnisse stehen in Widerspruch zur aufgestellten Hypothese.*

"Nicht ausreichende" Beratungen konnten von den Befragten gesondert kommentiert werden. Diese Kommentare, die man nicht überwerten sollte, wurden den einzelnen Beratungsstellen zugeordnet und ergaben folgendes Resultat:

<u>IHK in der CSFR:</u>

    - ungenügend aufgearbeitetes Informationsmaterial;
    - Desinteresse der Sachbearbeiter;

<u>Staatliche Stellen in der CSFR:</u>

    - Unzureichende Kenntnis der JV-Problematik;
    - Desinteresse der zuständigen Sachbearbeiter;
    - Zu viele bürokratische Hürden bei der Beantragung von Förderprogrammen;
    - Probleme bei der Realisation;

<u>Private Beratungsunternehmen:</u>

    - Zu geringe Branchenkenntnisse, dadurch nur allgemeine Beratung möglich;
    - Unkenntnis;
    - Unvollständige Auskünfte;
    - Keine Erfahrung bei der Gründung von Unternehmen;

Ein Befragter bemerkte treffend: "Leider werden die mangelnden Sachkenntnisse [der Berater] erst dann festgestellt, wenn das Kind bereits in den Brunnen gefallen ist", d.h. das JV bereits gegründet wurde.

5.2.6. Beurteilung der Zukunftsaussichten

Im dritten und letzten Teil des Fragebogens sollten volkswirtschaftliche Faktoren bzw. deren Bedeutung durch die JV-Führungskräfte beurteilt werden. Dabei wurden die Befragten gebeten, die Beurteilung der 16 Faktoren immer aus Sicht des JV-Unternehmens durchzuführen.

▶ *Ergebnis:*

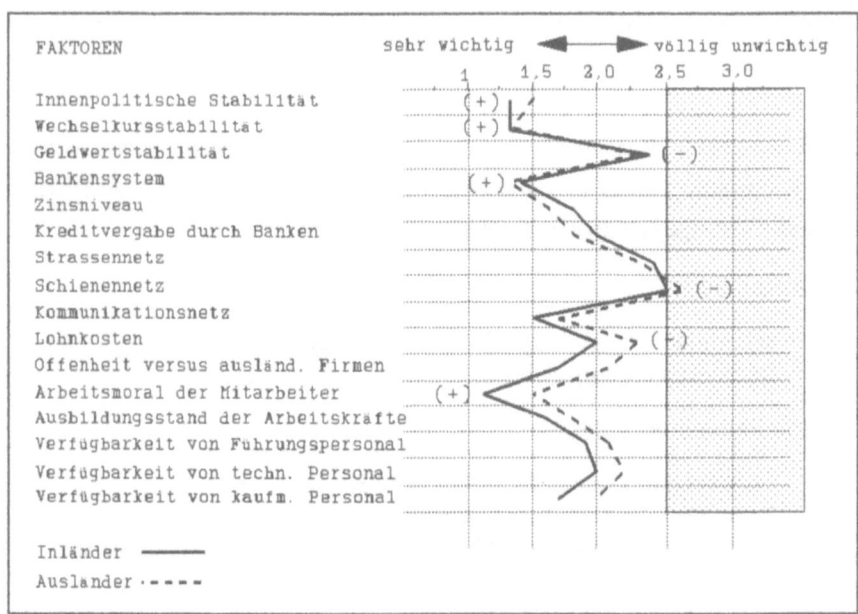

Abb. 30: *Beurteilung volkswirtschaftlicher Faktoren aus Sicht der In-/Ausländer*

In- und Ausländer bewerten die genannten Faktoren fast deckungsgleich im Gegensatz zu früheren Bewertungen von JV-Motiven.[1] Vier Faktoren erscheinen den Auskunftspersonen für die Zukunft des JV-Unternehmens besonders wichtig:

---

[1]   Vergl. Abb. 17, JV-Motive der ausländischen Unternehmen aus Sicht aller Befragten; vergl. Abb. 19, JV-Motive der tschechoslowakischen Unternehmen aus Sicht aller Befragten.

- Innenpolitische Stabilität;
- Wechselkursstabilität;
- (Verbesserung des) Bankensystems;
- Arbeitsmoral der Mitarbeiter.

Demgegenüber standen drei Faktoren, die für das Überleben bzw. die Weiterentwicklung des JV-Unternehmens als eher unwichtig erachtet wurden:

- Geldwertstabilität;
- Schienennetz;
- Lohnkosten.

► *Interpretationen:*

Es fällt auf, dass fast alle Antworten links vom punktierten Mittelbereich liegen, d.h., alle aufgeführten wirtschaftlichen Faktoren wurden als sehr relevant angesehen. Eine Begrenzung der Mehrfachnennungen, z.B. auf drei Faktoren, hätte zu einer Verschiebung des Beantwortungsfeldes in Richtung "unwichtig" geführt und die Wichtigkeit einzelner Faktoren besser hervorgehoben, jedoch nicht die Forderungen der Befragten nachhaltig unterstrichen, dass auf allen Gebieten eine Verbesserung gewünscht wird.

► *Hypothese 24:*   Die wirtschaftlichen Zukunftsaussichten der CSFR werden positiv
                    beurteilt.

Als abschliessende Frage der empirischen Untersuchung sollten die Auskunftspersonen
angeben, wie sie die wirtschaftlichen Zukunftsaussichten der CSFR beurteilen. Die
Auswertung unterscheidet wiederum zwischen Antworten von In- und Ausländern. Die
Beurteilungsmöglichkeiten reichen von sehr gut bis ungünstig.

► *Ergebnis:*

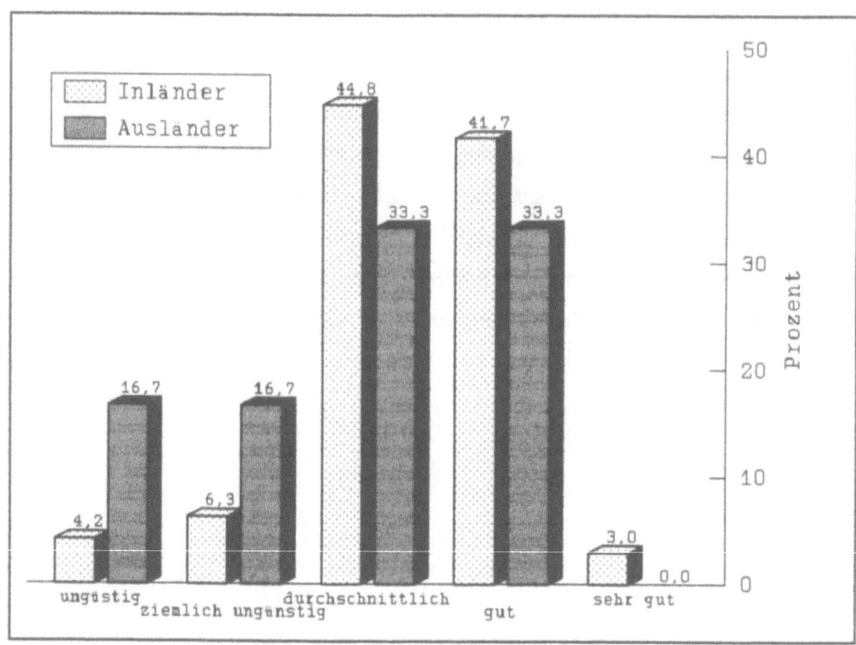

Abb. 31: *Wirtschaftliche Zukunftsaussichten der CSFR*

Vergleichbar mit der Frage nach der Zufriedenheit mit dem JV,[1] ist auch hier zu erkennen,
dass die Ausländer die Zukunftsaussichten durchweg negativer beurteilen als die Inländer.

---

[1]   Vergl. Kap. 5.2.4.5., Zufriedenheit im JV-Unternehmen.

▶ *Interpretationen:*

Die insgesamt positive Bewertung der wirtschaftlichen Zukunftsaussichten der CSFR durch die Inländer manifestiert sich nicht allein durch den festen Glauben an eine bessere Zukunft, sondern wird bestärkt durch das Wissen, dass die Marktwirtschaft der kommunistischen Planwirtschaft weit überlegen ist und den westlichen Staaten den Wohlstand gebracht hat, der bisher der CSFR verwehrt blieb. *Die empirischen Ergebnisse widersprechen der aufgestellten Hypothese nicht.*

Die folgende und gleichzeitig letzte Tabelle zur Darstellung der empirischen Untersuchungsergebnisse zeigt die wirtschaftlichen Zukunftsaussichten der CSFR nach Regionen verteilt.

▶ *Ergebnis:*

Region	ungünstig	ziemlich ungünstig	durch- schnittlich	gut	sehr gut
Slowakei	2,6%	20,5%	41,0%	33,3%	2,6%
Mähren	8,0%	0,0%	52,0%	36,0%	4,0%
Böhmen	6,2%	2,1%	47,9%	43,8%	0,0%
Prag	7,4%	0,0%	44,4%	40,8%	7,4%

Tab. 47: Wirtschaftliche Zukunftsaussichten der CSFR nach Regionen

Bei der regionalen Beurteilung der Zukunftsaussichten der CSFR überwiegt der positive Gesamteindruck. Lediglich die "ziemlich ungünstige" Beurteilung der befragten JV-Führungskräfte aus der Slowakei fällt mit 20,5% aus dem Rahmen.

▶ *Interpretationen:*

In der slowakischen Republik wird der wirtschaftliche Aufschwung länger auf sich warten lassen als in der tschechischen Republik. Massgeblich ist das niedrigere Ausgangsniveau mit rückständiger Infrastruktur und unterentwickelten Gebieten[1] für die wirtschaftliche Entwicklung verantwortlich. Ein Indiz hierfür ist auch die hohe Arbeitslosigkeit in den ländlichen Gebieten[2] und die mangelnde Bereitschaft ausländischer Investoren, in diesen Gegenden zu investieren. Die ungünstige Beurteilung der Zukunftsaussichten in der Slowakei beruht also auf einer realistischen Einschätzung der Lage.

---

[1]   Vergl. Kap. 4.8.1., Regionalförderung.

[2]   Vergl. Kap. 4.6., Arbeitsmarkt und Löhne.

5.2.7. Zusammenfassende Betrachtung der Hypothesenergebnisse

Von den 24, in Kap. 5.1.2., Theoriebildung, aufgestellten und in Kap. 5.2., Darstellung und Interpretation der Untersuchungsergebnisse, untersuchten Hypothesen entsprachen 12 nicht den empirischen Ergebnissen, die verbleibende Hälfte wurde hingegen aufgrund der vorgefundenen Zusammenhänge bestätigt.

Von den 12 Hypothesen, die nicht bestätigt werden konnten, wird nun eine Auswahl näher betrachtet, die die interessantesten Abweichungen von den gängisten Theorien und Expertenmeinungen aufweist.

> ▶ *Hypothese 5:*   *Der Tätigkeitsschwerpunkt von JVs liegt in der Produktion.*

Die Analyse der JV-Literatur[1] ergab, dass die überwiegende Anzahl der Autoren *den Tätigkeitsschwerpunkt von internationalen JVs* in der *Produktion* von Gütern und Dienstleistungen sieht. Niedrige Lohnkosten[2] und z.T. geringe Preise für Rohstoffe werden fast immer als Vorteil für ein Produktions-JV genannt.

Betrachtet man die Publikationen offizieller Stellen[3] oder der Presse,[4] erhält man ebenfalls durchweg den Eindruck, bei den gegründeten JVs handelt es sich um Unternehmen mit Schwerpunkt in der Produktion.

Entsprechend der vorgefundenen Literatur wurde für diese empirische Untersuchung Hypothese 5 aufgestellt.

---

[1]   Vergl. AHN; BERG/DUNCAN/FRIEDMAN, S. 44 ff., S. 88 ff.; CHRISTELOW, S. 8; GRUETTNER, S. 135-157.

[2]   Vergl. KONRAD, R., S. 88.

[3]   Vergl. UNITED NATIONS. INDUSTRIAL DEVELOPMENT ORGANISATION, Industry Report, Czechoslovakia, S. 19.

[4]   Vergl. CZECHOSLOVAK MARKET, S. 10.

Die empirische Untersuchung zeigte jedoch, dass in der CSFR derzeit Vertriebs-JV dominieren und nur zu 20% Produktions-JV existieren.

Es stellt sich die Frage, warum die Literatur und Presse die aktuelle JV-Situation in der CSFR verkennt. Der Verfasser sieht in der fehlenden Lobby der Kleinst-JVs, dem geringen Sensationswert und der zeit- und kostenaufwendigen Beschaffung von Informationen über derartige Unternehmen die Hauptgründe. Veröffentlichungen hingegen über grosse JVs sind viel publikumswirksamer und daher in der Presse häufiger auffindbar.

> ▶ **Hypothese 13:** *Bessere Exportmöglichkeiten stellen das Hauptmotiv zur JV-Gründung für inländische Unternehmen dar.*

Massgeblich für die Aufstellung dieser Behauptung waren Erfahrungen des Verfassers. So hatten 1990/1991 zahlreiche Führungskräfte von kleinen und mittleren Staatsunternehmen gegenüber dem Verfasser zum Ausdruck gebracht, dass ein JV mit einer ausländischen Firma in Zeiten eines allgemeinen inländischen Nachfragerückgangs eine gewisse Auslastung der Produktionskapazität sicherstellen würde. Ausserdem sei über die Exporte und die damit erwirtschafteten Deviseneinnahmen der Erwerb von westlichen Maschinen und Technologien möglich, die dann die allgemeine Effizienz und folglich die Wettbewerbsfähigkeit, speziell gegenüber inländischen Unternehmen, erhöhen würde.

Das Ergebnis der empirischen Untersuchung zeigte hingegen, dass das Argument der besseren Exportmöglichkeit als JV-Motiv nur an dritter Stelle rangiert. Vorrangig wurde der Ausbau des CSFR-Marktes und die Vergrösserung des Dienstleistungs- und Produktionsangebotes angegeben.

> ► *Hypothese 19:*   *Die Anzahl unzufriedener Inlands-JV-Partner ist hoch.*

Bei der Aufstellung dieser Hypothese lag die Annahme zugrunde, dass westliche Investoren nicht aus Mitleid, christlicher Nächstenliebe oder beseelt vom Gedanken des Aufbaus der CSFR-Wirtschaft, sondern aus rein eigennützigen Gründen sich an einem JV beteiligen bzw. ein JV gründen würden.

Mit diese Annahme in Kombination mit dem Wissen, dass CSFR-Unternehmer nur auf eine begrenzte marktwirtschaftliche Erfahrung zurückblicken können, sowie mit einer gewissen kindlichen Naivität nur das Gute in einem westlichen Investor sehen, glaubte der Autor über genügend Argumente zu verfügen, die zwangsläufig in einer grossen Anzahl unzufriedener Inlands-JV-Partner resultieren mussten.

Die empirischen Ergebnisse entsprechen allerdings nicht der aufgestellten Hypothese. Der hohe Prozentsatz (ca. 60%) der inländischen Befragten, die mit dem JV rundum zufrieden waren, bestätigt eher das Gegenteil. Das Ergebnis muss dem westlichen Investor schmeicheln, doch geht der Autor davon aus, dass sich dieser hohe Prozentsatz mit zunehmender Erfahrung und finanzieller Unabhängigkeit der CSFR-JV-Partner reduzieren wird.

> ► *Hypothese 21:*   *Die Gefahren ausländischer Direktinvestitionen werden hoch eingeschätzt.*

Mit der "Sanften Revolution" und den friedlich verlaufenen Wahlen im Juni 1990 zeigte die CSFR ein vorbildliches Demokratiebewusstsein, welches auch die Wahlen in 1992 kennzeichnete, aber inhaltlich durch ein stärkeres Nationalbewusstsein geprägt war, und letztlich die "Sanfte Scheidung" zum 31.12.1992 unausweichlich werden liess.

In diesen Zeitraum des wiedererstarkenden Nationalbewusstseins fiel die empirische Untersuchung.

Gleichzeitig konnte der Autor zahlreiche Artikel in der JV-Literatur finden, die gerade auf die Gefahren für JV-Unternehmen in Zeiten nationalistischer Tendenzen aufmerksam machten.

Aus diesen Gründen erschien es opportun, Hypothese 21 in die Liste der Hypothesen aufzunehmen. Dabei wurde die Fragestellung und weitestgehend auch die Antwortalternativen von Ahn[1] übernommen.

Das Untersuchungsergebnis zeigte überraschenderweise eine durchaus positive Einstellung der Befragten zu ausländischem Kapital. Gerade der Vergleich mit den Ergebnissen von Ahn zeigt (fast nur halb so oft wurde die Antwortalternative "Auslandskapital ist gut und notwendig" angekreuzt) die unterschiedliche Einstellung zu ausländischen Direktinvestitionen. Die Hypothese 21 entsprach somit nicht den empirischen Ergebnissen.

---

[1]   AHN, S. 178.

6. BEWERTUNG DER CHANCEN UND RISIKEN VON JOINT VENTURES IN DER CSFR

Jede wirtschaftliche Situation zeichnet sich durch das Vorhandensein verschiedener Merkmale aus, die in unterschiedlichen Ausprägungen auftreten können. Einige dieser Ausprägungen lassen sich als Vorteile der Situation interpretieren, andere stellen sich als Nachteile dar. Die Wahrnehmung der Vorteile und vor allem deren Umsetzung ermöglicht die Entstehung von Chancen. Umgekehrt können sich Nachteile einer Situation in Risiken verwandeln.

Erst die detaillierten Kenntnisse der Vor- und Nachteile einer Situation erlauben, dass echte Chancen rechtzeitig genutzt und Risiken durch Präventivmassnahmen vermindert oder gar in eine Chance verwandelt werden können. Ebenso ist es jedoch möglich, durch Unkenntnis oder Fehlinterpretation von Vorteilen, eine Chance zu verpassen. In jedem Fall aber entscheidet das Unternehmen, ob wahrgenommene Vor- und Nachteile in individuelle Chancen umgesetzt werden.

Das Ergebnis der empirischen Untersuchung von JVs in der CSFR ermöglicht erstmals - nach Kenntnis des Verfassers - unter Einbeziehung der theoretischen Grundlagen eine umfassende Bewertung der Chancen und Risiken von JV-Neugründungen in der CSFR. In diesem Kapitel wird der Versuch unternommen, aus der Vielzahl der zusammengetragenen Faktoren die für eine JV-Gründung in der CSFR besonderen *Chancen* hervorzuheben, aber gleichzeitig bestehende *Risiken* nicht zu verharmlosen.

Potentiellen Investoren wird damit eine speziell auf die CSFR zugeschnittene Entscheidungshilfe anhand gegeben. Die Untergliederung der Chancen und Risiken in drei Beurteilungsebenen mit zugehörigen Erläuterungen und einer Reihe von Empfehlungen sollen den JV-Gründer in die Lage versetzen, seine individuellen und firmenspezifischen Motive einer Bewertung zu unterziehen. Überwiegen die positiven Aspekte und lassen sich Risiken abfedern, dürften die Rahmenbedingungen für ein JV gegeben sein.

Folgende Beurteilungsebenen werden unterschieden:

(1) Volkswirtschaftliche Situation der CSFR
(2) Staatliche und rechtliche Rahmenbedingungen
(3) Spezifische Vor- und Nachteile der CSFR

6.1. Chancen und Risiken von Joint Ventures

(1) Volkswirtschaftliche Situation der CSFR

Die volkswirtschaftlichen und politischen Aspekte der Bewertung können von den an einer JV-Gründung interessierten Unternehmen nicht beeinflusst werden. Die insbesondere für einen ausländischen Investor relevanten Informationen müssen jedoch ständig aktualisiert werden, um sich daraus ergebende Chancen und Risiken rechtzeitig zu erkennen. Hier sind vor allem die zukünftige politische Entwicklung der CSFR und die Wirksamkeit der Wirtschaftsreform zu verfolgen.

Chancen:

- relativ gute wirtschaftliche Ausgangslage bei vergleichsweise hoher gesamtwirtschaftlicher Stabilität;
- gute wirtschaftliche Zukunftsaussichten, gemessen an den übrigen ehemaligen Ostblockstaaten;
- politische Stabilität;
- geringstes Länderrisiko unter den ehemaligen Ostblockstaaten;
- geringe Auslandsverschuldung;
- gutes internationales Kreditstanding;
- lange industrielle Tradition;
- qualifiziertes Arbeitskräftepotential;
- niedriges Lohnniveau, hohe Wochenarbeitszeit;
- Bereitschaft der tschechischen Bevölkerung, vorübergehend Einkommenseinbussen hinzunehmen.

Textbox 27: Chancen der CSFR-Volkswirtschaft

In der vergleichsweise hohen gesamtwirtschaftlichen Stabilität der CSFR sehen viele ausländische Investoren eine Chance, die die anderen osteuropäischen Staaten nicht bieten können. Das eingeleitete ökonomische Reformprogramm wird in der tschechischen Republik 1993 zügig fortgeführt. Ein vergleichbares Konzept für die Slowakei nach der Trennung der beiden Republiken ist noch nicht in Sicht.

Die lange industrielle Tradition und das qualifizierte Arbeitskräftepotential bei gleichzeitig - auch auf längere Sicht - niedrigen Arbeitslöhnen ist ein weiterer wesentlicher Vorteil der noch jungen föderalen Republik. Viele Unternehmer wurden bereits durch diesen Kostenvorteil zur Gründung von JV-Unternehmungen motiviert.

Risiken:

- in der Slowakei nach der Trennung der Republiken:
  * politische Unsicherheiten;
  * sinkende volkswirtschaftliche Leistung;
  * erhöhtes Länderrisiko;
- geringe Wettbewerbsfähigkeit auf den Westmärkten;
- unterentwickelte Infrastruktur;
- kaum erschlossene neue Industriegebiete;
- schwere Umweltschäden, Altlasten;
- veraltete Anlagen und Ausrüstungen;
- hohe Produktionskosten;
- steigendes Lohnniveau auf niedriger Basis;
- niedrige Arbeitsproduktivität und häufige Fehlzeiten;
- mangelnde marktwirtschaftliche Ausbildung der Führungskräfte.

Textbox 28: Risiken der CSFR-Volkswirtschaft

Diese Defizite der CSFR-Volkswirtschaft werden auch weiterhin eine Rolle spielen, können aber auf mikroökonomischem Level z.T. aufgefangen werden. So sind veraltete Anlagen und Ausrüstungen ein behebbares Problem, wenn ein ausländischer JV-Partner einen Teil seiner Produktion in die CSFR verlagern möchte.

Auch Umweltschäden, hier insbesondere die Bodenkontamination, können zu neutralen oder zumindest kalkulierbaren Risiken beim Kauf von Grundstücken werden. Die Entnahme von Bodenproben verschafft Klarheit, die Kosten einer eventuellen Sanierung können mit etwas Verhandlungsgeschick auf den Staat abgewälzt bzw. vom Kaufpreis abgezogen werden.

(2) Staatliche und rechtliche Rahmenbedingungen

Ebenso wie die volkswirtschaftlichen Faktoren können staatliche und rechtliche Rahmenbedingungen nicht von Investoren beeinflusst werden. Da die jeweilige Gesetzgebung den formalen Bezugsrahmen für JVs bildet, müssen Abweichungen von der bisherigen Linie genauestens verfolgt werden.

Chancen:

- interne Konvertibilität der Krone;
- liberalisierte Preise;
- westlich orientierte Wirtschaftspolitik;
- Investitionsschutzabkommen;
- Doppelbesteuerungsabkommen;
- einheitliches Handelsgesetz (nach Vorlage der BRD und Österreich);
- Startkapital für GmbHs nur CSK 100.000 (ca. DM 5.000);
- sehr kurze Abschreibungszeiten;
- Verlustvortrag;
- Steuerprolongisierung bei Gewinn-Reinvestierung;
- Möglichkeit des Gewinntransfers ins Ausland;
- staatliche Unterstützung durch Förderprogramme;
- Freihandelszone.

Textbox 29: Chancen der staatlichen und rechtlichen Rahmenbedingungen

Risiken:

- Besteuerung nach westlichem Vorbild (Einkommenssteuer bis maximal 55%, Mehrwertsteuer 23%, Körperschaftssteuer 45%);
- Probleme bei der Bewertung von Anlage-/Umlaufvermögen;
- keine fremdsprachlich rechtsverbindliche Fassung des HGBs;
- Startkapital für AGs CSK 1 Mio.;
- Steuerbefreiungen nur in Ausnahmefällen;
- begrenzte Fördermittel.

Textbox 30: Risiken der staatlichen und rechtlichen Rahmenbedingungen

Die staatlichen Aktivitäten unterstützen nach Massgabe finanzieller Mittel sowohl die Gründung von JVs als auch die Verbesserung der wirtschaftlichen Rahmenbedingungen. Der gesetzlich vorgegebene Rahmen wird trotz seiner vorhandenen Schwächen die Gründung von JVs erleichtern und beschleunigen. Hervorzuheben ist die grosszügige Regelung zur Gründung von GmbHs, der bevorzugten Rechtsform von JVs. Um die Rechtssicherheit von ausländischen Investoren weiter zu verstärken, ist es dringend notwendig, rechtsverbindliche Übersetzungen der wichtigsten Gesetze und Bestimmungen zur Verfügung zu stellen.

(3) Spezifische Vor- und Nachteile der CSFR

Während die genannten staatlichen und rechtlichen Rahmenbedingungen von jeder anderen osteuropäischen Regierung theoretisch in genau derselben Form verabschiedet werden könnten, wird eine JV-Gründung in der CSFR erst in Kombination mit den spezifischen Vorzügen dieses Landes attraktiv.

Chancen:

- geographische Nähe zu Deutschland, Österreich, aber auch zu
  Ungarn, der Ukraine und den anderen osteuropäischen Staaten;
- mitteleuropäische Tradition, Kultur und Geschichte;
- europäische Bräuche und Sitten des tschechoslowakischen Volkes;
- weite Verbreitung der deutschen Sprache aufgrund der
  geschichtlichen Zugehörigkeit der CSFR zu Österreich und
  Deutschland;
- Holz als einer der wichtigsten heimischen Rohstoffe.

Textbox 31: Spezifische Chancen in der CSFR

Risiken:

- mangelnder Unternehmergeist in Staatsbetrieben;
- geringe Einsatzbereitschaft der Arbeitnehmer;
- Mentalitätsunterschiede zwischen Tschechen und Slowaken;
- Sprachbürden, besonders in der Slowakei;
- bevorstehende Trennung des Landes in zwei unabhängige
  Republiken;
- bereits hohe Mieten für Geschäftsräume in Ballungszentren;
- hohe Bodenpreise in Prag und Bratislava;
- unterentwickelte Infrastruktur, vor allem in der Slowakei;
- Angst vor dem Ausverkauf der CSFR.

Textbox 32: Spezifische Risiken in der CSFR

Die CSFR wird als Standort für JV-Gründungen insbesondere durch ihre mitteleuropäische Tradition und Geschichte attraktiv. Von ihr stammt die weite Verbreitung der deutschen Sprache in der CSFR und die grundsätzliche Seelenverwandtschaft dieses Volkes mit anderen westeuropäischen Völkern. Verhandlungen mit tschechoslowakischen Geschäftsleuten können darum nach westlichen Standards vorbereitet werden und bedürfen keiner besonderen Taktik wie es z.B. in asiatischen Ländern ratsam ist.

6.2. Hinweise und Ratschläge zur JV-Gründung

Fällt nach der Bewertung der Chancen und Risiken die Entscheidung für eine JV-Gründung, so kann die Beachtung der nachfolgenden Empfehlungen aus Sicht des Verfassers nützlich sein.

(1) Klärung von Voraussetzungen vor der Gründung

Vor der Gründung eines JVs bedarf es der Klärung einiger grundlegender Fragen:

- Welcher Beitrag für die Gesamtinvestition, einschliesslich aller vorbereitenden und laufenden Kosten, darf nicht überschritten werden?
- Auf welchen Märkten sollen die Produkte/Dienstleistungen verkauft werden?
- Welche Absatzkanäle und Distributionswege müssen vorliegen?
- Ist über eine Marktanalyse die Konkurrenzsituation ermittelt worden?
- Wie hoch soll der Importanteil sein?
- Welche Kooperationspartner kommen in der CSFR in Frage?
- Welche Voraussetzungen muss dieser CSFR-JV-Partner mitbringen?
- Entspricht die Infrastruktur in Bezug auf Telekommunikation, Stromversorgung und Wasserver- und Abwasserentsorgung den eigenen Mindestanforderungen?
- Welche (privaten) Beratungsdienste sollten aufgesucht werden?
- Welche Förderprogramme können genutzt werden?

Auf die Standortfrage wird in (3), Ratschläge zur Standortentscheidung in den beiden Republiken, näher eingegangen.

Kontaktadressen können dem Anhang entnommen werden; besonders empfehlenswert ist die slowakische Agentur für ausländische Investitionen und Entwicklung sowie der tschechische Counterpart, die Agentur für ausländische Investitionen und Unterstützung.

(2) Hinweise zur Gestaltung des JV-Gesellschaftsvertrages und des JV-Vertrages

Aus den im Rahmen der empirischen Untersuchung geführten Gesprächen mit den JVGMs ging hervor, dass Rechtsanwälte und Notare wenig Sachkenntnis auf dem Gebiet der JV-Vertragsgestaltung besitzen und die abgeschlossenen Verträge bei Meinungsverschiedenheiten zwischen den Vertragspartnern oft Lücken aufweisen. Der Verfasser hat diesem Umstand Rechnung getragen und deshalb zur Lösung dieses Problems

- sämtliche Vertragspunkte, die ein JV-Vertrag enthalten sollte, in Form einer Checkliste aufgeführt (siehe Anhang, Pkt. 8.4.) und

- einen Mustervertrag (siehe Anhang, Pkt. 8.3.) als Grundlage für den Abschluss eines GmbH-Gesellschaftsvertrages entworfen.

- Die Artikel 6, 13, und 14 müssen auf die Besonderheiten des zu gründenden JVs zugeschnitten und ausformuliert werden.

Darüberhinaus sollten vor dem Aufsetzen eines JV-Vertrages folgende Hinweise, die mittels der empirischen Untersuchung als Problembereiche identifiziert wurden, beachtet werden:

- Oberste Priorität hat die eindeutige Formulierung der gemeinsamen und individuellen Ziele der Partner.

- Der JV-Vertrag sollte in Zielsetzung, Set-up Phase, Betriebsphase und Auflösung der Gesellschaft untergliedert werden.

- Die Zahl der JV-Partner ist so gering wie möglich zu halten.

- Klare Regelungen des Gewinntransfers im JV-Vertrag verhindern spätere Missverständnisse.

- Es ist ratsam, den Gerichtsstand in einem Drittland festzulegen (Vorteile bei Rechtsstreitigkeiten).

- Der Schutz gegen Gewinnverlagerung sollte im JV-Vertrag verankert sein.

- Die Position des JVGMs ist möglichst mit einem Inländer zu besetzen.

(3) Ratschläge zur Standortentscheidung in den beiden Republiken

In den seltensten Fällen hat ein Investor freie Standortwahl und sucht vergeblich nach einem verkehrsgünstig gelegenen, voll erschlossenen Industriegebiet. Er wird i.d.R. nur ältere, sanierungsbedürftige Projekte vorfinden mit nicht brauchbaren, in der Vor- oder Nachkriegszeit errichteten Gebäuden. Neue Industriegebiete "auf der grünen Wiese" existieren häufig nur im Planungsstadium und sind weit davon entfernt, in absehbarer Zeit bezugsfähig zu werden.

Abhängig von der gewählten Branche wird sich zunächst die Frage stellen, einen geeigneten JV-Partner mit gleichgerichteten Interessenslagen zu finden. Stehen dann noch verschiedene Unternehmen zur Auswahl, wird die Standortentscheidung interessant. Selbstredend werden JVs, die im Dienstleistungsbereich, Handel und Vertrieb tätig sind, vorzugsweise in Stadtregionen vorzufinden, dagegen Produktionsstätten sowohl in Stadtnähe, als auch in ländlichen Regionen angesiedelt sein.

In diesem Stadium der Überlegungen versucht der Verfasser mit Hinweisen die Entscheidungsfindung zu erleichtern.

In der Tschechoslowakei bereits ansässige Unternehmen sollten versuchen, in der Republik, in der sie bisher noch nicht vertreten waren, eine Repräsentanz aufzubauen oder durch entsprechende zweisprachige Angebotsunterlagen, Firmenprospekte etc. die jeweils andere Republik von einem Ort aus zu bedienen. Hier gilt das von Gorbatschov geäusserte Motto "Wer zu lange wartet, den bestraft das Leben". Es ist die Expandierung eines bestehenden bzw. die Gründung eines neuen JV-Unternehmens zu empfehlen.

Investoren, die sich mit dem Gedanken tragen, ein grösseres JV in der *Slowakei* zu gründen, ist nahe zu legen, alles zur Gründung eines JVs Notwendige vorzubereiten und sich nach der geplanten Trennung der Republiken abwartend zu verhalten. Die neue Regierung muss erst beweisen, dass sie mit ihrer Wirtschaftspolitik gegenüber ausländischen Investoren attraktiv bleibt. Sollte die Inflationsrate steigen und die Steuern erhöht werden, würden die gerade anlaufenden Anstrengungen zur Verbesserung der Wirtschaftslage im Keim erstickt. Die

Verteuerung würde insbesondere Rohstoffe oder Halbfertigwaren betreffen, die üblicherweise aus der tschechischen Republik eingeführt werden müssen.

Unabhängig davon sollten JVs im Dienstleistungsbereich in Bratislava, JVs im Bereich des Sekundärsektors hingegen in den anderen Landesteilen der Slowakei gegründet werden. Nachdem die slowakische Regierung die Notwendigkeit des Ausbaus der Infrastruktur anerkennt, ist damit zu rechnen, dass der Autobahnabschnitt Bratislava - Trencin noch bis Zlina ausgebaut wird. Ein Standort entlang dieser Autobahn ist sicherlich kein Fehler, zumal die Lohnkosten dort bis zu einem Drittel tiefer liegen als in der Hauptstadt.

Auch die Suche nach einem Partner aus dem ehemaligen Rüstungsbereich im slowakischen Hinterland bringt derzeit Vorteile für jeden, der Produkte im Baumaschinen- und Landwirtschaftsmaschinenbereich oder Teile im Fahrzeug-, Zweirad- oder Anlagenbau herstellen lassen möchte. Zum einen sind diese Rüstungsbetriebe mit relativ neuwertigen CNC-Maschinen ausgerüstet und beschäftigen speziell in Kaschau hochqualifizierte Arbeitnehmer. Zum anderen dürfte, aufgrund des grossen Auftragsdefizits, der Verhandlungsspielraum für westliche Investoren relativ gross sein.

Für die JV-Gründung in der *tschechischen Republik* gibt es für die Standortfrage weniger politisch und wirtschaftlich motivierte Einschränkungen, dafür stehen betriebswirtschaftliche Faktoren im Vordergrund. Prag und Umgebung scheiden für alle Investoren als Standort aus, die auf niedrige Grundstücks-, Betriebs- und Lohnkosten Wert legen. Dienstleistungs-JVs hingegen werden in Prag einen sehr guten Standort sehen und sich nicht durch gestiegene Preise abschrecken lassen. Brünn, die Hauptstadt Mährens, sollte man als JV-Standort auf jeden Fall als Alternative in Betracht ziehen.

JVs im Sekundärsektor sind in den Städten Ceské Budejovice wegen der Nähe zur österreichischen Grenze, Plzen wegen seines Arbeitskräftepotentials, Königsgratz wegen der Industriekonglomeration und die Gegend um Ustí nad Labem wegen ihrer Nähe zur deutschen Grenze zu empfehlen.

Standorte entlang der geplanten Autobahn Waidhaus (BRD) - Bor - Plzen - Prag sind ebenso interessant, wie entlang der Autobahn, die Prag und Dresden zukünftig verbinden soll. Genaue Auskunft über den geplanten Trassenverlauf geben die anliegenden Gemeinden.

Firmen, die den Import, die Veredlung und anschliessenden Export von Waren in Erwägung ziehen, ist die Freihandelszone um Ostrava als Standort zu empfehlen.

In allen Fällen sollte nicht vergessen werden, das von der tschechischen Regierung angebotene Regional-Förderprogramm für den jeweiligen Standort anzufordern und die staatliche Unterstützung auszuloten.

(4) Interessante Tätigkeitsfelder für JVs

Abschliessend werden neben Standorten auch Tätigkeitsfelder empfohlen, in denen der Verfasser Chancen für ein erfolgreiches JV in der CSFR sieht. Investoren, die bereits in einer Branche tätig sind, können aus der folgenden Liste ablesen, ob sie ein JV - alle anderen Voraussetzungen gegeben - in ihrem Tätigkeitsfeld anstreben sollten. Investoren, die ein Finanzierungs-JV in Betracht ziehen, können sich über chancenreiche Branchen orientieren.

Die Ergebnisse der empirischen Untersuchung suggerieren, dass JVs im Vertrieb und Dienstleistungsbereich denen in der Produktion vorzuziehen sind. Es muss allerdings betont werden, dass dieses Ergebnis eine kurzfristige Sichtweise der Investoren identifiziert. Aufgrund der unsicheren Entwicklung des Landes sowie Defiziten in den rechtlichen Rahmenbedingungen sind ausländische Investoren noch zurückhaltend, hohe Summen in den Sekundärsektor zu investieren. In Zeiten der Suche nach kostengünstigen Produktions-standorten in Europa wird die CSFR zunehmend an Attraktivität gewinnen.

Vertrieb

Das Ende des Kommunismus in der CSFR Ende 1989 ermöglichte erst die Gründung von JVs in grösserem Ausmass. Um das enorme Nachholbedürfnis bei Konsumgütern, insbesondere bei Markenartikeln, zu befriedigen, erschien ein Vertriebs-JV als die erfolgsversprechendste JV-Form. Aufgrund des geringen personellen Aufwandes für den ausländischen JV-Partner und die geringen Kosten für den Vertrieb war der Aufbau eines flächendeckenden Vertriebsnetzes relativ einfach bei gleichzeitig schnellem Return on Investment. In der Mehrzahl der Fälle stellte der inländische JV-Partner das Ladenlokal, während der ausländische Partner das Umlaufvermögen in das JV einbrachte.

Folgende Waren eignen sich nach Meinung des Verfassers für den Vertrieb durch ein JV in der CSFR:

- Kleidung/Textilien   - Pflanzen
- Lebensmittel   - Möbel
- Baustoffe   - Kosmetika
- Backwaren   - Medikamente
- Kraftfahrzeuge

Dienstleistungen

Auch im Bereich der Dienstleistungen gibt es zahlreiche Chancen für JV-Investoren, da der Nachholbedarf ähnlich dem bei Konsumgütern ist. Allerdings erfordert ein Dienstleistungs-JV bereits höhere Investitionen als ein Vertriebs-JV.

Der Verfasser sieht Chancen für JVs in den folgenden Bereichen:

- Reisebüros   - Versicherungen
- Busunternehmen   - Liquidationsunternehmen

- Hotels/Pensionen
- Campingplätze

- Schnellreinigungen
- Fotolabors/-entwicklungen
- Schuhreparaturservice

Produktion

Produktions-JVs zielen auf einen langfristigen Erfolg ab, da relativ hohe Investitionssummen trotz niedriger Lohnkosten ein langjähriges Engagement erfordern. Diese JV-Form wird in den meisten arbeitsintensiven Branchen Zukunft haben, insbesondere in der

- Holz- und holzverarbeitenden
  Industrie
- Glasindustrie

- Lebensmittelindustrie
  (insbesondere Tiefkühlkost)
- Textil- und Bekleidungsindustrie

Gemeinsam mit den anderen Ländern Osteuropas hat die CSFR in jedem Fall noch einen langen und risikoreichen Weg vor sich, bis sie wirtschaftlichen Anschluss an die Entwicklung in Westeuropa gefunden hat. Setzt zumindest die tschechische Republik ihren Liberalisierungs- und Sanierungskurs konsequent fort, kann schon in absehbarer Zeit mit einer grundlegenden Verbesserung der mikroökonomischen Verhältnisse gerechnet werden, mit der Folge, dass dieser Teil der CSFR zu einem attraktiven Investitionsstandort für JVs wird. Im Fall eines privatwirtschaftlichen Engagements in der slowakischen Republik ist ausländischen Investoren nach Meinung des Verfassers bis Herbst 1993 Zurückhaltung zu empfehlen.

7. SCHLUSSBETRACHTUNG

Die politische Wende in Osteuropa brachte die Öffnung des bis dahin für westliche Firmen fast verschlossenen Ostmarktes. Diese neue Situation erforderte nicht nur bei westeuropäischen, sondern gerade auch bei osteuropäischen Unternehmen eine Neuorientierung und -positionierung. Die Erschliessung neuer Absatzmärkte und die Verlagerung von Produktionsstätten an kostengünstige Standorte sind nur zwei Beispiele. Firmenkooperationen sind ein Weg, um diese beiden exemplarisch herausgegriffenen Ziele zu erreichen. Eine der bekanntesten Formen eines Unternehmenszusammenschlusses ist das Joint Venture.

Kritische Würdigung

Die vorliegende Arbeit hat dieses Thema aufgegriffen und beschreibt die Rahmenbedingungen für ein privatwirtschaftliches Engagement in Form eines Equity Joint Ventures in der Tschechoslowakei. Die empirische Untersuchung von fast 150 tschechoslowakischen Unternehmen ergänzt den beschreibenden Teil und erlaubt somit einen detaillierten Einblick in die JV-Situation in der CSFR.

Die Analyse kommt zu dem überraschenden Ergebnis, dass es sich bei den bereits tätigen JV-Unternehmen überwiegend um *Kleinstunternehmen* handelt. Tätigkeitsschwerpunkte dieser Unternehmen liegen im *Dienstleistungsbereich* sowie im *Handel und Vertrieb*. In diesen Bereichen ist, im Gegensatz zu Markt-/Technologie-JVs, eine JV-Gründung mit geringem Anfangskapital möglich. Niedrige Investitionssummen halten zudem das finanzielle Risiko für die Muttergesellschaften in Grenzen.

Bedeutende Motive zur Gründung eines JVs wurden von den Muttergesellschaften in der *Markterschliessung* und den *Exportmöglichkeiten* gesehen. Obwohl vordergründig beide Partner den Vertrieb der durch das JV oder die Muttergesellschaften hergestellten Produkte als Ziel sehen, birgt dieser Punkt *Konfliktpotential*, denn der ausländische Partner möchte, wie die empirische Untersuchung zeigt, vornehmlich die Produkte auf dem CSFR-Markt absetzen (Markterschliessung), der CSFR-Partner hingegen die Produkte ins Ausland verkaufen (Export).

Gerade durch den Abschluss eines JV-Vertrages,[1] in dem die wesentlichen Kooperationspunkte, so z.B. auch der Absatzmarkt, festgelegt werden, könnten solche Konflikte von Anfang an ausgeschlossen, oder zumindest reduziert werden. Erstaunlicherweise verfügt jedoch die Mehrzahl der JV-Unternehmen nur über einen Gesellschaftsvertrag, der vorwiegend die Beziehungen zwischen den Gesellschaftern (Muttergesellschaften) regelt.[2]

Ein wichtiger Punkt bei der JV-Gründung stellt die Entscheidung über den Geschäftssitz/Standort des JVs dar. Bei der Entscheidungsfindung sind neben volks- und betriebswirtschaftlichen Aspekten auch sozio-kulturelle Aspekte zu berücksichtigen. In diesem Zusammenhang ist die Frage zu stellen: "Gehört die Tschechoslowakei wirklich zu Osteuropa?" Aus westeuropäischer Sicht wird die Frage sicherlich mit "Ja" beantwortet. Existiert aber tatsächlich nur *ein* West- und *ein* Osteuropa? Ist es nicht an der Zeit, den vor dem 2. Weltkrieg gebräuchlichen Begriff "Mitteleuropa" wieder einzuführen?

Richtig ist in jedem Fall, dass Böhmen, Mähren, Schlesien und die Slowakei bzw. deren Völker schon immer eng mit der europäischen Geschichte verbunden waren. Sie können auf eine lange industrielle Tradition zurückblicken und zählten vor 1939 zu Völkern mit einer fortgeschrittenen Entwicklung und Demokratie.

Gerade dieser Punkt ist bei JVs von elementarer Bedeutung, denn diese Kooperationsform erfordert einen ständigen Umgang und Austausch mit dem JV-Partner. Je ähnlicher die Kultur und damit die Mentalität der Partner ist, desto problemloser wird die Zusammenarbeit und desto erfolgreicher das JV sein.

Die Polarisierung der Wählerstimmen bei den Parlamentswahlen im Juni 1992 zeigte jedoch, dass die Tschechoslowakei aus zwei Völkergruppen mit unterschiedlichem kulturellen Hintergrund besteht. Die Böhmen, Mährer und Schlesier, zusammengefasst in der

---

[1]   Vergl. Anhang, Pkt. 8.4., Inhalte eines JV-Vertrages.

[2]   Vergl. Anhang, Pkt. 8.3., GmbH-Gesellschaftsvertrag.

tschechischen Republik, und die Slowaken in der slowakischen Republik vertreten unterschiedliche, teilweise konträre Standpunkte bezüglich der anzustrebenden Wirtschaftsreformen und der damit verbundenen Zukunft ihrer Republiken. Während die 'Demokratische Bürgerpartei' einen harten Reformkurs verfolgt, sprach sich die 'Bewegung für eine demokratische Slowakei' für eine sozial verträgliche (durch Staatsverschuldung abgefederte) Wirtschaftsreform aus. Der slowakische Präsident Meciar, der die staatliche Kreditpolitik lockern und mit Staatssubventionen die wirtschaftlich gebeutelten Rüstungs- und Schwerindustriekombinate stützen möchte, spricht von einer den wirtschaftlichen Verhältnissen der Slowakei angepassten Wirtschaftspolitik.

Die geplante Spaltung der beiden Republiken und die damit verbundene Auflösung des föderativen Staatsgebildes "Tschechoslowakei" verändert die Bewertung der Chancen und Risiken von JVs in der ehemaligen CSFR.

Die im vorangegangenen Kapitel angeführten Chancen bei der Gründung eines JVs überwiegen deutlich im Fall der tschechischen Republik und erleichtern somit die "Qual der Wahl" nach einem JV-Standort innerhalb der CSFR. Eine Entscheidung wird schwerer, wenn mit dem JV das gesamte ehemalige Territorium der CSFR bedient werden soll.

Der Wunsch der Slowakei nach Unabhängigkeit mag vielleicht geschichtlich verständlich sein, doch bringt die Spaltung vor allem den slowakischen Bürgern Nachteile, weil sich die Slowakei von der reicheren tschechischen Republik trennt. Sicherlich wird auch der tschechische Landesteil durch die Spaltung verlieren. Es wird sich jedoch um eine kurzfristige Erschütterung, nicht aber um einen langfristigen Rückschlag handeln. Hier ist man weitgehend der Auffassung, dass eine Integration in die Weltwirtschaft ohne die Slowakei schneller möglich sein wird. Die Zukunft wird zeigen, ob sich die neue Grenze bald zu einem Wohlstandsgraben[1] entwickelt.

---

[1] Vergl. ISRAEL, 25.06.1992.

Weiterführende Forschungsprojekte

Seit gut dreissig Jahren findet JV-Forschung statt. Die in dieser Zeit erarbeiteten Grundsätze und Strategien wurden auf Industrie- und Entwicklungsländer gleichermassen angewandt. Die empirische Analyse der JV-Situation in der CSFR stellt mit ihren Ergebnissen eine Erweiterung der bestehenden Erkenntnisse dar.

Empfehlungen für weiterführende Forschungsprojekte umfassen:

(1) Follow-up Untersuchungen Ende 1994 mit den dieser Arbeit zugrunde liegenden JV-Unternehmungen in der tschechischen und slowakischen Republik.

(2) Durchführung ähnlicher empirischer Analysen in Polen und Ungarn.

(3) Ein zusammenfassender Vergleich der in den Untersuchungen (1) und (2) gewonnenen Erkenntnisse.

(4) Erstellung von je zwei Fallstudien in der tschechischen und slowakischen Republik auf den Gebieten

       ▶ Dienstleistungen,
       ▶ Handel und Vertrieb sowie
       ▶ Produktion

mit zusammenfassender Gegenüberstellung.

(5) Vergleich der staatlichen Fördermassnahmen der Länder Polen, Ungarn und der tschechischen und slowakischen Republik.

8. ANHANG

8.1. Fragebogen

HOCHSCHULE
ST. GALLEN

F I M
FORSCHUNGSSTELLE FÜR
INTERNATIONALES MANAGEMENT

An die Geschäftsführung

St. Gallen, im November 1991

DIREKTION PROF DR E BRAUCHLIN

BODANSTRASSE 6
CH-9000 ST GALLEN
TELEFON 071 / 30 24 48
FAX 071 / 30 24 47

FORSCHUNGSPROJEKT "JOINT VENTURES"

Sehr geehrte Damen und Herren,

die *Forschungsstelle für Internationales Management* an der Hochschule St. Gallen in der Schweiz setzt sich in den vergangenen Jahren stark mit der Thematik von *Joint-Ventures* auseinander, wie diverse Resultate bestätigen. Genannt seien nur die Buch-Veröffentlichungen mit den Titeln "External Corporate Venturing: Strategic Partnerships for Competitive Advantage" und "Chancen und Risiken von Equity Joint Ventures in der Volksrepublik China".

Dieses Forschungsprojekt, welches als Grundlage für eine Dissertation dienen soll, ist ein weiterer Schritt in die obengenannte Richtung. Diesmal sollen die *Chancen und Risiken eines Joint Ventures in der Tschechoslowakei* herausgearbeitet werden. Im Gegensatz zu früheren Studien soll jedoch ausschließlich auf die Erfahrungen der Joint Venture Manager zurückgegriffen werden.

Das Projekt hat zum Ziel, den in- und ausländischen Mutterunternehmen die Probleme *aus Sicht der Joint-Venture Unternehmungen* mit Sitz in der Tschechoslowakei aufzuzeigen. Die Ergebnisse der Umfrage können zum einen bei bestehenden Joint Ventures als Entscheidungsgrundlage für *Verbesserungsmaßnahmen* dienen; zum anderen können die Ergebnisse dazu beitragen, die *Risiken* von Unternehmen, die kurz vor Gründung eines Joint Ventures in der Tschechoslowakei stehen, zu reduzieren.

Wir möchten Sie daher bitten, das *Forschungsprojekt zu unterstützen* und den beiliegenden Fragebogen auszufüllen. Es wird in jedem Fall sichergestellt, daß die Fragebögen streng vertraulich behandelt werden.

Für Ihre überaus wertvolle Mitarbeit bedanken wir uns schon im voraus.

Prof. Dr. E. Brauchlin   A. Tamm, M.B.A.

H O C H S C H U L E
S T . G A L L E N

F I M
FORSCHUNGSSTELLE FÜR
INTERNATIONALES MANAGEMENT

DIREKTION PROF DR E BRAUCHLIN

BODANSTRASSE 6
CH-9000 ST GALLEN
TELEFON 071 / 30 24 48
FAX 071 / 30 24 47

Vedení podniku

V St.Gallenu listopad 1991

VYZKUMNY PROJEKT "JOINT VENTURES"

Vázené dámy a pánové,

vyzkumné pracoviste mezinárodního managementu na Vysoké skole v St. Gallenu ve Svycarsku se v posledních letech intenzívne zabyvá tématikou *Joint Venture* (spolecnych podniku), coz potvrzují i dosazené vysledky. Uvedme jen nekteré knizní publikace, napr.: "External Corporate Venturing: Strategic Partnerships for Competitive Advantage" ("Strategické partnerství pro zvysení konkurenceschopnosti"), a "Chancen und Risiken von Equity Joint Ventures in der Volksrepublik China" (" Sance a rizika Joint Venture v Cínské lidové republice").

Tento vyskumny projekt, ktery poslouzí jako podklad pro disertacní práci, je dalsím krokem vyse nacrtnutym smerem. Tentokrát spracováváme téma *"Sance a rizika spolecnych podniku Joint Ventures v CSFR"*. V protikladu k predcházejícím studiím se budeme orientovat predevsím na zkusenosti manageru Joint Venture podniku.

Projekt by mel v konecném dusledku poukázat na problémy domácích a zahranicních materskych spolecností *z pohledu Joint Venture podniku* se sídlem v CSFR. Vysledky predlozeného dotazníku mohou byt pro soucasné Joint Venture podniky podkladem pri jejich rozhodování a *zkvalitnování cinnosti*. Dále mohou prispet k snízení *rizik* cesko-slovenskych podniku, které stojí pred zalozením Joint Venture.

Dovolujeme si Vás pozádat *o podporu uvedeného projektu* a o vyplnení prilozeného dotazníku. Zarucujeme Vám absolutní diskrétnost pri vyhodnocování dotazníku.

Predem dekujeme za Vasi ochotu a spolupráci. S pozdravem

Prof. Dr. E. Brauchlin   A. Tamm, M.B.A.

FORSCHUNGSSTELLE FÜR INTERNATIONALES MANAGEMENT
HOCHSCHULE ST. GALLEN /SCHWEIZ
NOVEMBER 1991

Projektleitung: Prof. Dr. Emil Brauchlin
Projektbearbeiter: Axel Tamm, M.B.A.

FRAGEBOGEN ZUM FORSCHUNGSPROJEKT "JOINT VENTURES"

Hinweise:

Wir bitten Sie,

- sämtliche Fragen zu beantworten, auch wenn es sich nur um Ihre Schätzung handelt.
- Ihre Meinung durch entsprechendes Ankreuzen der Antwortmöglichkeiten kenntlich zu machen bzw. die gestellten Fragen stichwortartig zu beantworten.
- sich bei Fragen zum Fragbogen an den Interviewer zu wenden.
- auf der letzten Seite anzugeben, ob Sie an den Umfrageergebnissen interessiert sind.

Alle Angaben werden <u>streng vertraulich</u> behandelt. Die Angaben aller Fragebögen werden zusammengefaßt. Rückschlüsse auf einzelne Unternehmen sind bei dieser Art der Auswertung <u>unmöglich.</u>

Zur Ihrer Orientierung ist im folgenden die Struktur des Fragebogens beschrieben:

A. Angaben zum Joint-Venture Unternehmen

B. Angaben zu den Muttergesellschaften

C. Angaben zur CSFR-Volkswirtschaft

VYZKUMNE PRACOVISTE PRO MEZINARODNI MANAGEMENT
VYSOKA SKOLA V ST. GALLENU / SVYCARSKO
LISTOPAD/1991

Vedoucí projektu: Prof. Dr. Emil Brauchlin
Spracovatel projektu: Axel Tamm, M.B.A.

DOTAZNIK K VYZKUMNEMU PROJEKTU "JOINT VENTURES"
(SPOLECNE PODNIKY)

Pokyny:

Prosíme Vás

- odpovedet na vsechny otázky, i kdyz se jedná jen o Vás odhad
- oznacit krízkem príslusnou odpoved', príp. strucne odpovedet na polozené otázky
- v prípade otázek k dotazníku, obrat'te sa na dotazovatele
- uvest na poslední strane, zda máte zájem o vysledky ankety

Vsechny údaje budou zpracovány <u>prísne duverne</u>. Dotazníky budou zhromázdeny a vyhodnoceny spolecne, coz <u>vylucuje</u> jakykoliv zpetny vliv na jednotlivé podniky.

Pro Vasi lepsí informaci je dotazník sestaven následovne:

A. Udaje o Joint Venture podniku

B. Udaje k materskym spolecnostem

C. Udaje tykající se ceskoslovenského narodniho hospodárství

<u>Ihr Interviewpartner heißt:</u>   _____

A. Angaben zum Joint Venture Unternehmen

1. In welchem <u>Jahr</u> wurde Ihre Joint Venture Firma gegründet?

vor 1986	O	0101
1987	O	0102
1988	O	0103
1989	O	0104
1990	O	0105
1991	O	0106

2. Handelt es sich bei dem Joint Venture um

- eine <u>Neugründung</u>?	O	0201
- die Aufnahme eines <u>ausländischen Partners</u> in ein bereits bestehendes tschechoslowakisches Unternehmen?	O	0202
- die Aufnahme eines <u>tschechoslowakischen Partners</u> in ein bereits bestehendes ausländisches Unternehmen?	O	0203

3. Wieviele <u>Mitarbeiter</u> sind derzeit in der Firma beschäftigt?

unter 20	O	0301
20 - 49	O	0302
50 - 99	O	0303
100 - 299	O	0304
300 - 999	O	0305
1000 - 4999	O	0306
über 5000	O	0307

4. Kreuzen Sie bitte den <u>Industrie-/Dienstleistungszweig</u> an, der Ihrer Firma am nächsten steht!

0401| Energie O		0416| Be- u. Verarbeitung v. Holz O
0402| Bergbauindustrie O		0417| Textilien, Bekleid., Schuhe O
0403| Produktion von Metallen O		0418| Möbelindustrie O
0404| Metallverarbeitung O		0419| Papier, Druck, Verlagsgew. O
0405| Bearbeitung v. Steinen u. Erden O		0420| Gummi u. Kunststoffen O
0406| Glas O		0421| Sonstige Fertigungsindustrie O
0407| Keramikindustrie O		0422| Bauingenieurwesen
0408| Chemische Industrie O		0423| Handel und Vertrieb O

Jméno studenta zodpovedného za provedení interview: _____

A. Udaje o Vasem Joint-Venture podniku

1. Ve kterém roce byl Vás Joint-Venture podnik zalozen?

pred 1986	O	0101
1987	O	0102
1988	O	0103
1989	O	0104
1990	O	0105
1991	O	0106

2. Ve Vasem prípade slo o:

- zalození nového podniku	O	0201
- prijetí zahranicního partnera do jiz existujícího cesko-slovenského podniku	O	0202
- prijetí cesko-slovenského partnera do jiz existujícího zahranicního podniku	O	0203

3. Kolik pracovníku je nyní zamestnanych ve Vasem Joint - Venture podniku?

do	20		O	0301
20	-	49	O	0302
50	-	99	O	0303
100	-	299	O	0304
300	-	999	O	0305
1000	-	4999	O	0306
nad	5000		O	0307

4. Prosím oznacte oblast, která je nejpríbuznejsí predmetu cinnosti Vaseho podniku:

0401| energetika O	0416| produkce a zpracování dreva O
0402| hornictví O	0417| textil, odevy, obuv O
0403| produkce kovu O	0418| nábytek O
0404| kovodelny prum. O	0419| papír, tisk, nakladatelství O
0405| zpracování kamenu a zemin O	0420| guma a umelé hmoty O
0406| sklo O	0421| jiny vyrobní prumysl O
0407| keramická vyroba O	0422| stavebnictví O
0408| chemicky prumysl O	0423| obchod O
0409| vyrobky z kovu O	0424| cestovní ruch O
0410| strojírenství O	0425| doprava O

0409	Metallerzeugnisse O
0410	Maschinenbau O
0411	Elektrotechnik O
0412	Nahrungsmittel, Getränke, Tabak O
0413	Elektronikindustrie
0414	Fahrzeugbau
0415	Feinmechanik u. Optik

0424	Tourismus O
0425	Transportwesen O
0426	Finanzdienstleistungen O
0427	Gewerbl. Dienstleistungen O
0428	Medienindustrie O
0429	EDV-Informationsdienste O
0430	Weitere Dienstleistungen O

5. In welcher der folgenden Regionen befindet sich der Sitz Ihrer Firma?

Ost-Slowakei	O	0501
Zentral-Slowakei	O	0502
West-Slowakei	O	0503
Bratislava	O	0504
Nord-Mähren	O	0505
Süd-Mähren	O	0506
Nord-Böhmen	O	0507
Mittel-Böhmen	O	0508
Süd-Böhmen	O	0509
West-Böhmen	O	0510
Ost-Böhmen	O	0511
Prag	O	0512

6. Wie hoch ist ungefähr die Einwohneranzahl am Standort Ihrer Firma?

unter	10.000		O	0601
	10.000	- 49.999	O	0602
	50.000	- 99.999	O	0603
	100.000	- 249.999	O	0604
	250.000	- 499.999	O	0605
	500.000	- 999.999	O	0606
über	1.000.000		O	0607

7. Welche Aktivitäten übt die Firma aus? Mehrere Antworten möglich!

Produktion	O	0701
Verkauf	O	0702
Marketing	O	0703
Einkauf	O	0704
Forschung und Entwicklung	O	0705
Transport	O	0706
Dienstleistungen	O	0707

0411| elektrotechnicky prum. O
0412| potraviny, nápoje, tabák O
0413| elektronicky prum. O
0414| produkce dopravních zarízení O
0415| jemná mechanika a optika O

0426| financní sluzby O
0427| poradenské sluzby O
0428| masovokomunikacní prostredky O
0429| informatika O
0430| remeslnické a jiné sluzby O

5. Ve kterém z uvedenych kraju má Vás podnik sídlo?

Vychodoslovensky	O	0501
Stredoslovensky	O	0502
Západoslovensky	O	0503
Bratislava	O	0504
Severomoravsky	O	0505
Jihomoravsky	O	0506
Severocesky	O	0507
Stredocesky	O	0508
Jihocesky	O	0509
Zapadocesky	O	0510
Vychodocesky	O	0511
Praha	O	0512

6. Jaky je priblizny pocet obyvatel v míste Vaseho podniku?

pod	10.000		O	0601
	10.000	- 49.999	O	0602
	50.000	- 99.999	O	0603
	100.000	- 249.999	O	0604
	250.000	- 499.999	O	0605
	500.000	- 999.999	O	0606
nad	1.000.000		O	0607

7. Které z uvedenych aktivit provádí Vás podnik? (moznost více odpovedí)

vyroba	O	0701
prodej	O	0702
marketing	O	0703
nákup	O	0704
vyzkum a vyvoj	O	0705
doprava	O	0706
sluzby	O	0707

8. Welche Aktivität bildet den Schwerpunkt Ihrer Firmentätigkeit? Nur eine Antwort möglich!

Produktion	O	0801
Verkauf	O	0802
Marketing	O	0803
Einkauf	O	0804
Forschung und Entwicklung	O	0805
Transport	O	0806
Dienstleistung	O	0807

9. Wieviele Partner sind insgesamt an Ihrer Joint-Venture Firma beteiligt?

2 Partner	O	0901
3 Partner	O	0902
4 Partner	O	0903
über 4 Partner	O	0904

10. Aus welchen Ländern stammen die Partner?

	1. Partner	2. Partner	3. Partner	4. Partner	
Tschechoslowakei	O	O	O	O	1001
Belgien	O	O	O	O	1002
Dänemark	O	O	O	O	1003
Deutschland	O	O	O	O	1004
Finland	O	O	O	O	1005
Frankreich	O	O	O	O	1006
Grossbritannien	O	O	O	O	1007
Italien	O	O	O	O	1008
Japan	O	O	O	O	1009
Kanada	O	O	O	O	1010
Niederlande	O	O	O	O	1011
Norwegen	O	O	O	O	1012
Österreich	O	O	O	O	1013
Polen	O	O	O	O	1014
Portugal	O	O	O	O	1015
Schweden	O	O	O	O	1016
Schweiz	O	O	O	O	1017
Sowjetunion	O	O	O	O	1018
Spanien	O	O	O	O	1019
Ungarn	O	O	O	O	1020
U.S.A.	O	O	O	O	1021

8. Která z uvedenych aktivit tvorí <u>teziste</u> cinnosti Vaseho podniku? (mozná jen jedna odpoved')

vyroba	O	0801
prodej	O	0802
marketing	O	0803
nákup	O	0804
vyzkum a vyvoj	O	0805
doprava	O	0806
sluzby	O	0807

9. <u>Kolik</u> partneru se dohromady podílí na Vasem Joint - Venture ?

2 partneri	O	0901
3 partneri	O	0902
4 partneri	O	0903
více nez 4 partneri	O	0904

10. Ze kterych <u>zemí</u> pocházejí tito partneri?

	1. partner	2. partner	3. partner	4. partner	
CSFR	O	O	O	O	1001
Belgie	O	O	O	O	1002
Dánsko	O	O	O	O	1003
Finsko	O	O	O	O	1005
Francie	O	O	O	O	1006
Holandsko	O	O	O	O	1011
Itálie	O	O	O	O	1008
Japonsko	O	O	O	O	1009
Kanada	O	O	O	O	1010
Madarsko	O	O	O	O	1020
Nemecko	O	O	O	O	1004
Norsko	O	O	O	O	1012
Polsko	O	O	O	O	1014
Portugalsko	O	O	O	O	1015
Rakousko	O	O	O	O	1013
Sovetsky Svaz	O	O	O	O	1018
Spanelsko	O	O	O	O	1019
Svédsko	O	O	O	O	1016
Svycarsko	O	O	O	O	1017
U.S.A.	O	O	O	O	1021
Velká Británie	O	O	O	O	1007

11. Unabhängig vom derzeitigen Joint Venture - mit Partnern aus welchem Land würden Sie am liebsten ein Joint Venture eingehen? Bitte begründen Sie!

Land _____   1101

Begründung_____

_____

12. Mit welchem Prozentsatz sind die jeweiligen Partner an der Joint-Venture Firma beteiligt?

	1. Partner	2. Partner	3. Partner	4. Partner	
unter 25%	O	O	O	O	1201
25%-49%	O	O	O	O	1202
50%-50%	O	O	O	O	1203
51%-79%	O	O	O	O	1204
80%-95%	O	O	O	O	1205
über 95%	O	O	O	O	1206

13. Wie hoch war die Kapitaleinlage der/s ausländischen Partner/s zum Zeitpunkt der Gründung des Joint Ventures? Bitte in Kronen oder anderen Währungen!

_____   1301

14. Mit welchem Umsatz rechnen Sie 1991 (in TSD.)?

unter	CSK	200	-		O	1401
	CSK	200	-	1.999	O	1402
	CSK	2.000	-	4.999	O	1403
	CSK	5.000	-	9.999	O	1404
	CSK	10.000	-	49.999	O	1405
	CSK	50.000	-	499.999	O	1406
	CSK	500.000	-	1.499.999	O	1407
über	CSK	1.500.000			O	1408

15. Welche der untengenannten Gesellschaftsformen entspricht der Ihrer Firma?

Gesellschaft mit beschränkter Haftung (GmbH)	O	1501
Offene Handelsgesellschaft (OHG)	O	1502
Aktiengesellschaft (AG)	O	1503
Kommanditgesellschaft (KG)	O	1504
andere Gesellschaftsformen _____		1505

11. Nezávisle na soucasném Joint - Venture, s partnery z ktere zeme byste nejradeji vstoupili do Joint - Venture? Prosím uvedte vase duvody!

Zeme: _____ 1101

Duvod: _____

12. Jaky procentní podil mají soucastní partnerí na Joint - Venture?

	1. partner	2. partner	3. partner	4. partner	
pod 25%	O	O	O	O	1201
25%-49%	O	O	O	O	1202
50%-50%	O	O	O	O	1203
51%-79%	O	O	O	O	1204
80%-95%	O	O	O	O	1205
nad 95%	O	O	O	O	1206

13. Jak vysoky byl kapitálovy vklad zahranicního partnera (partneru) v okamziku zalození spolecného podniku? Prosím uvedte celkovou sumu v Kcs, prípadne v jinych menách.

_____ 1301

14. S jakym obratem pocítate za rok 1991? (v tis. Kcs)

pod	200		O	1401
	200 -	1.999	O	1402
	2.000 -	4.999	O	1403
	5.000 -	9.999	O	1404
	10.000 -	49.999	O	1405
	50.000 -	499.999	O	1406
	500.000 -	1.499.999	O	1407
nad 1.500.000			O	1408

15. Která z uvedenych forem spolecností odpovídá Vasemu podniku?

spolecnost s rucením omezenym	O	1501
verejná obchodní spolecnost	O	1502
akciová spolecnost	O	1503
komanditní spolecnost	O	1504
jiná: _____	O	1505

16. Wieviel Prozent Ihrer Produktion/Dienstleistung wird exportiert?

unter 25%	O	1601
25%-49%	O	1602
50%-75%	O	1603
über 75%	O	1604

17. Anhand welcher der folgenden Faktoren wird Ihr Erfolg gemessen? Mehrere Antworten möglich!

Exportzuwachs	O	1701
Umsatzzuwachs	O	1702
Return on Investment	O	1703
Ausgeschüttete Dividenden	O	1704
Kurzfristiger Erfolg (bis 3 Jahre)	O	1705
Langfristiger Erfolg (ab 3 Jahre)	O	1706
Gewinn	O	1707
Marktanteile	O	1708

18. Welcher Nationalität sind Sie und Ihre Kollegen?

	Tscheche/in|Slowake/in	Ausländer/in	
Joint Venture General Manager	O	O	1801
Stellvertretender Joint Venture Manager	O	O	1802
Kaufmännischer Direktor	O	O	1803
Technischer Direktor	O	O	1804
Sonstige Position_____			1805

19. Welche Sprache wird innerhalb der Führungsebene, z. B. bei Besprechungen, benutzt?

Tschechisch	O	1901
Slowakisch	O	1902
Deutsch	O	1903
Englisch	O	1904
Folgende Sprache_____		1905

20. Welche Position bekleiden Sie in der JV-Firma?

Joint Venture General Manager	O	2001
Stellvertretender Joint-Venture General Manager	O	2002
Kaufmännischer Direktor	O	2003
Technischer Direktor	O	2004
Sonstige Position_____		2005

16. Kolik procent Vasí produkce/sluzeb exportujete?

pod 25%	O	1601
25%-49%	O	1602
50%-75%	O	1603
nad 75%	O	1604

17. Na základe jakych faktoru je hodnocená Vase úspesnost? (moznost více odpovedí)

zvysení exportu	O	1701
zvysení obratu	O	1702
návratnost investic	O	1703
vyplacené dividendy	O	1704
krátkodobá úspesnost (do 3 let)	O	1705
dlouhodobá úspesnost (více nez 3 roky)	O	1706
zisk	O	1707
podíl na trhu	O	1708

18. Jakou národnost ma'te Vy a Vasi kolegové?

	ceská/slovenská	jiná	
reditel Joint Venture	O	O	1801
zástupce reditele	O	O	1802
ekonomicky vedoucí	O	O	1803
technicky vedoucí	O	O	1804
jiní vedoucí: _____	O	O	1805

19. Jakym jazykem se hovorí na úrovni vedení podniku, napr. pri jednáních?

cesky	O	1901
slovensky	O	1902
nemecky	O	1903
anglicky	O	1904
jinymi jazyky: _____		1905

20. Jakou funkci vykonáváte ve spolecném podniku?

reditel Joint Venture	O	2001
zástupce reditele	O	2002
ekonomicky vedoucí	O	2003
technicky vedoucí	O	2004
jiná funkce _____		2005

21. Haben Sie zu dieser Position eine Positionsbeschreibung?

Positionsbeschreibung:	ja	O	2101
Positionsbeschreibung:	nein	O	2102
Positionsbeschreibung:	in Überarbeitung	O	2103

22. Hat die Joint Venture Firma mit den Muttergesellschaften einen Managementvertrag geschlossen?

Managementvertrag	:	ja	O	2201
Managementvertrag	:	nein	O	2202

23. In welcher Form wurden die Erwartungen der Joint-Venture Firma bzw. der Muttergesellschaften an Sie spezifiziert?

Bitte geben Sie an:_____

_____

_____

24. Werden folgende Sachverhalte gemeinsam mit den Muttergesellschaften oder autonom von der Joint-Venture Firma beschlossen?

	Vorbereitung		Entschluß		
	gemeinsam	autonom	gemeinsam	autonom	
Strategischer Plan	O	O	O	O	2401
Unternehmensleitbild	O	O	O	O	2402
3-Jahresabsatzplan	O	O	O	O	2403
1-Jahresabsatzplan	O	O	O	O	2404
Quartals-Absatzplan	O	O	O	O	2405
Investitionsplan	O	O	O	O	2406
Finanzplan	O	O	O	O	2407
F & E - Plan	O	O	O	O	2408
Einführung neuer Produkte	O	O	O	O	2409
Bearbeitung eines neuen Marktes	O	O	O	O	2410
Festlegung der Verkaufspreise	O	O	O	O	2411
Marketinggestaltung	O	O	O	O	2412
Festlegung der Distributionskanäle	O	O	O	O	2413
Höhe der Gewinnthesaurierung	O	O	O	O	2414
Organisationsstruktur der JV-Firma	O	O	O	O	2415
Einstellung/Ablösung der direkt unterstellten Führungskräfte	O	O	O	O	2416
Personalbesetzung allgemein	O	O	O	O	2417
Aus-/Weiterbildungsprogramm	O	O	O	O	2418

21. Máte k Vasf funkci popis pracovnf náplne?

ano	O	2101
ne	O	2102
prepracovává se	O	2103

22. Uzavrela Joint - Venture firma managerskou smlouvu s materskymi spolecnostmi?

ano	O	2201
ne	O	2202

23. Jakou formou specifikovali materské spolcnosti, resp. podnik Joint - Venture očekávání na Vasi osobu?
Prosím, strucne uvedte:_____

_____

_____

24. Jsou následujícf ukazatele vypracovávané společne s materskymi spolecnostmi, nebo samostatne podnikem Joint - Venture?

	příprava		rozhodnutí		
	společne	samostatne	společne	samostatne	
Strategicky plán	O	O	O	O	2401
Podniková strategie	O	O	O	O	2402
3-lety plán odbytu	O	O	O	O	2403
1-lety plán odbytu	O	O	O	O	2404
Kvartální plán odbytu	O	O	O	O	2405
Plán investic	O	O	O	O	2406
Financnf plán	O	O	O	O	2407
Plán vedecko-vyzkumné cinnosti	O	O	O	O	2408
Zavedenf novych vyrobku	O	O	O	O	2409
Ohodnocenf nového trhu	O	O	O	O	2410
Urcenf prodejnfch cen	O	O	O	O	2411
Marketingová strategie	O	O	O	O	2412
Urcenf distribucnfch cest	O	O	O	O	2413
Vyska zisku, která má byt znovu investovaná	O	O	O	O	2414
Organizacnf struktura J.V.-podniku	O	O	O	O	2415
Zamestnávání a propoustenf prfmo podrízenych pracovnfku	O	O	O	O	2416
Personální obsazenf vseobecne	O	O	O	O	2417
Vzdelávacf programy	O	O	O	O	2418

25. Wer ist für das Aus-/und Weiterbildungsprogramm in Ihrer Firma verantwortlich?

der Joint-Venture General Manager	O	2501
der kaufmännische Direktor	O	2502
der Personalleiter	O	2503
der technische Direktor	O	2504
sonstige Person_____		2505

26. Unterstützen Sie aktiv die Managementausbildung

der mittleren Managerebene?	O	2601
der unteren Managerebene?	O	2602
des Führungskräftenachwuches	O	2603
Es gibt derzeit andere wichtigere Probleme zu lösen!	O	2604

27. Innerhalb eines Joint Ventures kann es zwischen ausländischen und tschechoslowakischen Führungsmitarbeitern zu Meinungsverschiedenheiten kommen. Bitte teilen Sie mit, ob Sie die folgenden Eigenschaften in der Vergangenheit oft bzw. nie kritisiert haben?

	oft kritisiert < -------------			-------------- >	nie kritisiert	
Managerqualität	O	O	O	O	O	2701
Informationsbereitschaft	O	O	O	O	O	2702
Zusammenarbeit	O	O	O	O	O	2703
Kompetenzausstattung	O	O	O	O	O	2704
Entscheidungsfreudigkeit	O	O	O	O	O	2705
Verantwortungsbereitschaft	O	O	O	O	O	2706
Auffassungsvermögen	O	O	O	O	O	2707
Marktkenntnisse	O	O	O	O	O	2708
Einseitige Ost/Westorientierung	O	O	O	O	O	2709
Fehlendes Interesse	O	O	O	O	O	2710
Pünktlichkeit	O	O	O	O	O	2711
Unternehmerisches Denken	O	O	O	O	O	2712
Gewinnverlagerungsbestrebungen	O	O	O	O	O	2713
Führungseigenschaften	O	O	O	O	O	2714

28. Welche der untenstehenden Geschäftsfelder stellen in Ihrem Unternehmen derzeit ein Problemfeld dar?

	Problemfeld ja	nein	Geschäftsfeld nicht vorhanden	
Einkauf	O	O	O	2801
Verkauf	O	O	O	2802
Transport	O	O	O	2803

25. Kdo je ve Vasem podniku <u>zodpovedny</u> za otázky tykající se vzdelávání pracovníku a dalsího zvysování kvalifikace?

reditel Joint-Venture	O	2501
ekonomicky vedoucí	O	2502
personální vedoucí	O	2503
technicky vedoucí	O	2504
jiny pracovník: _____		2505

26. <u>Podporujete</u> aktivne dalsí vzdelávání ...

vedoucích pracovníku strední úrovne rízení?	O	2601
vedoucích pracovníku nizsí úrovne rízení?	O	2602
budoucích rídících pracovníku?	O	2603
V tuto dobu se venujeme resení dulezitejsích problému.	O	2604

27. V rámci Joint - Venture podniku muze dojít k <u>rozdílum v názorech</u> mezi zahranicními a ceskymi / slovenskymi rídícími pracovníky. Prosím vyjádrete se, zda jste nasledující vlstnosti kritizovali u partnera v minulosti casto, prípadne vubec.

	casto kritizované < --------------			-------------- >	nikdy nekritizované
úroven rídících pracovníku	O	O	O	O	O	2701
informacní schopnost	O	O	O	O	O	2702
spolupráce	O	O	O	O	O	2703
vybavenost kompetencí	O	O	O	O	O	2704
rozhodovací schopnosti	O	O	O	O	O	2705
pripravenost k zodpovednosti	O	O	O	O	O	2706
chápaní	O	O	O	O	O	2707
znalosti trhu	O	O	O	O	O	2708
jednostranná orientace na Vychod/Západ	O	O	O	O	O	2709
nedostatecny zájem	O	O	O	O	O	2710
presnost	O	O	O	O	O	2711
podnikatelské myslení	O	O	O	O	O	2712
snaha o prevedení zisku	O	O	O	O	O	2713
schopnost vedení pracovníku	O	O	O	O	O	2714

28. Ve které <u>oblasti</u> Vaseho podniku dochází v soucasné dobe k <u>problémum?</u>

	problémová oblast ano		ne	oblast nevedeme
nákup	O		O	O	2801
prodej	O		O	O	2802
doprava	O		O	O	2803

	Problemfeld	Geschäftsfeld nicht	
	ja nein	vorhanden	
Marketing	O O	O	2804
Forschung & Entwicklung	O O	O	2805
Produktion	O O	O	2806
Finanzbuchhaltung	O O	O	2807
Betriebsbuchhaltung	O O	O	2808
Personal	O O	O	2809
Unternehmensplanung	O O	O	2810

29. Wie bewerten Sie allgemein Ihre bisherigen Erfahrungen aus diesem Joint-Venture?

sehr gut	O	2901
gut	O	2902
zufriedendstellend	O	2902
nicht zufriedenstellend	O	2904
sehr negativ	O	2905

B. Angaben zu den Muttergesellschaften

1. Wer hat den Anstoß zum Joint Venture gegeben?

Das tschechoslowakische Unternehmen	O	3001
Das ausländische Unternehmen	O	3002
Staatliche Stellen in der CSFR	O	3003
Staatliche Stellen im Land der ausländischen Muttergesellschaft	O	3004

2. Handelt es sich bei dem Joint Venture um die Zusammenarbeit von

zwei privatwirtschaftlichen Muttergesellschaften?	O	3101
einer privatwirtschaftl. Mutter u. einem staatl. CSFR-Betrieb?	O	3102
einem staatl. Auslandsbetrieb u. einer privatwirtschaftl. CSFR-Mutter?	O	3103
zwei staatlichen Unternehmen?	O	3104

3. Welche der folgenden Beziehungen gingen dem Joint Venture voraus?

Warentauschgeschäfte	O	3201
Zuliefererbeziehungen	O	3202
Abnehmerbeziehung	O	3203
Lizenz-/Patentabkommen	O	3204
Auftragsfertigung	O	3205
Ko-Produktion	O	3206
keine Beziehungen	O	3207

| | problémová oblast | | oblast | |
	ano	ne	nevedeme	
marketing	O	O	O	2804
vyzkum a vyvoj	O	O	O	2805
vyroba	O	O	O	2806
financnictví	O	O	O	2807
úcetnictví	O	O	O	2808
personálnf odd.	O	O	O	2809
plánování	O	O	O	2810

29. Jak vseobecne hodnotíte Vase dosavadní zkusenosti z Vaseho Joint - Venture?

velmi dobré	O	2901
dobré	O	2902
uspokojivé	O	2903
neuspokojivé	O	2904
velmi negativní	O	2905

B. Udaje o materskych spolecnostech

1. Kdo dal podnet k Joint - Venture?

ceskoslovensky podnik	O	3001
zahranicní podnik	O	3002
státní místa v CSFR	O	3003
státní místa v zemi zahranicní materské spolecnosti	O	3004

2. Jedná se v Joint - Venture o spolupráci

dvou soukromych materskych spolecností?	O	3101
soukromé materské spolecnosti a cs. státního podniku?	O	3102
státního zahranicního podniku a soukromé cs. materské spolecnosti?	O	3103
dvou státních podniku?	O	3104

3. Které z následujících vztahu predcházeli zalození Joint - Venture?

vymena zbozí	O	3201
dodavatelské vztahy	O	3202
odberatelské vztahy	O	3203
dohody o licencích a patentech	O	3204
vyhotovení objednávek	O	3205
koprodukce	O	3206
zádné vztahy	O	3207

4. Wieviele Mitarbeiter sind derzeit in den Muttergesellschaften beschäftigt?

			CSFR-Mutter	Ausländ. Mutter	
unter	500		O	O	3301
	500	- 4.999	O	O	3302
über	5.000		O	O	3303

5. In wievielen Ländern außerhalb der CSFR betreiben die Muttergesellschaften Joint-Venture Unternehmen?

	CSFR-Mutter	Ausländ. Mutter	
in 1-2 Ländern	O	O	3401
in 2-5 Ländern	O	O	3402
über 5 Ländern	O	O	3403
nur in der CSFR	O	O	3404

6. Welche Motive waren für das ausländische Mutterunternehmen bei der Gründung des Joint Venture sehr wichtig bzw. völlig unwichtig?

sehr wichtig < ---------------   ------------ > völlig unwichtig

Zugang zum CSFR-Markt	O	O	O	O	O	3501
Schnellerer Zugang zu osteurop. Märkten	O	O	O	O	O	3502
Zugang zu ausländ. Rohstoffmärkten	O	O	O	O	O	3503
Exportbasis für die Mutter	O	O	O	O	O	3504
Bessere Exportmöglichkeiten	O	O	O	O	O	3505
Überwindung von Handelshindernissen	O	O	O	O	O	3506
Erwerb von Kenntnissen über die CSFR	O	O	O	O	O	3507
Tschechosl. Regierungsvorschriften	O	O	O	O	O	3508
Staatl. Förderungsmaßn., Steuererlasse	O	O	O	O	O	3509
Politische Stabilität der CSFR	O	O	O	O	O	3510
Standort der JV-Firma	O	O	O	O	O	3511
Ruf der CSFR-Muttergesellschaft	O	O	O	O	O	3512
Bessere Akzeptanz der Firma in der CSFR	O	O	O	O	O	3513
Bereitstellung von Maschinen	O	O	O	O	O	3514
Investitionsrendite	O	O	O	O	O	3515
Geringere Stückkosten	O	O	O	O	O	3516

4. Kolik pracovníku je v soucanosti zamestnanych v materskych spolecnostech?

	CSFR-materská	zahranicní materská	
méne nez 500	O	O	3301
500 - 4999	O	O	3302
nad 5000	O	O	3303

5. V kolika zemích, mimo CSFR, spravují materské spolecnosti svoje Joint - Venture podniky?

	CSFR-materská	zahranicní materská	
v 1-2 zemích	O	O	3401
v 3-4 zemích	O	O	3402
ve více nez v 5 zemích	O	O	3403
jen v CSFR	O	O	3404

6. Které motivy byly pri zakládání Joint - Venture pro zahranicní matersky podnik velmi dulezité, prípadne úplne nedulezité?

	velmi dulezité <				> úplne nedulezité	
Prístup na cs. trh	O	O	O	O	O	3501
Rychlejsí prístup na vychodoevropské trhy	O	O	O	O	O	3502
Prístup k zahranicním surovinovym trhum	O	O	O	O	O	3503
Exportní základna pro matersky podnik	O	O	O	O	O	3504
Lepsí exportní moznosti	O	O	O	O	O	3505
Prekonání obchodních prekázek	O	O	O	O	O	3506
Získaní znalostí o CSFR	O	O	O	O	O	3507
Cs. vládní predpisy	O	O	O	O	O	3508
Státní podpora, danové úlevy	O	O	O	O	O	3509
Politická stabilita v CSFR	O	O	O	O	O	3510
Pusobiste Joint - Venture podniku	O	O	O	O	O	3511
Povest cs. materské spolecnosti	O	O	O	O	O	3512
Lepsí akceptace zahr. podniku v CSFR	O	O	O	O	O	3513
Strojové dispozice	O	O	O	O	O	3514
Návratnost investic	O	O	O	O	O	3515
Mensí vyrobní náklady (na kus)	O	O	O	O	O	3516

7. Welche Motive waren für das tschechoslowakische Mutterunternehmen bei der Gründung des Joint Venture sehr wichtig bzw. völlig unwichtig?

	sehr wichtig < --------------- -------------- > völlig unwichtig					
Zugang zu ausländ. Rohstoffmärkten	O	O	O	O	O	3601
Zugang zu ausländ. Absatzmärkten	O	O	O	O	O	3602
Ausbau des CSFR-Marktes	O	O	O	O	O	3603
Erwerb von technischem Know-How	O	O	O	O	O	3604
Erwerb von Management Know-How	O	O	O	O	O	3605
Zugang zu Patenten/Lizenzen	O	O ·	O	O	O	3606
Verteilung des finanziellen Risikos	O	O	O	O	O	3607
Erhalt moderner Maschinen	O	O	O	O	O	3608
Bessere Exportmöglichkeiten	O	O	O	O	O	3609
Überwindung der Handelshindernisse	O	O	O	O	O	3610
Exportbasis für die Produkte der Mutter	O	O	O	O	O	3611
Erwerb von Kenntnissen über das Ausland	O	O	O	O	O	3612
Größeres Dienstleistungs-/Produktangebot	O	O	O	O	O	3613
Tschechosl. Regierungsvorschriften	O	O	O	O	O	3614
Staatl. Förderungsmaßn., Steuererlasse	O	O	O	O	O	3615
Ausgeglichene CSFR-Handelsbilanz	O	O	O	O	O	3616
Bessere Akzeptanz der Firma in der CSFR	O	O	O	O	O	3617
Ruf der ausländ. Muttergesellschaft	O	O	O	O	O	3618
Politische Stabilität der CSFR	O	O	O	O	O	3619
Investitionsrendite	O	O	O	O	O	3620
Geringere Stückkosten	O	O	O	O	O	3621
Sicherung der Arbeitsplätze	O	O	O	O	O	3622

8. Über welchen Zeitraum zogen sich die Vertragsverhandlungen?

unter	6 Monate	O	3701
	6 - 12 Monate	O	3702
	12 - 18 Monate	O	3703
	18 - 24 Monate	O	3704
	24 - 36 Monate	O	3705
über	36 Monate	O	3706

7. Které motivy byly pri zakládání Joint - Venture pro <u>cs. matersky podnik</u> velmi dulezité, prípadne úplne nedulezité?

	Velmi dulezité < ------------			----------------- >	úplne nedulezité
Prístup k zahranicním surovinovym trhum	O	O	O	O		3601
Prístup k zahranicním odbytovym trhum	O	O	O	O	O	3602
Upevnení postavení na cs. trhu	O	O	O	O	O	3603
Získání technického Know-How	O	O	O	O	O	3604
Získání Know-How v oblasti rízení	O	O	O	O	O	3605
Prístup k patentum/licencím	O	O	O	O	O	3606
Podelení se o financní riziko	O	O	O	O	O	3607
Obdrzení moderních stroju	O	O	O	O	O	3608
Lepsí moznosti exportu	O	O	O	O	O	3609
Prekonání obchodních prekázek	O	O	O	O	O	3610
Exportní základna pro materské vyrobky	O	O	O	O	O	3611
Získání znalostí o zahranicí	O	O	O	O	O	3612
Vetsí nabídka sluzeb a vyrobku	O	O	O	O	O	3613
Cs. vládní predpisy	O	O	O	O	O	3614
Státní podpora, danové úlevy	O	O	O	O	O	3615
Vyrovnaná obchodní bilance CSFR	O	O	O	O	O	3616
Lepsí akceptace cs. podniku v CSFR	O	O	O	O	O	3617
Povest zahranicní materské spolecnosti	O	O	O	O	O	3618
Politická stabilita v CSFR	O	O	O	O	O	3619
Návratnost investic	O	O	O	O	O	3620
Mensí vyrobní náklady (na kus)	O	O	O	O	O	3621
Zabezpecení pracovních míst	O	O	O	O	O	3622

8. V jakém casovém rozsahu pobihala <u>smluvní jednání?</u>

kratsí nez 6 mesícu	O	3701
6-12 mesícu	O	3702
12-18 mesícu	O	3703
18-24 mesícu	O	3704
24-36 mesícu	O	3705
déle nez 36 mesícu	O	3706

9. Welche der folgenden Sachverhalte führen häufig bzw. nie zu Reibungen zwischen der Joint Venture Firma und den Muttergesellschaften?

	häufig < ---------------- ---------------- > nie					
Erstellung Strategischer Plan	O	O	O	O	O	3801
Erstellung 3-Jahresabsatzplan	O	O	O	O	O	3802
Erstellung Investitionsplan	O	O	O	O	O	3803
Erstellung Finanzplan	O	O	O	O	O	3804
Einführung neuer Produkte	O	O	O	O	O	3805
Festlegung der Verkaufspreise	O	O	O	O	O	3806
Marketinggestaltung	O	O	O	O	O	3807
Festlegung der Distributionskanäle	O	O	O	O	O	3808
Höhe der Gewinnthesaurierung	O	O	O	O	O	3809
Organisationsstruktur der JV-Firma	O	O	O	O	O	3810
Einstellung/Ablösung der direkt unterstellten Führungskräfte	O	O	O	O	O	3811
Personalbesetzung allgemein	O	O	O	O	O	3812
Aus-/Weiterbildungsprogramm	O	O	O	O	O	3813

10. Welche der folgenden Eigenschaften haben Sie in der Vergangenheit oft bzw. nie an den Managern der ausländischen und/oder tschechoslowakischen Muttergesellschaft kritisiert?

	oft nie					
	kritisiert < -------------- ---------------- > kritisiert					
Managerqualität	O	O	O	O	O	3901
Informationsbereitschaft	O	O	O	O	O	3902
Zusammenarbeit	O	O	O	O	O	3903
Kompetenzausstattung	O	O	O	O	O	3904
Entscheidungsfreudigkeit	O	O	O	O	O	3905
Verantwortungsbereitschaft	O	O	O	O	O	3906
Auffassungsvermögen	O	O	O	O	O	3907
Marktkenntnisse	O	O	O	O	O	3908
Einseitige Ost/Westorientierung	O	O	O	O	O	3909
Fehlendes Interesse	O	O	O	O	O	3910
Pünktlichkeit	O	O	O	O	O	3911
Unternehmerisches Denken	O	O	O	O	O	3912
Gewinnverlagerungsbestrebungen	O	O	O	O	O	3913
Führungseigenschaften	O	O	O	O	O	3914

C. Angaben zur CSFR-Volkswirtschaft

1. Von welchen Stellen haben Sie sich in der Gründungsphase beraten lassen?

Industrie- und Handelskammern in der CSFR	O	4001
Industrie- und Handelskammern im Ausland	O	4002

9. Které z následujících záležitostí vedou casto, prípadne nikdy k nezhodám mezi Joint-Venture podnikem a materskymi spolecnostmi?

	casto < --------------- --------------- > nikdy					
Vytvorení strategického plánu	O	O	O	O	O	3801
Vytvorení 3-letého plánu odbytu	O	O	O	O	O	3802
Vytvorení investicního plánu	O	O	O	O	O	3803
Vytvorení financního plánu	O	O	O	O	O	3804
Zavedení novych vyrobku	O	O	O	O	O	3805
Urcení prodejních cen	O	O	O	O	O	3806
Marketingová strategie	O	O	O	O	O	3807
Urcení distributoru	O	O	O	O	O	3808
Vyska zisku, která má byt znovu investovaná	O	O	O	O	O	3809
Organizacní struktura Joint - Venture podniku	O	O	O	O	O	3810
Prijímání/propoustení prímo podrízenych vedoucích pracovníku	O	O	O	O	O	3811
Personální obsazení vseobecne	O	O	O	O	O	3812
Vzdelávací programy	O	O	O	O	O	3813

10. Které z následujících vlastností jste v minulosti kritizovali casto, prípadne nikdy na manazerovi zahranicní nebo cesko-slovenské materské spolecnosti?

	castá kritika < --------------- --------------- > zádná kritika					
úroven rídících pracovníku	O	O	O	O	O	3901
informacní schopnost	O	O	O	O	O	3902
spolupráce	O	O	O	O	O	3903
vybavenost kompetencí	O	O	O	O	O	3904
rozhodovací schopnosti	O	O	O	O	O	3905
pripravenost k zodpovednosti	O	O	O	O	O	3906
chápavost	O	O	O	O	O	3907
znalosti trhu	O	O	O	O	O	3908
jednostranná orientace na Západ/Vychod	O	O	O	O	O	3909
nedostatek zájmu	O	O	O	O	O	3910
presnost	O	O	O	O	O	3911
podnikatelské myslení	O	O	O	O	O	3912
snaha o prevedení zisku do zahranicí	O	O	O	O	O	3913
schopnost vedení pracovníku	O	O	O	O	O	3914

C. Udaje tykající se cesko-slovenskeho národního hospodárství

1. Od koho jste si nechali ve fázi zakládání poradit?

Prumyslová a obchodní komora v CSFR	O	4001
Prumyslová a obchodní komora v zahranicí	O	4002

Aussenhandelsvertretungen in der CSFR	O	4003
Staatliche Stellen der CSFR (Wirtschaftsministerium, etc.)	O	4004
Private Beratungsunternehmen	O	4005

2. Die Informationen, die Sie in schriftlicher und mündlicher From von diesen Stellen erhalten haben, waren Ihrer Meinung nach:

	sehr gut	befriedigend	nicht ausreichend	
Industrie- und Handelskammern in der CSFR	O	O	O	4101
Industrie- und Handelskammern im Ausland	O	O	O	4102
Ausländ. Aussenhandelsvertretungen in der CSFR	O	O	O	4103
Staatl. Stellen der CSFR (Wirtschaftsministerium, etc.)	O	O	O	4104
Private Beratungsunternehmen	O	O	O	4105

3. Bitte teilen Sie die Gründe mit, weshalb die Beratung unzureichend war!

_____

_____

_____

4. Welche Unterstützungen sollten Ihrer Meinung nach Joint-Venture Unternehmen vom Staat erhalten? Geben Sie bitte auch an, ob diese bereits bestehen.

	notwendig	nicht notwendig	besteht bereits	
Subventionen	O	O	O	4301
Steuererleichterungen	O	O	O	4302
Errichtung von Industriezonen	O	O	O	4303
Investitionsschutzabkommen	O	O	O	4304
Gleiche Rechte wie CSFR-Unternehmen	O	O	O	4305
Spezielle Umtauschkurse	O	O	O	4306
Zinslose Staatsdarlehn	O	O	O	4307
Niedrigere Einkommenssteuer f. Ausl.	O	O	O	4308
Niedrigere Sozialabgaben	O	O	O	4309
Fördermittel für energiesparende Anlagen	O	O	O	4310
Fördermittel für Luftverschmutzungsfreundliche Anlagen	O	O	O	4311
Fördermittel für Aus-/und Weiterbildungsprogramme	O	O	O	4312

Andere _____ 4313

Zahranicní obchodní zastupitelstva v CSFR O 4003
Státní místa v CSFR (ministerstvo hospodárství, ...) O 4004
Soukromé poradenské firmy O 4005

2. Informace, které jste z techto míst obdrzeli pisemne a ustne, byly podle Vaseho názoru:

	velmi dobré	uspokojivé	nedostacující	
Prumyslová a obchodní komora v CSFR	O	O	O	4101
Prumyslová a obchodní komora v zahranicí	O	O	O	4102
Zahranicní obchodní zastupitelstva v CSFR	O	O	O	4103
Státní místa v CSFR (ministerstvo hospodárství)	O	O	O	4104
Soukromé poradenské firmy	O	O	O	4105

3. Prosím udejte duvody, pro které byly rady nedostacující:

---

4. Jakou podporu by meli podle Vaseho názoru dostat podniky Joint-Venture od státu? Udejte prosím taktéz, zda uvedená forma jiz existuje.

	dulezité	nedulezité	uz existuje	
subvence	O	O	O	4301
danové úlevy	O	O	O	4302
zrízení prumyslovych zón	O	O	O	4303
dohody o ochrane investic	O	O	O	4304
stejná práva jako cs. podniky	O	O	O	4305
zvlástní smenné kursy	O	O	O	4306
bezúrocné státní pujcky	O	O	O	4307
mensí dan z príjmu pro cizince	O	O	O	4308
mensí sociální srázky	O	O	O	4309
podpora energeticky úspornych zarízení	O	O	O	4310
podpora zarízení zabranujících znecist'ování vzduchu	O	O	O	4311
podpora vzdelávacích programu	O	O	O	4312
jiné:_____				4313

5. Wie bewerten Sie die Rolle des Auslandskapitals in der CSFR?

- ist gut und notwendig	O	4401
- ist nur gut, wenn kontrollierter Einsatz erfolgt	O	4402
- ist nicht gut, aber notwendig	O	4403
- ist nicht gut und nicht notwendig	O	4404
- es gibt keinen Unterschied zwischen inländischem und ausländischem Kapital	O	4405
- die CSFR hat jetzt genug inländisches Kapital und benötigt daher auch kein ausländisches Kaptial mehr	O	4406

6. Ausländische Direktinvestitionen bringen auch Gefahren für die CSFR. Haben Sie Sorge um

große Gefahr < ------------- ----------------> keine Gefahr

ausländ. Kontrolle d. heimischen Ind.	O	O	O	O	O	4501
die techn. Abhängigkeit vom Ausland?	O	O	O	O	O	4502
die Ausbeutung heimischer Resourcen?	O	O	O	O	O	4503
die Monopolisierung des Inlandmarktes?	O	O	O	O	O	4504
unkontrollierten Kap.- u. Devisenabfluß?	O	O	O	O	O	4505
negative Effekte auf Kultur?	O	O	O	O	O	4506
negative Effekte auf Natur?	O	O	O	O	O	4507
negative Effekte auf das Sozialwesen?	O	O	O	O	O	4508

7. Wie beurteilen Sie die folgenden Faktoren aus Sicht Ihrer Unternehmung zum heutigen Zeitpunkt?

sehr wichtig < ------------- -----------> völlig unwichtig

Innenpolitische Stabilität	O	O	O	O	O	4601
Wechselkursstabilität	O	O	O	O	O	4602
Geldwertstabilität	O	O	O	O	O	4603
Bankensystem	O	O	O	O	O	4604
Zinsniveau	O	O	O	O	O	4605
Kreditvergabe durch Banken	O	O	O	O	O	4606
Straßennetz	O	O	O	O	O	4607
Schienennetz	O	O	O	O	O	4608
Kommunikationsnetz	O	O	O	O	O	4609
Lohnkosten	O	O	O	O	O	4610
Offenheit versus ausländ. Firmen	O	O	O	O	O	4611
Arbeitsmoral der Mitarbeiter	O	O	O	O	O	4612
Ausbildungsstand der Arbeitskräfte	O	O	O	O	O	4613
Verfügbarkeit von Mitarbeitern:						
-Führungsebene	O	O	O	O	O	4614
-Technisches Personal	O	O	O	O	O	4615
-Kaufmännisches Personal	O	O	O	O	O	4616

5. Jak hodnotíte roli zahranicního kapitálu v CSFR?

- je dobry a potrebny	O	4401
- je dobry jen v prípade, ze ho stát muze kontrolovat	O	4402
- není dobry, ale je nutny	O	4403
- není dobry a není nutny	O	4404
- neexistuje zádny rozdíl mezi domácím a zahranicním kapitálem	O	4405
- CSFR má nyní dostatek domácího kapitálu a nepotrebuje proto zádny zahranicní	O	4406

6. Prímé zahranicní investice prinásejí pro CSFR i nebezpecí. Máte starost o:

	velké nebezpecí < ---------------				---------------zádné nebezpecí	
zahranicní kontroly domácího prumyslu?	O	O	O	O	O	4501
technické závislosti na zahranicí?	O	O	O	O	O	4502
vykoristování domácích zdroju?	O	O	O	O	O	4503
monopolizace domácího trhu?	O	O	O	O	O	4504
nekontrolovatelného odlivu kapitálu a deviz?	O	O	O	O	O	4505
negativního dopadu na kulturu?	O	O	O	O	O	4506
negativního dopadu na prírodu?	O	O	O	O	O	4507
negativního dopadu na sociální sféru?	O	O	O	O	O	4508

7. Za jaké povazujete z hlediska Vaseho podniku k dnesnímu datu následující faktory?

	velmi dulezité < ---------------				--------------- > nedulezité úplne	
vnitropolitická stabilita	O	O	O	O	O	4601
stabilita smennych kursu	O	O	O	O	O	4602
stabilita zlatého obsahu koruny	O	O	O	O	O	4603
bankovní systém	O	O	O	O	O	4604
vyska úroku	O	O	O	O	O	4605
poskytování úveru bankami	O	O	O	O	O	4606
silnicní sít'	O	O	O	O	O	4607
zeleznicní sít'	O	O	O	O	O	4608
komunikacní sít'	O	O	O	O	O	4609
mzdové náklady	O	O	O	O	O	4610
otevrenost k zahranicním firmám	O	O	O	O	O	4611
pracovní morálka spolupracovníku	O	O	O	O	O	4612
vzdelání pracovní síly	O	O	O	O	O	4613
dostatek pracovníku:						
- vedoucí pracovníci	O	O	O	O	O	4614
- technicky personál	O	O	O	O	O	4615
- ekonomicky personál	O	O	O	O	O	4616

8. Wie beurteilen Sie die <u>wirtschaftlichen Zukunftsaussichten</u> der Tschechoslowakei?

ungünstig	O	4701
ziemlich ungünstig	O	4702
durchschnittlich	O	4703
gut	O	4704
sehr gut	O	4705

Wir danken Ihnen sehr herzlich für die Beantwortung dieses Fragebogens. Falls Sie darüberhinaus noch Beiträge haben, teilen Sie diese bitte dem Interviewer mit. Herzlichen Dank.

Falls Sie an den Ergebnissen dieser Umfrage interessiert sind, wollen Sie bitte den untenstehenden Adressblock ausfüllen.

Name　　　:_____

Firma　　　:_____

Straße　　　:_____

PLZ, Ort　　:_____

8. Jak posuzujete budoucí hospodárské perspektivy CSFR?

nevyhodné	O	4701
znacne nevyhodné	O	4702
prumerné	O	4703
dobré	O	4704
velmi dobré	O	4705

Dekujeme Vám mnohokrát za vyplnení tohoto dotazníku. Pokud byste chteli k tomuto tématu jeste neco dodat, reknete to prosím tomu, kto s Vami provádí interview. Srdecné díky.Pokud máte zájem o vysledky tohoto pruzkumu, vyplnte prosím následující údaje:

Jméno   :_____

Podnik   :_____

Ulice   :_____

PSC, Místo :_____

H O C H S C H U L E
S T . G A L L E N

F I M
FORSCHUNGSSTELLE FÜR
INTERNATIONALES MANAGEMENT

Vedeniu podniku

DIREKTION PROF DR E BRAUCHLIN

V St. Gallene, November 1991

BODANSTRASSE 6
CH-9000 ST GALLEN
TELEFON 071 / 30 24 48
FAX 071 / 30 24 47

VYSKUMNY PROJEKT "JOINT VENTURES"

Vázené dámy a páni,

vyskumné pracovisko medzinárodného managementu na Vysokej skole v St. Gallene vo Svajciarsku sa v poslednych rokoch intenzívne zaoberá tématikou *Joint Venture* (spolocnych podnikov), co potvrdzujú aj dosiahnuté vysledky. Uved'me len niektoré knizné publikácie, napr.: "External Corporate Venturing: Strategic Partnerships for Competitive Advantage" ("Strategické partnerstvo na zvysenie konkurencieschopnosti"), a "Chancen und Risiken von Equity Joint Ventures in der Volksrepublik China" (" Sance a riziká Joint Venture v Cínskej l'udovej republike").

Tento vyskumny projekt, ktory poslúzi ako podklad pre dizertacnú prácu, je d'alsím krokom vyssie nacrtnutym smerom. Tentokrát spracúvame tému *"Sance a riziká spolocnych podnikov Joint Ventures v CSFR"*. V protiklade k predchádzajúcim stúdiam sa budeme orientovat' najmä na skúsenosti manageru Joint Venture podniku.

Projekt by mal v konecnom dosledku poukázat' na problémy domácich a zahranicnych materskych spolocností *z pohl'adu Joint Venture podnikov* so sídlom v CSFR. Vysledky predlozeného dotazníka mozu byt' pre súcasné Joint Venture podniky podkladom pri ich rozhodovaní a *skvalitnovaní cinnosti*. Dalej mozu prispiet' k znízeniu rizík cesko-slovenskych podnikov, ktoré stoja pred zalozením Joint Venture.

Dovolujeme si Vás poziadat' *o podporu uvedeného projektu* a o vyplnenie prilozeného dotazníka. Zarucujeme Vám absolútnu diskrétnost' pri vyhodnocovaní dotazníka.

Vopred d'akujeme za Vasu ochotu a spoluprácu. S pozdravom

Prof. Dr. E. Brauchlin   A. Tamm, M.B.A.

8.2. Adressen

TSCHECHISCHE KÖRPERSCHAFTEN

Agentur für Ausländische Investitionen und Unterstützung
Ministerium für Wirtschaftspolitik und Entwicklung
Vrsovická 65
101 60 Prag 10   Tel: 42-2-712 11 11

Ministerium für die Verwaltung und Privatisierung des Nationaleigentums
Senovazné nám. 32
110 00 Prag 10   Tel: 42-2-236 20 65

Finanzministerium
Letenská 15
118 10 Prag 1   Tel: 42-2-514 11 11

Innenministerium
Srojnicka 27
170 89 Prag 7   Tel: 42-2-335 11 11

Industrieministerium
Na Frantisku 32
110 15 Prag 1   Tel: 42-2-285 22 45   Fax: 42-2-231 85 44

Ministerium für Handel und Fremdenverkehr
Staromestké nám. 6
110 01 Prag 1   Tel: 42-2-231 96 63

Landwirtschaftsministerium
Tesnov 17
117 05 Prag 1   Tel: 42-2-2862 11 11

SLOWAKISCHE KÖRPERSCHAFTEN

Agentur für Ausländische Investitionen und Entwicklung
Mánesovo nám. 2
851 01 Bratislava   Tel: 42-7-84 72 31   Fax: 42-284 98 06

Finanzministerium
Stefanovicova 5
813 08 Bratislava   Tel: 42-7-49 69 51

Ministerium für die Verwaltung und Privatisierung von Nationaleigentum
Drienová 27
811 05 Bratislava   Tel: 42-7-23 42 21

Innenministerium
Martanovicova 2
812 72 Bratislava   Tel: 42-7-206 11 11

Wirtschaftsministerium
Mierová 19
817 15 Bratislava   Tel: 42-7-23 17 83

Industrieministerium
Stromová 1
833 36 Bratislava   Tel: 42-7-37 26 95

Ministerium für Handel und Fremdenverkehr
Spitálská 8
813 15 Bratislava   Tel: 42-7-300 App. 712   Fax: 42-7-54 093

Ministerium für Arbeit und Sozialwesen
Spitálská 4-6
813 43 Bratislava   Tel: 42-7-300   Fax: 42-7-512 58

Ministerium für Landwirtschaft und Ernährung
Suvorová 12
812 66 Bratislava   Tel: 42-7-545 81-5   Fax: 42-7-578 34

Ministerium für internationale Beziehungen
nám. Slobody 1
813 70 Bratislava   Tel: 42-7-41 51 11   Fax: 42-7-49 78 28

Justizministerium
Októbrové nám. 13
813 11 Bratislava   Tel: 42-7-35 33 53   Fax: 42-7- 49 78 28

FÖDERALE KÖRPERSCHAFTEN

Föderale Agentur für Ausländische Investitionen
Föderales Wirtschaftsministerium
nabr. kapt. Jarose 1000
170 32 Prag 7   Tel: 42-2-389 28 23   Fax:42-2-37 60 63

Föderales Wirtschaftsministerium
nabr. kapt. Jarose 1000
170 32 Prag 7   Tel: 42-2-389 11 11

Föderales Finanzministerium
Letenská 15
118 10 Prag 1   Tel: 42-2-514 11 11   Fax: 42-2-53 44 98

Föderales Aussenhandelsministerium
Politickych veznu 20
112 49 Prag 1   Tel: 42-2-2126 11 11   Fax: 42-2-23 22 868

Föderales Transportministerium
nabr. L. Svobody 12
125 02 Prag 1   Tel: 42-2-2891

Tschechoslowakische Staatsbank
Na Príkope 28
110 03 Prag 1   Tel: 42-2-2112

ANDERE ADRESSEN

Tschechoslowakische Handels- und Industriekammer
Argentinská 38
170 00 Prag 7   Tel: 42-2-87 91 34

Investment Bank
Gorkého nám. 32
114 03 Prag 1   Tel: 42-2-2112 App. 2336   Fax: 42-2-235 6189

Tschechischer Unternehmerverband
Staromestské nám. 6
110 01 Prag 1   Tel: 42-2-232 07 52   Fax: 42-2-232 07 52

Zentrum zur Förderung kleiner und mittlerer Unternehmen
Pod Zvonarkou 7
120 00 Prag 2   Tel: 42-2-6911 04 99   Fax: 42-2-691 07 57

8.3. GmbH - Gesellschaftsvertrag *(Beispiel)*

Gesellschaftsvertrag über die Gründung einer
Gesellschaft mit beschränkter Haftung

Hiermit wird zwischen

ABC - Firma		*XYZ - Firma*
Adresse	und	*Adresse*
CSFR		*Schweiz*

ein Gesellschaftsvertrag abgeschlossen.

Artikel 1
Die Form

Die Gesellschafter errichten mit Unterzeichnung dieses Vertrages eine Gesellschaft mit beschränkter Haftung.

Artikel 2
Die Geschäftsbezeichnung und der Sitz

Die Bezeichnung der Gesellschaft lautet *Prag-Immobilien GmbH*. Der Sitz der Gesellschaft befindet sich in *Na Prikopé 14, 110 00 Prag 1*.

Artikel 3
Das Bestehen der Gesellschaft

Die Gesellschaft wird für unbestimmte Zeit errichtet.

Artikel 4
Gegenstand der Tätigkeit

Gegenstand der Tätigkeit ist der Einkauf, Verkauf, die Verwaltung, Vermietung, Anmietung und die Schätzung von Liegenschaften sowie alle anderen damit zusammenhängenden Tätigkeiten.

Artikel 5

Das Stammvermögen und die Einlagen der Gesellschafter

Das Stammvermögen der Gesellschaft beträgt *CSK 100.000.-*
Die Einlagen der einzelnen Gesellschafter belaufen sich auf:

Gesellschaft *ABC*   *CSK 74.900.-*
Gesellschaft *XYZ*   *CSK 25.100.-*

Die Einlagen der Gesellschafter werden auf das

Konto   *123456*
Bankleitzahl   *100 200 300*
Komercni Banka Praha 1

zugunsten der *Prag-Immobilien GmbH* eingezahlt. Mit dem von der Bank bestätigten Einzahlungsbeleg ist die Registrierung der Gesellschaft im Handelsregister vorzunehmen.

Das Verhältnis der Einlagen der einzelnen Gesellschafter zum Stammvermögen der Gesellschaft bestimmt ihren Geschäftsanteil.

Artikel 6

Die Rechte und Pflichten der Gesellschafter

(1)   Die Rechte und Pflichten der Gesellschafter sowie der Umfang ihrer Beteiligung an der Gesellschaft ergibt sich aus dem Geschäftsanteil.

(2)   Die Gesellschafter üben ihre Rechte, die Leitung der Gesellschaft und die Kontrolle ihrer Tätigkeit in der Generalversammlung aus.

(3)   Mit Zustimmung der Generalversammlung kann ein Gesellschafter durch Vertrag seinen Geschäftsanteil auf einen anderen Gesellschafter übertragen.

(4)   Die Gesellschaft kann nicht ihre eigenen Gesellschaftsanteile erwerben.

(5)   Die Gesellschafter haben jederzeit das Recht, von den Geschäftsführern Informationen über die Gesellschaft zu verlangen und Einsicht in die Unterlagen der Gesellschaft zu nehmen.

(6)   Die Gesellschafter haben entsprechend ihrer Geschäftsanteile Anspruch auf den Gewinn der Gesellschaft.

(7)   Jeder Gesellschafter ist verpflichtet, das Geschäftsgeheimnis der Gesellschaft einzuhalten und alle Informationen zu schützen, die die Geschäftsinteressen oder die geschäftliche Stellung der Gesellschaft schädigen könnten.

(8)   Jeder Gesellschafter ist verpflichtet, den guten Namen der Firma zu schützen.

Artikel 7

Die Organe der Gesellschaft

(1)   Die Organe der Gesellschaft bestehen aus der Generalversammlung und den Geschäftsführern.

(2)   Die Generalversammlung setzt sich aus allen Gesellschaftern zusammen. In ausschliesslich ihren Aufgabenbereich fällt.

▸ die Genehmigung des Jahresabschlusses;

▸ der Entscheid über die Gewinnverwendung bzw. die Verlustdeckung;

▸ die Veränderung dieses Vertrages;

▸ die Auflösung der Gesellschaft;

▸ die Erhöhung bzw. Reduzierung des Stammvermögens;

▸ die Ernennung, Abberufung und Entlohnung der Geschäftsführer;

▸ die Überreichung des Antrages auf Ausschluss eines Geschäftsführers;

▸ die Ernennung und Abberufung von Prokuristen.

Die obige Liste ist nicht taxativ. Die Generalversammlung kann sich Entscheidungen in einer jeden Angelegenheit, die die Gesellschaft betrifft, vorbehalten.

(3)   Bei Abstimmungen in der Generalversammlung besitzt jeder Gesellschafter pro CSK 1.000 eine Stimme.

(4)   Die Generalversammlung ist beschlussfähig, wenn Gesellschafter mit wenigstens der Hälfte aller Stimmen anwesend sind; sie entscheidet mit einfacher Stimmenmehrheit der anwesenden Gesellschafter.

(5)   Für Entscheidungen, wie die Genehmigung des Jahresabschlusses, die Änderung des Gesellschaftsvertrages, die Beendigung der Gesellschaft sowie über die Entscheidungen über die Erhöhung oder Reduzierung des Stammvermögens, ist wenigstens die Zustimmung von dreiviertel der anwesenden Gesellschafter erforderlich.

(6)   Die Generalversammlung muss mindestens einmal im Jahr durch die Geschäftsführer der Gesellschaft einberufen werden. Enthält der Reservefonds nur noch die Hälfte des Betrages, den er zum Zeitpunkt der letzten Generalversammlung hatte, sind die Gesellschafter verpflichtet, die Generalversammlung einzuberufen.

(7)   Die Einladung hierzu erfolgt schriftlich. Der Termin und das Programm der Generalversammlung muss den Gesellschaftern wenigstens 15 Tage vorher bekannt gegeben werden.

(8) Über die Sitzung der Generalversammlung wird ein Protokoll angefertigt, das nach Versammlungsende von allen Gesellschaftern zu unterschreiben ist. Dieses Protokoll erhalten alle Gesellschafter und die Geschäftsführer der Gesellschaft.

(9) Die Geschäftsführer sind verpflichtet, die ordentliche Führung der vorgeschriebenen Evidenz und der Buchhaltung sicherzustellen, ein Verzeichnis der Gesellschafter zu führen und die Gesellschafter über die Angelegenheiten der Gesellschaft zu informieren.

(10) Zu Geschäftsführern wurden ernannt:

> *Frau Fraulich*
>
> *Adresse*
>
> Vorsitzende/r der Geschäftsführung

und

> *Herr Männlich*
>
> *Adresse*
>
> Geschäftsführer

und

> *Herr Richtig*
>
> *Adresse*
>
> Geschäftsführer

Artikel 8

<u>Konkurrenzverbot</u>

Der Geschäftsführer darf im eigenen Namen oder auf eigene Rechnung keine Geschäfte abschliessen, die mit der Unternehmenstätigkeit der Gesellschaft zusammenhängen, keine Geschäfte der Gesellschaft für andere Personen abschliessen oder sich an der Unternehmenstätigkeit einer anderen Gesellschaft als Gesellschafter unbegrenzter Haftung beteiligen.

Artikel 9

Die Erhöhung und Reduzierung des Stammvermögens

(1)   Die Erhöhung des Grundvermögens durch neue Geldeinlagen ist nur dann zulässig, wenn die Geldeinlagen gem. Artikel 5 dieses Vertrages vollständig eingezahlt sind.

(2)   Das Stammvermögen zu erhöhen und eine Verpflichtung für diese Erhöhung zu übernehmen, sind vor allem die bisherigen Gesellschafter berechtigt und dies im Durchschnitt nach der Grösse ihrer bisherigen Anteile. Diesen Vorzug haben die Gesellschafter während der Zeit von zwei Monaten von dem Tage an, an dem sie von der Erhöhung des Grundvermögens erfahren haben.

(3)   Bei einer Reduzierung des Stammvermögens darf die Höhe des Stammvermögens und die Höhe der Einlagen jedes Gesellschafters nicht unter die durch das Gesetz festgelegte Höhe sinken.

(4)   Bei einer Erhöhung oder Reduzierung des Stammvermögens der Gesellschaft erfüllen die Gesellschafter ihre Pflichten gemäss HGB.

Artikel 10

Der Jahresabschluss

Der Jahresabschluss muss innerhalb der durch die Steuervorschriften festgesetzten Frist ausgefertigt werden, und dies nach den ordentlich geführten Buchhaltungsunterlagen. Die Geschäftsbilanz muss im Einklang mit der Steuerbilanz stehen.

Artikel 11

Der Reservefonds

Die Gesellschaft errichtet einen Reservefonds in Höhe von 10% des Stammvermögens.

Artikel 12

Das Geschäftsjahr

Das Geschäftsjahr beginnt am 01. 01. und endet am 31.12. jeden Jahres. Unter dem ersten Geschäftsjahr versteht man den Zeitraum bis zum 31. Dezember *1993*.

Artikel 13

Das Erlöschen der Teilnahme des Gesellschafters an der Gesellschaft

(1) Der Gesellschafter kann nicht aus der Gesellschaft austreten, er kann jedoch beantragen, dass das Gericht seine Teilnahme an der Gesellschaft aufhebt, wenn von ihm gerechterweise nicht verlangt werden kann, dass er in der Gesellschaft verbleibt.

(2) Die Gesellschaft kann bei Gericht den Ausschluss eines Gesellschafters verlangen, der auf ernste Weise seine Pflichten verletzt, obwohl er zur Erfüllung seiner Pflichten aufgefordert wurde und auf die Möglichkeiten des Ausschlusses schriftlich aufmerksam gemacht wurde.

(3) Dem Gesellschafter, dessen Anteil in der Gesellschaft nach den vorhergehenden Absätzen (1) und (2) erloschen ist, entsteht das Recht auf Auszahlung seines Anteils.

Artikel 14

Das Erlöschen und die Auflösung der Gesellschaft

Die Gesellschaft erlischt durch das

1. Erlöschen mit Liquidation;
2. Erlöschen ohne Liquidation.

Die Gesellschaft wird aufgelöst

1. durch die Entscheidung der Gesellschafter oder der Generalversammlung,
2. durch die Entscheidung des Gerichtes,
3. durch die Erklärung des Konkurses oder durch die Abweisung des Konkurses mangels Masse.

Artikel 15

Die Beziehungen der Gesellschafter

(1) Die gegenseitigen Beziehungen der Gesellschafter richten sich nach den gültigen tschechoslowakischen Rechtsvorschriften sofern die Rechte und Pflichten nicht ausdrücklich in diesem Gesellschaftsvertrag aufgeführt sind.

(2)   Die Gesellschafter sind überein gekommen, dass die Gültigkeit dieses Vertrages nicht
      automatisch aufgehoben wird, wenn Gesetze oder rechtliche Regelungen dem Vertrag
      entgegenstehen sollten. Die Gesellschafter sind in diesem Fall verpflichtet, sofern ihre
      Rechte und Pflichten nicht auf andere Art und Weise gelöst werden können, sich der
      gesetzlichen Regelung zu unterwerfen.

Artikel 16

Besondere Bestimmungen

Die mit der Gründung der Gesellschaft verbundenen Kosten gehen zu Lasten der Gesellschaft.

Dieser Vertrag kann nur in schriftlicher Form und mit der Zustimmung aller Gesellschafter
abgeändert werden.

Dieser Vertrag wurde in drei Ausfertigungen mit gleichen rechtlichen Wirkungen ausgefertigt.

Name   *Name*

Gesellschafter   Gesellschafter

ABC-Firma   *XYZ-Firma*

8.4. Inhalte eines JV-Vertrages[1,2]

A. *Zielsetzung des JVs*

- Kurzbeschreibung der Zusammenarbeit (Branche, Produkte, Märkte, eventuell
  JV-Typ)
- Angabe der Ziele der in- und ausländischen Partner
- Nennung der langfristigen Ziele (z.B. Marktanteil, Umsatzhöhe, etc.) des
  gemeinsamen Engagements

B. *Set-up Phase*

   (1) Zeitlicher Rahmenplan
- Abschluss der Vorgespräche zum Gesellschaftsvertrag
- Abschluss der Ausarbeitung des Gesellschaftsvertrages
- Abschluss des Gesellschaftsvertrages
- Abschluss des JV-Vertrages
- Beginn der Vorbereitungsphase
- Abschluss der Vorbereitungsphase

   (2) Finanzieller Rahmenplan
- Kapitalbedarf für Anlagevermögen
- Kapitalbedarf für Umlaufvermögen
- Ermittlung des Gesamtkapitalbedarfs
- Herkunft der Finanzmittel
  - *Eigenkapital
  - *Fremdkapital
  - *Nachschussverpflichtung der Gesellschafter
  - *Regional-Förderprogramm
  - *Sektoral-Förderprogramm

---

[1] Vergl. LANGEFELD-WIRTH, S. 177-182; SIEGWART/SIEGHOLD, S. 69-79; BLEICHER,
Joint-Venture-Management, S. 23; HALL, S. 160-165; DYMSZA,
S. 408 f.; LYNCH, S. 147-152, Appendix C + D.

[2] Vergl. Kap. 4.3.1.3., JV-Vertragsgestaltung.

(3) Personalbesetzung
- Besetzung von Schlüsselpositionen (Führungspersonal)
- Bildung eines Set-up Teams
- Rekrutierung von Personal mit Einstellungszeitpunkt, gleichbedeutend mit Aufnahme der Unternehmenstätigkeit
- Layout der Organisationsstruktur

(4) Schaffung der Produktionsvoraussetzungen
- Erwerb von Maschinen und Anlagen
- Erwerb von Immobilien
- Kontaktaufnahme zu Lieferanten
- Kontaktaufnahme zu Abnehmern
- Anlegen des ersten Lagers

C. Betriebsphase

- Aufnahme der Unternehmenstätigkeit
- Anpassung der Organisationsstruktur (funktionale, divisionale oder Matrix-Organisation)
- Kapazitätsplanung
- Liquiditätsplanung

(1) Produkte
- Produktpolitik (Qualität, Styling, Name, Verpackung)
- Programmpolitik
- Serviceleistungen
- Garantieleistungen
- Rückgabemöglichkeiten

(2) Vermarktung
- Zielgruppen
- Zielkonflikte zwischen den Muttergesellschaften
- Zielkonflikte zwischen den Muttergesellschaften und den Märkten
- Konkurrenzanalyse
- Preispolitik (Rabatte, Nachlässe, Zahlungsbedingungen, Kreditbedingungen)
- Marktbearbeitungsmassnahmen (Verkauf, Verkaufsförderung, Werbung)
- Distribution (Absatz, Verteilungsdichte, Lagerbestände)

(3) Rohstoffbeschaffung
- Beschaffung von Rohstoffen, Halbfertigprodukten und Komponenten
- Beschaffungsquellen (Inland, Ausland, JV-Muttergesellschaften)
- Just-in-Time
- Transportträger
- Preisanpassung

(4) Personalpolitik
- Entwicklung eines Unternehmensleitbildes
- Personalbedarfsermittlung
- Erstellung von Stellenbeschreibungen
- Erstellen von Anforderungsprofilen
- Qualifikation der Mitarbeiter
- Personalbeurteilungskonzept
- Weiterbildungskonzept
- Vergütungs- und Sozialleistungskonzept

(5) Finanz- und Rechnungswesen
- Kapitalstruktur (Eigenfinanzierungsgrad, Fremdfinanzierungsgrad)
- Liquidität (Acid Test, Current Ratio, Nettoumlaufvermögen, Debitorenziel)
- Kosten- und Leistungsrechnung
- Kostenstellenplan
- Buchhaltungsgrundsätze, Form des Jahresabschlusses
- Berücksichtigung der Wechselkursverluste

(6) Gewinnverwendung
- Gewinnausschüttung oder Gewinnthesaurierung?

D. Auflösung der Gesellschaft
- Liquidation der Gesellschaft
- Übernahme der Geschäftsanteile des einen Partner durch den anderen, sog. Buy-/Sell-Arrangement   *Kauf-/Verkaufsoption
                                           *bei Nicht-Einigung Liquidation
                                           *Bewertung der Gesellschaft

9. VERZEICHNISSE

9.1. Literaturverzeichnis

ABELS, HERMANN: Managementverträge im Rahmen internationaler Unternehmenstätigkeit: Gestaltung und Einsatzmöglichkeiten internationaler Betriebsführungsverträge aufgrund praktischer Erfahrungen schweizerischer und deutscher Unternehmen, Band 1, Dissertation, Hochschule St. Gallen, 1988

ADKINS, ROGER L.: East European Economic Reform. Are New Institutions Emerging?, in: JOURNAL OF ECONOMIC ISSUES, Vol. XXV, No.2, June 1991

AHN, Doo Soon: Gemeinschaftsunternehmungen in Entwicklungsländern. Joint Ventures als Entwicklungsinstrument in den ASEAN-Staaten, Tübingen, 1981

ALBESEDER, KLEIN, SZUESICH: Investitionsführer Tschechoslowakei, 1989

ALTMANN, FRANZ-LOTHAR: Wirtschaftslage in der CSSR 1986/87, in: OST-EUROPA INSTITUT MÜNCHEN, Working Papers, München, 1987

AMT FÜR AMTLICHE VERÖFFENTLICHUNGEN DER EUROPÄISCHEN GEMEINSCHAFTEN: Die europäische Gemeinschaft und ihre östlichen Nachbarn, Luxemburg, Zeitschrift 8/1990

ANSOFF, H. I.: Corporate Strategy, New York, San Francisco, 1965

ARTISIEN, PATRICK F.R.: Joint Ventures in Jugoslavia: Opportunities and Constraints, in: ACADEMY OF INTERNATIONAL BUSINESS (Hrsg.), Journal of International Business Studies, Spring 1985, Seiten 111-136

BABURKOVA, D./GEILING CH.: Handelsgesetzbuch, Konkurs- und Ausgleichsgesetz, Tschechoslowakische Wirtschaftsgesetze, Praha, 1992

BALLEIS, SIEGFRIED-M.: Die Bedeutung politischer Risiken für ausländische Direktinvestitionen unter besonderer Berücksichtigung politischer Stabilität, Nürnberg, 1984

BATT, JUDY: East Central Europe from Reform to Transformation, London, 1991

BATT, JUDY: The Political Context, in: ROLLO (Hrsg.), The New Eastern Europe: Western Responses, London, 1990

BEAMISH, PAUL W.: Multinational Joint Ventures in Developing Countries, London, 1988

BECK, DIETER: Das Recht der Ost-West-Wirtschaftsbeziehungen. Handel und Kooperation, Baden-Baden, 1984

BEDNAR, H./CHVOIKA, P.: Reformen in Osteuropa I. Marktwirtschaft ohne "Adjektive", in: ARBEITSGEMEINSCHAFT DER ÖSTERREICHISCHEN GEMEINWIRTSCHAFT, Gemeinwirtschaft, Wien, 1990

BENISCH, WERNER: Kooperationsfibel, 4. Aufl., Bergisch Gladbach, 1973

BERG, SANFORD/ DUNCAN, JEROME/ FRIEDMAN, PHILIP: Joint Venture Strategies and Corporate Innovation, Cambridge, Massachuetts, 1982

BERLEW, F. KINGSTON: The Joint Venture - A Way into Foreign Markets, in: HARVARD GRADUATE SCHOOL OF BUSINESS ADMINISTRATION (Hrsg.), Harvard Business Review, Boston, July-August 1984, No.4

BERNER, WOLFGANG: Die Wirtschaftsprobleme aus Sicht der kommunistischen Regime der kleineren Ostblockstaaten, in: HÖHMANN, H./VOGEL, H. (Hrsg.), Osteuropas Wirtschaftsprobleme und die Ost-West Beziehungen, Baden-Baden, 1984

BIESZKI, M./RATH, H.: Foreign Capital Investment in Poland. Emerging Prospects for German-Polish Joint Ventures under the New Law, in: GABLER (Hrsg.), Management International Review, Wiesbaden, 1989, Vol. 29, Nr.4

BISCHOF, HENRIK: Die Gemeinschaftsunternehmen (Joint Ventures) - Osteuropäische Avancen zur Belebung des Westhandels, in: FORSCHUNGSINSTITUT FRIEDRICH EBERT STIFTUNG (Hrsg.), Arbeitspapier, 1986

BLEICHER, KNUT: Weltweite Strategien der Unternehmensakquisition und -kooperation zur Bewältigung des Markt- und Technologiewandels, in: BELZ (Hrsg.), Realisierung des Marketing, St. Gallen, 1986, Band 1, Seiten 211-228

BLEICHER, KNUT: Joint-Venture-Management, Erweiterung des eigenen strategischen Aktionsradius, Stuttgart, 1991

BLEICHER, KNUT: Zum Management zwischenbetrieblicher Kooperation: Vom Joint Venture zur strategischen Allianz, in: BÜHNER (Hrsg.), Führungsorganisation und Technologiemanagement, Berlin, 1989

BORCHERT, HANS: Sozialistische Betriebswirtschaft. Industrie. Hochschullehrbuch, Berlin, 1986

BORNER, SILVIO: Wettbewerbsfähigkeit und Internationalisierung von Unternehmen im Strukturwandel, in: KÖNIG (Hrsg.), Betriebliche Kooperation mit den Entwicklungsländern, Tübingen, 1987

BRACH, RADKO: Die Außenpolitik der Tschechoslowakei zur Zeit der Regierung der nationalen Verständigung. Teil I: Voraussetzungen, in: Berichte des BUNDES-INSTITUT FÜR OSTWISSENSCHAFTLICHE UND INTERNATIONALE STU-DIEN, Köln, Bericht 17-1991, 1991

BRACH, RADKO: Die Außenpolitik der Tschechoslowakei zur Zeit der Regierung der nationalen Verständigung. Teil II: Die Entwicklung der Außenbeziehungen zu UdSSR, Warschauer Pakt und RGW, in: Berichte des BUNDESINSTITUT FÜR OSTWISSEN-SCHAFTLICHE UND INTERNATIONALE STUDIEN, Köln, Bericht 24-1991, 1991

BRACH, RADKO: Die Außenpolitik der Tschechoslowakei zur Zeit der Regierung der nationalen Verständigung. Teil III: Die Tschechoslowakei und Deutschland, in: Berichte des BUNDESINSTITUT FÜR OSTWISSENSCHAFTLICHE UND INTER-NATIONALE STUDIEN, Köln, Bericht 36-1991, 1991

BRAUN, DAVID G.: Partnership with China - Sino Foreign - Joint Ventures in Historical Perspective, Boulder, 1986

BREZINSKI, HORST: Joint Ventures in Poland. Interests and Experience of Western Firms, in: Arbeitspapier des FACHBEREICHES WIRTSCHAFTWISSENSCHAFT, Universität Paderborn, Paderborn, 1991

BRONSTEIN, I.N./ SEMENDJAJEW, K.A.: Taschenbuch der Mathematik, GROSCHE/ZIEGLER/ZIEGLER (Hrsg.), Moskau, Leipzig, 1985

BRUS, WLODZIMIERZ: Geschichte der Wirtschaftspolitik in Osteuropa, Köln, 1987

BRUZEK, ANTONIN: Grundzüge der Wirtschaftsreform in der Tschechoslowakei und ihre Realisierung in der Praxis, in: DEUTSCHE GESELLSCHAFT FÜR OSTEUROPA-KUNDE (Hrsg.), Ost-Europa, 8/89, Seiten 734-745

BUCER, M./PRIKRYL, J./TOMASEK, P.: Regional Industrial Restructuring in CSFR, in: ORGANISATION FOR ECONOMIC CO-OPERATION AND DEVELOPMENT (Hrsg.), Regional Industrial Restructuring, Maastricht, October 1991

BUCKLEY, P.J./CASSON, M.: A Theory of Co-Operation in International Business, in: GABLER (Hrsg.), Management International Review, Special Issue, Cooperative Strategies in International Business, Vol. 28, 1988, Seiten 19-38

BÜRGIN, ROLF: Countertrade - Eine theoretische und empirische Analyse aus Sicht einer kleinen offenen Wirtschaft (Schweiz), Dissertation, Universität Basel, 1986

BUGAJSKI, JANUSZ: Eastern Europe in the Post-Communist Era, in: COLUMBIA UNIVERSITY (Hrsg.), Columbia Journal of World Business, Vol XXVI, No.1, Spring 1991

BUNDESSTELLE FÜR AUSSENHANDELSINFORMATION: Handbuch der Kooperation zwischen Unternehmen in der Bundesrepublik Deutschland und in der Volksrepublik Ungarn, Köln, Budapest, 1975

BUNDESSTELLE FÜR AUSSENHANDELSINFORMATION: Tschechoslowakei. Gesetz über Unternehmen mit ausländischer Kapitalbeteiligung vom 23.11.1988, Neufassung 1990, Bonn, 1990

BURDA, MICHAEL. C.: Labor and Product Markets in Czechoslovakia and the Ex-GDR: A Twin Study, INSEAD Fontainebleau, Working Paper Nr. 91/13/EP, 1991

CALLIES, PATRICIA: Ungewißheit und Risiko im sowjetischen planwirtschaftlichen System, Berlin, 1991

CHARAP/ DYBA/ KUPKA: The Reform Process in Czechoslovakia: An Assessment of Recent Developments and Prospects for the Future, Prague, October 1991

CHRISTELOW, DOROTHY B.: International Joint Ventures: How important are they? in: COLUMBIA UNIVERSITY (Hrsg.), Columbia Journal of World Business, Vol XXII, No.2, Summer 1987

CIESLIK, J.: Western Firms Participating in the East-West Industrial Co-Operation: The Case of Poland, in: Journal of Business Finance and Accounting, Vol. 9, No. 4, Winter 1982, Seiten 69-75

CONTRACTOR, F./LORANGE, P.: Competition versus Cooperation: A Benefit/Cost Framework for Choosing Between Fully-Owned Investments and Cooperative Relationships, in: GABLER (Hrsg.), Management International Review, 1988, Vol. 28, Seiten 5-18

CZECHOSLOVAK ECONOMIC DIGEST, ½92, in: ORBIS Information Service (Hrsg.), Prag, 1992

CZECHOSLOVAK MARKET: Czech industry waiting for foreign investments, Vol. 2, No. 17, 16 October 1991

CZECHOSLOVAKIA INVESTMENT NEWS: Joint Venture and Trading Opportunities, Vol. 1, No. 6, 6 November 1991

CZEGE, A. WASS VON: Joint Venture Aktivitäten in der Sowjetunion - Eine kritische Bestandsaufnahme unter Berücksichtigung bisheriger osteuropäischer Erfahrungen, in: INSTITUT FÜR AUSSENHANDEL UND ÜBERSEEWIRTSCHAFT DER UNIVERSITÄT HAMBURG, Forschungsbericht Nr. 46, Hamburg, 1989

CZESANY, SLAVOJ: Structural Development of the Czechoslovak Economy, in: THE ECONOMIC INSTITUTE OF THE CZECHOSLOVAK ACADEMIE OF SCIENCES, Band 28, Prague, 1990

CZINKOTA, MICHAEL: The EC'92 and Eastern Europe: Effects of Integration versus Disintegration, in: COLUMBIA UNIVERSITY (Hrsg.), Columbia Journal of World Business, Vol. XXVI, No.1, Spring 1991

DANIELS, JOHN D./RADEBAUGH, LEE H.: International Business, Environments and Operations, 4 Ed., Reading Massachusetts, 1986

DENZ, HERMANN: Einführung in die empirische Sozialforschung: ein Lern- und Arbeitsbuch mit Disketten, Wien, 1989

DEUTSCHE BANK: Europa im Aufbruch, Volkswirtschaftliche Abteilung, Frankfurt, 1990

DEUTSCHER INDUSTRIE- UND HANDELSTAG (DIHT): Investieren im Ausland, 1981

DEUTSCHER REISEBÜRO VERBAND: Strategischer Partnerschaften zur Sicherung erfolgreicher Unternehmensexistenz im beschleunigt wachsenden Wettbewerb, Dezember 1990

DOBIAS, PETER: Die Wirtschaftssysteme Osteuropa, Darmstadt, 1986

DÜLFER, EBERHARD: Chancen und Risiken der Internationalisierung für mittelständische Unternehmen, in: KÖNIG (Hrsg.), Betriebliche Kooperation mit den Entwicklungsländern, Tübingen, 1987

DYBA, KAREL: Foreign Investment in Czechoslovakia, Prague, Fall 1991

DYMSZA, WILLIAM A.: Success and Failures of Joint Ventures in Developing Countries: Lessons from Experience, in: CONTRACTOR/ LORANGE (Hrsg.), Cooperative Strategies in International Business, Lexington, 1988

EBENROTH, CARSTEN T.: Das Verhältnis zwischen Joint Venture Vertrag, Gesellschaftsvertrag und Investitionsvertrag, in: BRANDNER (Hrsg.), Juristenzeitung, Tübingen, 1987, Seiten 265ff.

EKONOMICKY USTAV: Czechoslovak Economic Papers, ECONOMIC INSTITUT OF THE CZECHOSLOVAK ACADEMIA OF SCIENCES, Prag

EHRHARDT, S.A.: "Joint East-West Joint Ventures" in Osteuropa - Gemeinschaftskooperationen im Rahmen der industriellen Ost-West Kooperation, Frankfurt/Main, 1977

ESCHENBACH, ROLF: Ost-West Joint Ventures auf dem Prüfstand. Praxisfälle der betriebswirtschaftlichen Führung, Band 7, 1989

EUROMONEY: Vote of Confidence in United Germany. Country Risk Rankings 1991, Special IMF/World Bank Issue 1991, Wien, September 1991

EUROPA-ARCHIV: Bd. 25, Folge 17/70

FÖDERALE AGENTUR FÜR AUSLÄNDISCHE INVESTITIONEN IN DER CSFR: Grundlegende Voraussetzungen für ausländische Investitionen in der tschechoslowakischen Wirtschaft, Prag, Juli 1991

FÖDERALES FINANZMINISTERIUM DER CSFR: Reform of the tax system in the CSFR, Handout, Winter 1991

FRENSCH, RICHARD: Die tschechoslowakische Wirtschaft an der Wende zu den Neunziger Jahren - Vor dem Ende der Planwirtschaft?, in: BOLZ (Hrsg.), Die Wirtschaft der osteuropäischen Ländern an der Wende zu den 90er Jahren, Hamburg, 1990

FRENSCH, RICHARD: Die Wirtschaftslage in der CSSR 1988/89, unter Berücksichtigung einer Gegenüberstellung tschechoslowakischer und sowjetischer Reformkonzepte, in: OSTEUROPA-INSTITUT MÜNCHEN, Working Paper Nr.130, München, April 1989

FRIEDMANN, MILTON: A Conversation with Milton Friedmann at the Prague School of Economics, in: COLUMBIA UNIVERSITY (Hrsg.), Columbia Journal of World Business, Vol. XXVI, No.1, Spring 1991

FRIEDMANN/KALMANOFF: Joint International Business Ventures, New York und London, 1961

GABLER WIRTSCHAFTLEXIKON: 11. Auflage, Wiesbaden, 1983

GABLER WIRTSCHAFTLEXIKON: 12. Auflage, Wiesbaden, 1988

GABRISCH, H./ STANKOVSKY, J.: Sonderformen im Ost-West Handel. Teil III: Höhere Formen der wirtschaftlichen Zusammenarbeit, Wien, 1986

GERHARDS, GERHARD: Seminar-, Diplom- und Doktorarbeit, 7. Aufl., Stuttgart, 1991

GERINGER, J. MICHAEL: Joint Venture Partner Selection: Strategies for Developed Countries, New York, 1988

GLASMACHER, PETER: Möglichkeiten grenz- und systemüberschreitender Unternehmenskooperation durch westliche Beteiligungen an Unternehmen in Jugoslawien, Ungarn, Rumänien, Polen und Bulgarien, in: Europäische Hochschulschriften, Reihe II Rechtswissenschaften, Bd./Vol. 543, Frankfurt, 1986

GOLDENBERG, SUSAN: Management von Joint Ventures: Fallbeispiele aus Europa, USA, China und Japan, Wiesbaden, 1990

GOMEZ-CASSERES, B.: Joint Venture Instability: Is it a Problem? in: COLUMBIA UNIVERSITY (Hrsg.), Columbia Journal of World Business, Vol XXII, No.2, Summer 1987, Seiten 97-102

GRUETTNER, WALDEMAR: Ost-West Kooperation als Instrument der Unternehmenspolitik, in: GUMPEL (Hrsg.), Wirtschaft und Gesellschaft in Südosteuropa, Wien, 1980

GRUSA, JIRI: Die sanfte Revolution von Prag, in: MAASS (Hrsg.), Der Eiserne Vorhang bricht, Hamburg, 1990

GUMPEL, WERNER: Sozialistische Wirtschaftssysteme: Die sozialistischen Staaten, Band 1, München, 1983

HAFERMALZ, OTTO: Die schriftliche Befragung - Möglichkeiten und Grenzen, in: BEHRENS (Hrsg.), Studienreihe Betrieb und Markt, Wiesbaden, 1976

HAHN, D./ GRÄB, U.: Erfolgsfaktoren und Wachstumsstrategien erfolgreicher mittelständischer Unternehmungen in der Bundesrepublik Deutschland und Grossbritannien - Ergebnisbericht einer empirischen Studie, in: BÜHNER (Hrsg.), Führungsorganisation und Technologiemanagement, Berlin, 1989

HALL, R.D.: The International Joint Venture, New York, 1984

HANDELSKAMMER SCHWEIZ-TSCHECHOSLOWAKEI: Memorandum to World Bank, in: Bulletin der Handleskammer Schweiz-Tschechoslowakei 2/91, Zürich, März 1991

HANDELSKAMMER SCHWEIZ-TSCHECHOSLOWAKEI: Information for businesses on economic condition in Czechoslovakia, in: Bulletin der Handelskammer Schweiz-Tschechoslowakei 2/91, Zürich, März 1991

HARRIGAN, KATHRYN RUDIE: Strategies for Joint Ventures, Lexington, 1985

HARRIGAN, KATHRYN RUDIE: Managing for Joint Venture Success, Lexington, 1986

HARRIGAN, KATHRYN RUDIE: Strategic Alliances: Their New Role in Global Competition, in: COLUMBIA UNIVERSITY (Hrsg.), Columbia Journal of World Business, Vol. XXII, No.2, Summer 1987

HARTMANN, JÜRGEN: Politik und Gesellschaft in Osteuropa. Eine Einführung, Frankfurt/Main, 1983

HAURY, SUSANNE: Laterale Kooperation zwischen Unternehmen: Erfolgskriterien und Klippen, in: Schweizerisches Institut für Aussenwirtschaft-, Struktur- und Regionalforschung an der HSG, Band 20, 1989

HEGER, SUSANNE: Joint Ventures in der Sowjetunion. Rechtliche Voraussetzungen und wirtschaftliche Aspekte, Wien, 1989

HEINRICH, HANS-GEORG: Sinn und Grenzen des politikwissenschaftlichen Ost-West-Vergleichs, in: GESELLSCHAFT FÜR OST- UND SÜDOSTKUNDE (Hrsg.), Osteuropa im Blickpunkt, 1985

HERMANN, RALF: Joint Venture Management: Strategien, Strukturen, Systeme und Kulturen, Giessen, Dissertationnr. 1093, 1988-1989

HOFFMANN, F.: Kritische Erfolgsfaktoren - Erfahrungen in grossen und mittelständischen Unternehmungen, in: ZEITSCHRIFT FÜR BETRIEBSWIRTSCHAFTLICHE FORSCHUNG, 10/86

HORSKY, VLADIMIR: Die sanfte Revolution in der Tschechoslowakei 1989. Zur Frage der systemimmanenten Instabilität kommunistischer Herrschaft, in: Berichte des BUNDES INSTITUT FÜR OSTWISSENSCHAFTLICHE UND INTERNATIONALE STUDIEN, Köln, Bericht 14-1990

HORSTMANN, I./MARKUSEN, J.R.: Licencing Versus Direct Investment. A Model of Internalization by the Multinational Enterprise, in: CANADIAN ECONOMICS ASSOCIATION (Hrsg.), Canadian Journal of Economics, Toronto, Vol. XX, Seiten 464-481

HÜPPI, M./ STRAUB, R.: Die Ostländer im Vergleich. Ein systematischer Überblick über die wichtigsten volkswirtschaftlichen Daten, Doktorandenseminar Internationale Wirtschaft, Hochschule St. Gallen, Wintersemester 1989/90

HÜSEMANN, FRANK: Das internationale Joint Venture in betriebswirtschaftlicher Sicht, Dissertation, Universität Freiburg, Reinheim, 1972

HUH, K.M.: Warentauschgeschäfte: Handel ohne Geld? in: INTERNATIONAL MONETARY FUND (Hrsg.), Finanzierung und Entwicklung, Hamburg, Dezember 1983, 20. Jahrgang, Seiten 14-16

HUNZIKER, ERICH: Auslandsmarktstrategien. Ein Leitfaden zur Wahl des optimalen Auslandsengagements, Zürich, 1983

ISKE, THORSTEN: Barter - Das neue Zusatzgeschäft für Handwerksbetriebe? in: FORSCHUNGSINSTITUT IM DEUTSCHEN HANDWERKSINSTITUT (Hrsg.), Göttinger Handwerkswirtschaftliches Arbeitsheft Nr. 15, Göttingen

ISRAEL, STEPHAN: Die neue Grenze bald als Wohlstandsgraben? in: HandelsZeitung, Nr. 26, S. 34, 25.06.1992

JANKU, JARMILA: Brief information about legal possibilities and forms of economic activities of foreign subjects in the territory of Czech republic within the framework of CSFR, Znojmo, August 1991

JUHL, M.: Das internationale Joint Venture im Rahmen internationaler Unternehmenstätigkeit, Dissertation, München, 1970

KEBSCHULL, DIETRICH: Überlegungen zur Förderung des privatwirtschaftlichen Engagements in Entwicklungsländern, in: KÖNIG (Hrsg.), Betriebliche Kooperation mit den Entwicklungsländern, Tübingen, 1987

KITTERER, BERND H.J.: Wirksamkeit des Förderinstrumentariums, in: KÖNIG (Hrsg.), Betriebliche Kooperation mit den Entwicklungsländern, Tübingen, 1987

KLAUS, VACLAV: Main Obstacles to Rapid Economic Transformation of Eastern Europe: The Czechoslovakian View, in: GIERSCH, H. (Hrsg.), Towards a Market Economy in Central and Eastern Europe, Berlin, 1991

KLEIN, B.: Joint Venture Handout, Prag, 1991

KOBRIN, S./BASEK, J./BLANK, S./LA PALOBARA, J.: The Assessment and Evaluation of Noneconomic Environment by American Firms: A Preliminary Report, in: Journal of International Business Studies, Vol. II, S. 32-47, 1980

KOGUT, B.: A Study of the Life Cycle of Joint Ventures, in: GABLER (Hrsg.), Management International Review, Vol. 28, 1988

KONRAD, PETER: Kooperation als Marktstrategie für die Sowjetunion, Dissertation, Hochschule St. Gallen, 1991

KONRAD, RAINER: Chancen und Risiken von Equity Joint Ventures in der Volksrepublik China, St. Gallen, 1989

KOSTA, JIRI: Abriss der sozialökonomischen Entwicklung der Tschechoslowakei 1945-1977, Frankfurt/Main, 1978

KOSTA, JIRI: Wirtschaftssysteme des realen Sozialismus. Probleme und Alternativen, Köln, 1984

KOSTA, JIRI: Ökonomische Aspekte des Systemwandels in der Tschechoslowakei, in: DEPPE (Hrsg.), Demokratischer Umbruch in Osteuropa, Frankfurt/Main, 1991

KPMG FIDES PEAT: Tschechoslowakei: Auf dem Weg zur Marktwirtschaft. Die wichtigsten Bestimmungen über Investitionen und die Errichtung von Unternehmen in der CSFR, 05/90

KROMREY, HELMUT: Empirische Sozialforschung. Modelle und Methoden der Datenerhebung und Datenauswertung, Opladen, 1986

KRÜGER, W.: Kompass: Ein Konzept zur mehrdimensionalen Planung und Analyse strategischer Erfolgselemente, in: W. KRÜGER (Hrsg.), Arbeitspapiere der Professur für Betriebswirtschaftslehre II, I/86, Giessen, 1986

KÜHNEL, KAREL: Das neue tschechoslowakische Joint Venture Gesetz. Ein ermutigender Schritt - aber viele Fragen bleiben offen, in: DEUTSCHE GESELLSCHAFT FÜR OSTEUROPAKUNDE (Hrsg.), Osteuropa-Wirtschaft, 34. Jhrg., 3/1989

KULKE-FIEDLER, CH./ NITZ, J./ LANG, E.: Ost-West Wirtschaftsbeziehungen vor neuen Herausforderungen, in: INSTITUT FÜR INTERNATIONALE POLITIK UND WIRTSCHAFT, IPW-Berichte, 1/90

KUMAR, B./STEINMANN, H.: Führungskonflikte in Internationalen Joint Ventures des Mittelstandes, in: KÖNIG (Hrsg.), Betriebliche Kooperation mit den Entwicklungsländern, Tübingen, 1987

KUNZ, D./SVORCIK, O.: The Commercial Code, TRADE LINKS (Hrsg.), Prague, 1992

LAMBRECHT, HORST: Ost-West Kooperation: Bestandsaufnahme und Ergebnisse einer Umfrage, in: DEUTSCHES INSTITUT FÜR WIRTSCHAFTSFORSCHUNG (Hrsg.), Beiträge zur Strukturforschung, Berlin, Heft 112/1990

LANGEFELD-WIRTH, KLAUS: Joint Ventures im internationalen Wirtschaftsverkehr: Praktiken und Vertragstechniken internationaler Gemeinschaftsunternehmen, Heidelberg, 1990

LECRAW, DONALD J.: Bargaining Power, Ownership, Profitability of Transnational Corporations in Developing Countries, Journal of International Business Studies, Spring/Summer 1984

LORANGE, P./PROBST, G.: Joint Ventures as Self-Organizing Systems: A Key to Successful Joint Venture Design and Implementation, in: COLUMBIA UNIVERSITY (Hrsg.), Columbia Journal of World Business, Vol. XXII, No.2, Summer 1987

LOTTER, LANDO: Chancen und Risiken für deutsche Unternehmen in der CSFR, in: Wirtschaft in Ostwürttemberg, 10/91

LYLES, M.A.: Common Mistakes of Joint Venture Experienced Firms, in: COLUMBIA UNIVERSITY, Columbia Journal of World Business, Vol. XXII, No.2, New York, Summer 1987

LYNCH, ROBERT PORTER: The Practical Guide to Joint Ventures and Corporate Alliances: How to form, how to organize, how to operate, New York, 1989

MACHARZINA, KLAUS: European Approaches to International Management, PAUSEN-BERGER (Hrsg.), Internationales Management, Stuttgart, 1986

MALEKI, MIRIAN: Legal Aspects of East-West Investments, in: DEUTSCHE GESELL-SCHAFT FÜR OSTEUROPAKUNDE (Hrsg.), Osteuropa-Wirtschaft, 34. Jhrg., 3/1989

MATHUR, IKE: Strategies for Joint Ventures in the People's Republic of China, New York, 1987

MEIER, CHRISTIAN: Sowjetische Joint Ventures mit westlichen Partnern: Konzepte, Implementierung und Perspektiven, Berichte des BUNDESINSTITUTES FÜR OSTWISSENSCHAFTLICHE UND INTERNATIONALE STUDIEN, Köln, Bericht 55-1988

MEIER, CHRISTIAN: Sowjetische Joint Ventures mit westlichen Partnern 1987-1989: Eine problemorientierte Zwischenbilanz, Berichte des BUNDESINSTITUTS FÜR OSTWISSENSCHAFTLICHE UND INTERNATIONALE STUDIEN, Köln, Bericht 71-1989

MEISSNER, HANS-GÜNTHER: Zielkonflikte in Internationalen Joint Ventures, in: PAUSENBERGER (Hrsg.), Internationales Management, Stuttgart, 1986

MINISTRY FOR ECONOMIC POLICY AND DEVELOPMENT OF THE CZECH REPUBLIC: Direct Foreign Investment in Czechoslovakia, Prague, 9 April 1991

MINISTRY FOR ECONOMIC POLICY AND DEVELOPMENT OF THE CZECH REPUBLIC: Direct Foreign Investment in Czechoslovakia, Prague, February 1992

MINISTRY FOR ECONOMIC POLICY AND DEVELOPMENT OF THE CZECH REPUBLIC: Czechoslovakia. Investors Guide, Prague, 1991

MLADEK, JAN: The different Paths of Privatisation, Working Paper, December 1991

MÜLLER, KLAUS: Unternehmenskooperation bringt Wettbewerbsvorteile. Notwendigkeit und Praxis zwischenbetrieblicher Zusammenarbeit in der Schweiz, Zürich, 1986

NAUJOKS, WILFRIED: Kooperationsverhalten in der Wirtschaft. Eine empirische Untersuchung unter besonderer Berücksichtigung der grenzüberschreitenden Koope-rationen, Göttingen, 1977

NIEDERKOFLER, MARTIN: External Corporate Venturing: Strategic Partnerships for Competitive Advantage, St. Gallen, 1989

NÖLTING, ANDREAS: Prager Frühling, in: MANAGER MAGAZIN, 21. Jhrg., 9/1991, Seiten 226-235

OLIVIER, MAURICE J.: Eastern Europe: The Path to Success, in: COLUMBIA UNIVERSITY (Hrsg.), Columbia Journal of World Business, Vol. XXVI, No.1, Spring 1991

ORGANISATION FOR ECONOMIC CO-OPERATION AND DEVELOPMENT: Detailed Benchmark Definition of Foreign Direct Investment, 2nd Ed., Paris, 1991

ORGANISATION FOR ECONOMIC CO-OPERATION AND DEVELOPMENT: Foreign Trade by Commodities, Vol. 5, Paris, 1989

O.V.: Slovakia seeks identity - and investment, Central European, pp. 37-48, November 1991

O.V.: Keine Einigung zwischen Prag und Bratislava. Misserfolg bei den Verhandlungen über die neue Verfassung, NZZ, Zürich, 14. November 1991

O.V.: Gefährdete Einheit der Tschechoslowakei, NZZ, Nr. 119, S. 1, 23./24.05.1992

O.V.: Getrennte Kassen in der Tschechoslowakei, NZZ, Nr. 143, 23.06.1992

O.V.: Olivetti-Chef zu Gefängnis verurteilt, FAZ, 18.4.1992

O.V.: Sektorenübersicht, BLIANZ, Nr. 2/90

O.V.: Wirtschaftssektoren, TREND, 1/90

PEARCE, DAVID W.: Dictionary of Modern Economics, London, 1984

PESEK, ANTONIN: Die samtene Revolution in der Tschechoslowakei 1989, in: LANDESVERBAND DER VOLKSHOCHSCHULEN NIEDERSACHSENS (Hrsg.), Texte und Beiträge 10/1990, Hannover, Januar 1990

PETERS, TH. P./WATERMANN, R. H.: In Search of Excellence. Lessons from America's Best-Run Companies, New York 1982, Deutsche Übersetzung: Auf der Suche nach Spitzenleistungen. Was man von den bestgeführten US-Unternehmen lernen kann, 10. Aufl., Landsberg am Lech, 1984

PFISTER, BERND: Wirtschaftssystemübergreifendes Joint-Venture Management, Diplom-Arbeit, Hochschule St. Gallen, 25. April 1990

POPOV, LJUBOMIR: Rechtliche Probleme der gemischten Unternehmen zwischen Partnern aus westlichen und sozialistischen Ländern, in: EUROPA-INSTITUT (Hrsg.), Vorträge, Reden und Berichte, Saarbrücken, Band Nr. 98, 1987

PORTER, MICHAEL E.: Competitive Advantage: Creating and Sustaining Superior Performance, New York, 1985

PÜMPIN, CUNO: Management strategischer Erfolgspositionen: Das SEP-Konzept als Grundlage wirkungsvoller Unternehmensführung, Bern, Stuttgart, 1982

RATH, HERBERT: Neue Formen der Internationalen Unternehmenskooperation, in: Duisburger Volkwirtschaftliche Schriften, Band 8, Hamburg

ROBINSON, H.J.: The Motivation and Flow of Foreign Investment, Menlo Park Stanford, 1961

ROBEJSEK, PETER: Europapolitische Vorstellungen und Konzepte in der DDR, in Polen, der CSSR und Ungarn, in: Berichte des BUNDESINSTITUTES FÜR OSTWISSEN-SCHAFTLICHE UND INTERNATIONALE STUDIEN, Köln, Bericht 6-1990

ROLFES, GERHARD: Gemeinschaftsunternehmen: Ziele ihrer Errichtung sowie ihre betriebswirtschaftlichen und rechtlichen Probleme, Bochum, 1979

ROLLO, J.M.C.: The New Eastern Europe: Western Responses, London, 1990

SACK, ANDY: Direct Foreign Investment in Czechoslovakia, AGENCY FOR FOREIGN DIRECT INVESTMENT - CZECH REPUBLIC (Hrsg.), Prague, 16 October 1991

SCHAAN, J.-L.: Joint Venture General Managers in LDC's, in: CONTRACTOR/LORANGE (Hrsg.), Cooperative Strategies in International Business, Lexington, 1988

SCHEITER, Dietmar: Die Integration Akquirierter Unternehmungen, FORSCHUNGS-STELLE FÜR INTERNATIONALES MANAGEMENT, St. Gallen, 1988

SCHENK, K.-E.: Technologietransfer, joint ventures und Transaktionskosten. Möglichkeiten und Grenzen strategischer Allianzen von Unternehmen in und zwischen Ost und West, in: DÜRR (Hrsg.), Weltwirtschaft im Wandel, Bern, 1988

SCHMASSMANN, WERNER: Der sogenannte Übergang Osteuropas zur Marktwirtschaft, in: HANDELSKAMMER SCHWEIZ-TSCHECHOSLOWAKEI (Hrsg.), HST-Information 2/91, Zürich

SCHMIEDING, H./KOOP, M.: Privatisierung in Mittel- und Osteuropa: Konzepte für den Hindernislauf zur Marktwirtschaft, in: INSTITUT FÜR WELTWIRTSCHAFT KIEL (Hrsg.), Kieler Diskussionsbeiträge Nr. 165, Kiel, 1991

SCHMIDT, C.A.: Betriebswirtschaftliche Probleme beim Aufbau von klein- und mittel-industriellen Joint Ventures in westafrikanischen Entwicklungsländern, in: ABELS/-STUDER (Hrsg.), Internationalisierung von Klein- und Mittelbetrieben, St. Gallen, 1984

SCHMITT, MATTHIAS: Das Ostgeschäft von morgen - neue Perspektiven und Chancen, Baden-Baden, 1988

SCHNELL, R./ HILL, P./ ESSER, E.: Methoden der empirischen Sozialforschung, Wien, München, 1989

SEIBERT, KLAUS: Joint Ventures als strategisches Instrument im internationalen Marketing, Berlin, 1981

SEIBERT, K./ BENCI, M.: Joint Ventures als Marketing Problem; Opladen, 1979

SIEGWART, H./ SIEGHOLD, G.: Joint Venture als Variante multinationaler Betätigung: Entwicklung einer konzeptionellen Methodik vor dem Hintergrund der Erfahrungen westlicher Unternehmungen in China, in: INSTITUT FÜR BETRIEBSWIRTSCHAFT (Hrsg.), St. Gallen, Diskussionbeitrag 12/1988

SIK, OTA: Preis für die Einheit zu hoch, in: St. Galler Nachrichten, Jhrg. 154, Nr. 4133, 10.06.1992

SIMMONDS, D.: Slovakia seeks identity - and investment, Central European, November 1991

SITAVANC: Ausländische Investitionen in tschechoslowakischen Bedingungen, L a L GmbH/ T.T. CONSULTING (Hrsg.), Brno, 1991

SLAAEN, EIVIND: Joint Ventures in Ungarn: Möglichkeiten und Grenzen des Gewinntransfers und des Kapitalretransfers in Hartwährungsländer. Stand der Gesetzgebung; Beurteilung aus betriebswirtschaftlicher und volkswirtschaftlicher Sicht, Diplom-Arbeit, Hochschule St. Gallen, 1990

SLOWAKISCHE AGENTUR FÜR AUSLÄNDISCHE INVESTITIONEN UND ENTWICK-LUNG: Pro Slovakia. Die Slovakei und internationale Zusammenarbeit, Bratislava, 19.07.1991

SONJE, DEZIDERIO: SPSS/PC+ für Einsteiger, Stuttgart, 1991

SPITZ, MARKUS: Internationalisierungskonzepte und -techniken unter besonderer Berücksichtigung der Joint-Venture Vereinbarungen, Diplom-Arbeit, Hochschule St. Gallen, 1990

STATISTISCHES BUNDESAMT WIESBADEN: Länderbericht Tschechoslowakei 1988, Wiesbaden, 1988

STRIEHL, WOLFGANG: Investitionen in der CSFR. Überblick über Rechtsgrundlagen, IHK-Rhein-Neckar, Stuttgart, 9/91

STRIZIK, PETER: Unternehmen neu strukturieren: Restruktuierung und internationale Kooperation, Zürich, 1989

STÜDLI, CHRISTIAN: Die Bedeutung von Ost-West Finanz Joint Ventures, dargestellt am Beispiel der Eurasco Zürich AG, Diplom-Arbeit, Hochschule St. Gallen, 1989

TAMM, A./ KAISER, K.-A.: Osteuropa auf dem Weg zur Marktwirtschaft: 10 Fallstudien mit Lösungsansätzen, Wiesbaden, 1992

TEICHOVA, ALICE: Wirtschaftsgeschichte der Tschechoslowakei: 1918-1980, Wien, 1988

TOMES, IGOR: Social Reform: A cornerstone in Czechoslovakia's new Economic Structure, in: INTERNATIONAL LABOR OFFICE - GENEVA, International Labor Review, Vol. 130, No.2, 1991/2

TSCHECHOSLOWAKISCHE STAATSBANK: Bekanntmachung Nr. 15, 22. Februar 1991

UHLIG, CHRISTIAN: Konzeptionelle Grundlagen der betrieblichen Kooperation zwischen Entwicklungs- und Industrieländern, in: KÖNIG (Hrsg.), Betriebliche Kooperationen mit den Entwicklungsländern, Tübingen, 1987

ULLMANN-CZUBAK, HERTHA: Gründung und Besteuerung von Betriebsstätten und Tochtergesellschaften in der Tschechoslowakei, München, 1991

UNITED NATIONS. ECONOMIC COMMISSION FOR EUROPE: Economic Survey of Europe in 1990-1991, New York, 1991

UNITED NATIONS. ECONOMIC COMMISSION FOR EUROPE: Statistical Survey of Recent Trends in Foreign Investments in Eastern European Countries, 25 November 1991

UNITED NATIONS. ECONOMIC COMMISSION FOR EUROPE: Promoting Foreign Direct Investment in the ECE Region, 25 November 1991

UNITED NATIONS. ECONOMIC COMMISSION FOR EUROPE: East-West Joint Venture, Economic, Business, Financial and Legal Aspects, New York, 1988

UNITED NATIONS INDUSTRIAL DEVELOPMENT ORGANISATION (UNIDO): Industry Report, Czechoslovakia, Prague, 4-6 November 1991

UNITED NATIONS INDUSTRIAL DEVELOPMENT ORGANISATION (UNIDO): Manual on the Establishment of Industrial Joint Venture Agreements in Developing Countries, New York, 1971

UNIVERSITY OF COLUMBIA: We asked ... , in: Columbia Journal of World Business, Vol. XXVI, No. 1, Spring 1991

UNCTC: Transnational Corporations in World Development (ST/CTC 89), New York, 1988

VIDOVIC, HERMINE: Schmerzhafter Übergang zur Marktwirtschaft, WIFO, Monatsbericht 5/90

WAGENER, HANS-JÜRGEN: Anpassung durch Wandel: Evolution und Transformation von Wirtschaftssystemen, Berlin, 1991

WALMSLEY, JOHN: Handbook of International Joint Ventures, London, 1983

WASNER, ALBERT: Privatwirtschaftliche Kooperation mit den Entwicklungsländern, BUNDESMINISTERIUM FÜR WIRTSCHAFTLICHE ZUSAMMENARBEIT (Hrsg.), Forschungsbericht Band 46, Köln, 1983

WEDER, ROLF: Joint Venture. Theoretische und empirische Analyse unter besonderer Berücksichtigung der chemischen Industrie in der Schweiz, Grüsch, 1989

WELGE, MARTIN K.: Globales Management. Erfolgreiche Strategien für den Weltmarkt, Stuttgart, 1990

WÖHE, GÜNTER: Einführung in die Allgemeine Betriebswirtschaftslehre, 14. Auflage, München, 1981

WOINOW, A./IOCHIN, W./RODINA, L.: Wirtschaftsbeziehungen zwischen sozialistischen und kapitalistischen Ländern, Berlin, 1977

ZAHALKA, VACLAV: Wichtige Änderungen in der CSSR-Import- und Exportfinanzierung, in: GESELLSCHAFT FÜR OST- UND SÜDOSTKUNDE (Hrsg.), Ostpanorama, Sonderausgabe, Linz, 1989

ZAPF, H.-U./FREIBERG, P.: Wirtschaftsbeziehungen der BRD mit den sozialistischen Ländern, in: INSTITUT FÜR INTERNATIONALE POLITIK UND WISSENSCHAFT DER DDR, IPW-Berichte, Jhrg. 18/1989

ZOGOLOW: Lehrbuch für politische Ökonomie, Ostberlin, 1972

9.2. Interviewpartnerverzeichnis

CAP, K., Ing., Vize-Minister im tschechischen Ministerium für Wirtschaftspolitik und Entwicklung, Bereich Unternehmensförderung, Prag

BERNOVSKY, P., Dipl. Ing., Berater des Vize-Präsidenten der Regierung der tschechischen Republik, Prag

BUCEK, M., Prof., Vize-Präsident der Kommission für Wirtschaftsstrategie der slowakischen Republik, Bratislava

BURES, V., JUDr. Dipl. Ing., Präsident der Tschechoslowakischen Handels- und Industrie-kammer, Prag

CHECHOVIC, O., Dr., Direktor der slowakischen Agentur für ausländische Investitionen und Entwicklung bis zum 31.12.1991, Bratislava

DYBA, K., Ing., Minister für Wirtschaftspolitik und Entwicklung der tschechischen Republik, Prag

HAVLIK, P., Ing., Auditor und Berater der Investicní Banka Praha, Prag

HORA, R., Vize-Präsident der Czechoslovakian Capital Company, Prag

HOSKOVA, A., Ing., Mitarbeiterin des Instituts für ökonomische Theorie an der ökonomischen Fakultät der Slowakei, Bratislava

JANOUT, P., Ing., Rechtanwalt in der Kanzlei Klein, Holec, Doskova und Janout, Prag

KNITL, M., Berater im Ministerium für Arbeit und Sozialwesen der slowakischen Republik, Bratislava

KOCTUCH, H., Prof. Dr., Präsident des Rates der Vereinigung unabhängiger Ökonomen der Slowakei, Bratislava

KRATOCHVIL, B., JUDr., Direktor der tschechischen Agentur für ausländische Investitionen und Beratung, Prag

KUBICEK, J., Area Manager der föderalen Agentur für ausländische Investitionen, Prag

LANGE, K., Prof. Dr., Professor der Statistik, Handelshochschule Leipzig

LOUKOTA, St., ehemaliger Oberbürgermeister der Stadt Pilsen, Pilsen

MAREK, K., JUDr., Dozent an der juristischen Fakultät der Masariyk Universität, Brünn

MELICHER, A., Dipl. Ing., Leiter der Abteilung für ausländische Beziehungen im Finanzministerium der slowakischen Republik, Bratislava

MLADEK, J., Ing., Vize-Minister des föderalen Wirtschaftsministeriums, Prag

NEMCEKOVA, V., Dipl. Ing., Mitarbeiterin der slowakischen Agentur für ausländische Investitionen und Entwicklung, Bratislava

NEUGEBAUER, R., Dipl. Ing., Leiter des Zentrums zur Förderung kleiner und mittlerer Unternehmen, Prag

NOVAK, A., Dr., Vize-Präsident der Zeus AG Management Information Systems, Prag

PAVLASKOVA, K. Ing., Mitarbeiterin der Vsebencna Uverová Banka, Bratislava

PEKNIK, R., Dipl. Ing., Direktor der slowakischen Agentur für ausländische Investitionen und Entwicklung seit dem 1.1.1992, Bratislava

PISA, E., Berater des Wirtschaftsministers der föderalen tschechoslowakischen Regierung, Prag

PLACHTINSKY, M., Dr., Mitglied des Rates der Vereinigung unabhängiger Ökonomen der Slowakei, Bratislava

PRIKRYL, J., Ing., Vize-Minister im tschechischen Ministerium für Wirtschaftspolitik und Entwicklung, Bereich Regionalförderung, Prag

PROKRES, V., Ing., Mitarbeiter der Beratungsfirma ALL IN, Prag

SCHEJBAL, J., Direktor der föderalen Agentur für ausländische Investitionen, Prag

SELECKY, I., Ing., Vize-Direktor der Forschungs-, Beratungs- und Informationsagentur Interconsult, Bratislava

STIER, W., Prof. Dr., Professor für Methoden der empirischen Sozialforschung mit besonderer Berücksichtigung der angewandten Statistik, Hochschule St. Gallen

STIESS, J., Ing., Direktor der Beratungsfirma ALL IN, Prag

TKAC, M., Ing., Vize-Minister des slowakischen Finanzministeriums, Bratislava

VALEK, V., Ing., Berater des Ministers des föderalen Finanzministeriums, Prag

VOSMANSKY, J., Ing., Mitarbeiter der Abteilung für Kooperationen mit ausländischen Unternehmen im tschechischen Industrieministerium, Prag

WANIEK, L., RNDr., Mitglied des tschechischen Regierungskomitees für internationale Beziehungen, Prag

ZELJENKA, Dipl. Ing., Direktor des Bereiches ausländische und staatliche Investitionen in der Slowakei im Wirtschaftsministerium der Slowakei, Bratislava

9.3. Autorenverzeichnis

9.4. Abkürzungsverzeichnis

Abb.	Abbildung
Abs.	Absatz
Abschn.	Abschnitt
AG	Aktiengesellschaft
Anm.	Anmerkung
BGB	Bürgerliches Gesetzbuch
BRD	Bundesrepublik Deutschland
BSP	Bruttosozialprodukt
CJV	Contractual Joint Venture
CSFR	Czech and Slovak Federal Republic Tschechoslowakische Föderative Republik
CSK	Czech and Slovak Crown
CSSR	Ceskoslovenská Socialistiká Republik Czech and Slovak Socialist Republic Tschechoslowakische Sozialistische Republik
DDR	Deutsche Demokratische Republik
dito	(lat.) dasselbe, ebenso
DM	Deutsche Mark
dt.	deutsch(e)
EC	European Community
EG	Europäische Gemeinschaft
EJV	Equity Joint Venture
emp.	empirisch(e)
engl.	englisch
f.	folgend
F & E	Forschung und Entwicklung
FDI	Foreign Direct Investment
ff.	Fortfolgende
GATT	General Agreement on Tariffs and Trade Allgemeines Zoll- und Handelsabkommen

gem.	gemäss
gen.	genannt(en)
ggf.	gegebenenfalls
GmbH	Gesellschaft mit beschränkter Haftung
GUS	Gemeinschaft Unabhängiger Staaten
HGB	Handelsgesetzbuch
Hrsg.	Herausgeber
i.d.R.	in der Regel
IHK	Industrie- und Handelskammer
IMF	International Monetary Fund Internationaler Währungsfonds
JP	Jahresplan
JV	Joint Venture
JVGM	Joint Venture General Manager
Kap.	Kapitel
KCS	Koruna CechoSlovenska
km²	Quadratkilometer
KMU	Kleinere und Mittlere Unternehmen
KPC	Kommunistische Partei der Tschechoslowakei
KPdSU	Kommunistische Partei der Sowjetunion
KSZE	Konferenz über Sicherheit und Zusammenarbeit in Europa
Lit.	Literatur
LPG	Landwirtschaftliche Produktionsgenossenschaft(en)
Mio.	Million(en)
MNE	Multi-National Enterprise(s)
Mrd.	Milliarde(n)
NATO	North Atlantic Treaty Organisation Nordatlantisches Verteidigungsbündnis
O.E.C.D.	Organisation for Economic Co-Opereration and Development
o.g.	oben genannte(n)
p.a.	(lat.) per annum
per capita	(lat.) pro Kopf

Pkt.	Punkt
Qtr.	Quartal
RegiCon	Permanent Conference for Spatial and Regional Development
RGW	Rat für Gegenseitige Wirtschaftshilfe
s.	siehe
S.	Seite
SED	Sozialistische Einheitspartei Deutschland
SDI	Strategic Defense Initiative
SFR	Schweizer Franken
Tab.	Tabelle
u.a.	unter anderem
u.U.	unter Umständen
UdSSR	Union der Sozialistischen Sowjetrepubliken
U.N.	United Nations
Verf.	Verfasser
vergl.	vergleiche
ZK	Zentralkomitee
z.Zt.	zur Zeit
§	Paragraph
§§	Paragraphen
$	Dollar

DUV DeutscherUniversitätsVerlag
GABLER · VIEWEG · WESTDEUTSCHER VERLAG

Aus unserem Programm

Heinrich Brakmann
Aktienemissionen und Kurseffekte
Deutsche Bezugsrechtsemissionen für die Jahre 1978 bis 1988
1993. XXV, 373 Seiten, 29 Abb., 53 Tab.,
Broschur DM 118,-/ ÖS 921,-/ SFr 119,-
Für Bezugsrechtsemissionen deutscher Industrieunternehmen ermittelt der
Autor signifikant positive Überrenditen zum Ankündigungszeitpunkt. Anscheinend gelingt es Unternehmen, mit Bezugsrechtsemissionen die Qualität des zu finanzierenden Investitionsprogramms zu signalisieren.

Jürgen Cramer
Financial Engineering durch Finanzinnovationen
Ertrags- und Risikooptimierung bei Banken und Unternehmen
1993. XXIV, 388 Seiten, 25 Abb., 62 Tab.,
Broschur DM 118,-/ ÖS 921,-/ SFr 119,-
ISBN 3-8244-0162-2
In diesem Buch werden Ansätze der Unternehmensforschung zur Ertragsoptimierung und Risikosteuerung von Finanzinnovationen genutzt. Praxisbeispiele verdeutlichen die Überlegungen.

Carl Heinz Daube
Marketmaker in Aktienoptionen an der Deutschen Terminbörse
1993. XXVII, 356 Seiten, 36 Abb., 8 Tab.,
Broschur DM 118,-/ ÖS 921,-/ SFr 119,-
Wer als Marketmaker erfolgreich tätig sein will, muß potentielle Wertänderungen seiner Positionen ermitteln, beurteilen und beherrschen können.
Ausgehend von der Optionsbewertungstheorie wird detailliert herausgearbeitet, wie sich ein Marketmaker Risikoprofile seiner Positionen erstellen
kann.

Karl Hofstätter
Small Business und Venture Capital in den USA und Österreich
1992. XXXI, 371 Seiten, 29 Abb., 66 Tab.,
Broschur DM 118,-/ ÖS 921,-/ SFr 119,-
ISBN 3-8244-0120-7
Ein Vergleich sozio-ökonomischer Ist-Zustände für Managementberatung
und Venture Capital in Österreich und den USA bildet den Ausgangspunkt
für Forderungen und Lösungsansätze, die dem österreichischen System zu
mehr Effizienz verhelfen sollen.

DUV Deutscher Universitäts Verlag

GABLER·VIEWEG·WESTDEUTSCHER VERLAG

Hans-Ulrich Link
Finanzinnovationen und Geldtheorie
1992. XVI, 229 Seiten, 38 Abb.,
Broschur DM 89,-/ ÖS 694,-/ SFr 91,-
ISBN 3-8244-0125-8
Die Arbeit untersucht im Rahmen modelltheoretischer Analysen, inwieweit
die Wirkungsweise geldpolitischer Maßnahmen durch die zunehmende Verbreitung der als "Finanzinnovationen" bezeichneten neuen Instrumente auf
den internationalen Finanzmärkten beeinflußt wird.

Torsten Schrader
Geregelter Markt und geregelter Freiverkehr
Auswirkungen gesetzgeberischer Eingriffe
1993. XXV, 337 Seiten, 33 Abb., 26 Tab.,
Broschur DM 118,-/ ÖS 921,-/ SFr 119,-
ISBN 3-8244-0178-9
Der Gesetzgeber schuf 1986 den geregelten Markt, um die Bedingungen für
die Emission von Aktien durch kleine und mittlere Unternehmen gegenüber
dem bisherigen geregelten Freiverkehr zu verbessern. Die Arbeit unter-
sucht die tatsächlichen Auswirkungen.

Heinrich Uekermann
Risikopolitik bei Projektfinanzierungen
Maßnahmen und ihre Ausgestaltung
1993. XXII, 313 Seiten, 33 Abb., 22 Tab.,
Broschur DM 98,-/ ÖS 765,-/ SFr 100,10
ISBN 3-8244-0174-6
Da die zukünftige Leistungsfähigkeit eines Projektes durch zahlreiche Risi-
ken beeinträchtigt werden kann, kommt der Risikopolitik bei Projektfinan-
zierungen eine zentrale Bedeutung zu. Hier setzt das vorliegende Buch an.

Die Bücher erhalten Sie in Ihrer Buchhandlung!
Unser Verlagsverzeichnis können Sie anfordern bei:

Deutscher Universitäts-Verlag
Postfach 30 09 44
51338 Leverkusen

MIX
Papier aus verantwortungsvollen Quellen
Paper from responsible sources
FSC® C105338
www.fsc.org

If you have any concerns about our products,
you can contact us on
ProductSafety@springernature.com

In case Publisher is established outside the EU,
the EU authorized representative is:
Springer Nature Customer Service Center GmbH
Europaplatz 3, 69115 Heidelberg, Germany

Printed by Libri Plureos GmbH
in Hamburg, Germany